**PRESCHOOL**

**EDUCATION**

职业教育学前教育专业新形态教材

# 奥尔夫音乐教育

主 编 黄倩芳

重庆大学出版社

**图书在版编目（CIP）数据**

奥尔夫音乐教育 / 黄倩芳主编. -- 重庆： 重庆大
学出版社，2020.8（2023.7重印）
职业教育学前教育专业新形态教材
ISBN 978-7-5689-2150-3

Ⅰ.①奥… Ⅱ.①黄… Ⅲ.①学前儿童—音乐课—教
学法—职业教育—教材 Ⅳ.①G613.5

中国版本图书馆CIP数据核字（2020）第097504号

职业教育学前教育专业新形态教材

**奥尔夫音乐教育**

AOERFU YINYUE JIAOYU

主编 黄倩芳

策划编辑：张菱芷

责任编辑：刘雯娜 装帧设计：琢字文化

责任校对：谢 芳 责任印制：赵 晟

\*

重庆大学出版社出版发行

出版人：饶帮华

社 址：重庆市沙坪坝区大学城西路21号

邮 编：401331

电 话：（023）88617190 88617185（中小学）

传 真：（023）88617186 88617166

网 址：http://www.cqup.com.cn

邮 箱：fxk@cqup.com.cn（营销中心）

全国新华书店经销

重庆亘鑫印务有限公司印刷

\*

开本：889mm×1194mm 1/16 印张：13.5 字数：410千

2020年8月第1版 2023年7月第4次印刷

ISBN 978-7-5689-2150-3 定价：52.00元

## 编委会

主　编：黄倩芳

副主编：彭秀春

参　编：许育宁　　刘毅云　　蔡景林

　　　　杜红娟　　张玲玉

# Preface

## 前言

　　奥尔夫音乐教育体系是当今世界影响广泛的三大音乐教育体系之一。奥尔夫音乐教育作为全新的、专为关注儿童心灵开发的教学法，其主要目的是培养儿童在各个方面的能力，促使其人格得到良好的发展。它以"原本性"和"元素性"作为基本的教育理念，遵循音乐教育是人的教育，具有原本性、综合性、参与性、创造性、开放性等特点，通过"玩中学、学中玩"的教学模式，激发儿童的音乐兴趣，在游戏中循序渐进地掌握音乐基础知识，促进儿童身心健康和智力发展，受到儿童、家长、老师、学校的欢迎。20 世纪 80 年代初，奥尔夫音乐教育体系引入中国，使中国的音乐教育得到了较大程度的发展，并在一定程度上和世界音乐教育接轨。

　　本教材是专为学前教育专业、早期教育专业、音乐教育专业和音乐教育工作者编写的通用教材。教材内容符合师范专业认证要求，符合《国家中长期教育改革和发展规划纲要（2010—2020 年）》和《3~6 岁儿童学习与发展指南》的要求，符合音乐教育行业的人才培养需求。教材编写遵循"应用型"与"技能型"人才的培养理念，旨在帮助更多的高校学生了解奥尔夫音乐教育的理念，借鉴奥尔夫音乐教育理论及实践的方法更好地为儿童音乐教学提供丰富的教学形式。

　　本教材主编曾于 2006 年在中央音乐学院脱产学习期间参加李妲娜教授的"奥尔夫音乐"课程，为期半年；之后又参加了尹爱青教授、郭姿均教授的讲座以及许多由名师授课的奥尔夫音乐教学法师资培训；在幼儿园、小学、中学、高校从事音乐教学 20 年，积累了较为丰富的奥尔夫教学法经验。2016 年，闽西职业技术学院设立"奥尔夫音乐小钟琴师资培训"基地，主要开展奥尔夫音乐小钟琴师资培训和奥尔夫音乐教学法的研究；2017 年，校企合作的课题"微时代下学前教育专业的奥尔夫音乐教学研究——以闽西职业技术学院为例"获省级课题立项，并发表了多篇相关的课题文章；2018 年，和瑞丁堡国际幼儿园合作成立奥尔夫音乐名师工作室；2019 年，设计的在线开放课程"奥尔夫音乐教学"获福建省精品在线开放课程立项。本教材的编写人员均由高校从事奥尔夫音乐教育的专职教师和幼儿园音乐教师组成，采取校企合作的方式深入了解社会与市场需求，推进学前教育专业和音乐教育专业的音乐教育教学改革，使教材的实践性更强。

　　本教材的编写特色：

### 理实并进、通俗易懂

　　本教材每一个理论点都紧扣一个知识点的课例体验，通过体验式实践解析理论点。文字表述简洁明快、易读易记，做到教师好用、学生易学。

### 课例丰富、深入浅出

本教材单元教学设有"引言""学习目标""知识概述""知识点课例体验""拓展练习"等模块，教材内容丰富，理论联系实践，增强了阅读的趣味性，帮助学生从知识点课例体验过渡到音乐教学课例，做到深入浅出。

### 内容新颖、实操性强

本教材设有综合游戏，每个单元的知识点既是独立的又是关联的，即奥尔夫音乐是和动作、舞蹈、语言紧密结合在一起的。如嗓音与肢体动作、嗓音与打击乐、乐团与舞团、音乐欣赏与音乐游戏、课堂戏剧等综合艺术的游戏。每个综合游戏都有理论解析和课例体验，理论通俗易懂，实操步骤清晰。

### 数字资源，高效便捷

本教材配有相关二维码数字资源，包括课例视频、音频等。数字化资源给实操性较强的奥尔夫音乐教学提供了空前的便利与支持，高效率地实现线上线下一体化的"互联网+"混合式教学。

### 书证融通、课证融通

本教材以奥尔夫音乐教学法的基本理念和教学特点为主线，着重加强技能性和可操作性强的内容，以全国考纲为标准，与教师资格证关联。

本教材主编为闽西职业技术学院艺术与教育学院专业群主任黄倩芳讲师，副主编为闽西职业技术学院彭秀春讲师；参编由闽西职业技术学院许育宁讲师，闽江师范高等专科学校刘毅云讲师，小钟琴艺术研究院蔡景林院长，瑞丁堡国际幼儿园杜红娟园长、张玲玉教师组成。具体分工为：单元1、单元2、单元3、单元4的课题一至课题四、单元5、单元6由黄倩芳编写，单元4的课题五由彭秀春编写。其中，单元1的课题三由刘毅云协助编写，单元2的课题一由蔡景林、杜红娟、张玲玉协助编写，单元3的课题一由许育宁协助编写。

在编写过程中，编者参考了大量参考文献资料和专家讲座资料，并借鉴吸收了许多专家、学者及同行的观点、成果和资料，也得到了佛山市小钟琴文化传播有限公司和瑞丁堡国际幼儿园的鼎力支持和帮助，在此一并表示衷心的感谢！

由于水平所限，书中尚有疏漏和不妥之处，敬请同行、专家和广大读者不吝赐教，批评指正。

编　者
2020年1月

# 《奥尔夫音乐教育》教学安排

课程学分：2 学分
课程总学时：36 学时（理论 7 学时，实践 29 学时）
课程性质：职业技术必修课（专业基础课程）
建议修读学期：第三或第四学期
适用专业：学前教育专业、早期教育专业、音乐教育专业

## 1 课程目标

### 1）总体目标

把握好新时代教育的新使命，系统掌握奥尔夫音乐教育的基本理论和专业技能，培养德、智、体、美、劳全面发展的"四有"老师。

### 2）具体目标

| 具体目标 | 内 容 |
| --- | --- |
| 知识目标 | ·掌握本土化的奥尔夫音乐教育理念、特点、内容和方法<br>·了解奥尔夫音乐对儿童身心发展的重要性 |
| 能力目标 | ·能够综合运用儿童奥尔夫音乐教育知识设计、实施及评价音乐教育活动<br>·尝试运用嗓音、动作、器乐、音乐综合等手段进行音乐教学，感受多种元素的教学方法 |
| 素质目标 | ·以儿童为本，热爱儿童、尊重儿童<br>·富有耐心和责任心，细心<br>·传承民族音乐文化<br>·具有探究能力和创造精神<br>·激发积极健康的阳光心态 |

## 2 课程地位

本课程的前导课程包括儿童发展心理学、教育学、乐理视唱练耳、声乐、舞蹈、钢琴与即兴伴奏等，学生已初步树立正确的儿童观、教育观，基本掌握儿童的身心发展特点与规律。本课程将理论与实践相结合，注重掌握奥尔夫音乐教育理念和特点，以及嗓音、动作、器乐、音乐综合的技能及教学方法，组织与实施儿童奥尔夫音乐教育活动的技能等。本门课程的后续课程包括跟岗实习、顶岗实习等。

## 3 教学内容

| | 单元目标 | 主要内容 | 重难点 | 理论学时 | 实践学时 |
|---|---|---|---|---|---|
| 单元 1 奥尔夫音乐教育概述（2学时） | 知识目标：<br>1. 了解奥尔夫的音乐人生<br>2. 理解奥尔夫音乐教育的教学内容和特点<br>3. 理解奥尔夫音乐的哲学理念"原本性"和"元素性"<br>4. 了解奥尔夫音乐教育的"本土化"<br><br>技能目标：<br>1. 学习奥尔夫音乐教育的四个教学内容<br>2. 掌握奥尔夫音乐教育的五个特点<br>3. 掌握奥尔夫音乐教育的教学方法和教师角色<br><br>情感目标：<br>1. 萌发参与奥尔夫音乐活动的兴趣<br>2. 激发对民族音乐文化传承的自信<br>3. 培养探究能力和创造精神<br>4. 富有创意和想象力，有爱心和耐心 | 1. 奥尔夫音乐教育的缘起与演进<br>2. 奥尔夫音乐教育的特点和内容<br>3. 奥尔夫音乐教育的"原本性"与"元素性"<br>4. 奥尔夫音乐教育的"本土化" | 重点：<br>奥尔夫音乐教育的"原本性"和"综合性"<br><br>难点：<br>节奏与音乐、嗓音与音乐、动作与音乐、乐器与音乐等四种奥尔夫音乐教育内容及教学法在儿童音乐教育中的运用 | 2 | |
| 单元 2 奥尔夫节奏与旋律教学（4学时） | 知识目标：<br>1. 了解节奏与旋律的内涵、柯尔文手势与唱名内涵、指挥和节拍的内涵<br>2. 掌握奥尔夫节奏时值读法、节奏与旋律的关系和学习顺序<br>3. 积累运用节奏和旋律教学的课例经验<br><br>技能目标：<br>1. 学习语言节奏和动作节奏的训练方法<br>2. 掌握运用柯尔文手势、声势、指挥等人体乐器融入旋律教学的方法<br><br>情感目标：<br>1. 形成正确的儿童观与教育观，激发学生即兴创造的乐趣<br>2. 调动学生运用人体乐器参与节奏和旋律训练的乐趣，感受语言和动作带来的音乐魅力 | 1. 奥尔夫节奏与旋律教学的概述<br>2. 奥尔夫节奏训练<br>3. 柯尔文手势与旋律训练<br>4. 指挥和节拍 | 重点：<br>节奏和旋律的特点及教学课例<br><br>难点：<br>语言节奏和动作节奏的运用，将人体乐器融入旋律教学 | 1 | 3 |

续表

| | 单元目标 | 主要内容 | 重难点 | 理论学时 | 实践学时 |
|---|---|---|---|---|---|
| 单元3<br>奥尔夫嗓音教学<br>（8学时） | 知识目标：<br>1.了解嗓音的内涵、嗓音的"母语文化"<br>2.学会运用语词、语句、歌谣、锣鼓经、古诗词、歌唱作为嗓音的节奏训练<br>3.积累运用多种元素做嗓音教学的课例经验<br><br>技能目标：<br>1.学习奥尔夫嗓音训练的教学方法<br>2.掌握在多声念白游戏、多声歌唱游戏、朗诵小品中融入肢体动作和乐器演奏的方法<br><br>情感目标：<br>1.激发学生的嗓音节奏感、语言表达、专注力、分工合作、即兴和创造体验的乐趣<br>2.感受嗓音的综合艺术"本土化"的音乐魅力 | 1.奥尔夫嗓音教学的概述<br>2.嗓音节奏——语词、语句<br>3.嗓音节奏——歌谣、锣鼓经、古诗词<br>4.嗓音游戏的综合艺术 | 重点：<br>运用语词、语句、歌谣、锣鼓经、古诗词、歌唱作为嗓音的节奏训练<br>难点：<br>多声念白、多声歌唱、朗诵小品等综合性嗓音节奏训练 | 1 | 7 |
| 单元4<br>奥尔夫动作教学<br>（8学时） | 知识目标：<br>1.了解奥尔夫动作教学的由来、教学内容及目的<br>2.领悟声势与律动的内涵<br>3.了解集体舞的特点，积累丰富的民族舞和国标舞的动作经验<br>4.熟悉手指游戏的基本手势及游戏知识<br><br>技能目标：<br>1.学习奥尔夫动作训练中声势、律动、舞蹈、手指游戏等的教学方法<br>2.掌握四种古典声势的记谱法及演奏，学习声势节奏训练、声势伴奏、声势游戏等三大教学内容及运用<br>3.学会运用音乐与嗓音、动作、舞蹈融为一体的整体艺术表现音乐元素<br>4.锻炼即兴创编声势动作、律动动作和舞蹈动作的能力 | 1.奥尔夫动作教学的概述<br>2.动作游戏——声势<br>3.动作游戏——律动<br>4.动作游戏——集体舞<br>5.动作游戏——手指游戏 | 重点：<br>学习声势、律动、集体舞、手指游戏的教学方法<br>难点：<br>创编声势、律动和舞蹈动作，综合运用嗓音、动作等表现音乐元素 | 1 | 7 |

续表

| | 单元目标 | 主要内容 | 重难点 | 理论学时 | 实践学时 |
|---|---|---|---|---|---|
| 单元4<br>奥尔夫动作教学<br>（8学时） | 情感目标：<br>1. 形成正确的儿童观与教育观<br>2. 激发学生多种感觉器官协同参与音乐学习的体验乐趣<br>3. 感受声势、律动、集体舞、手指游戏等肢体动作游戏的综合性与音乐性 | | | | |
| 单元5<br>奥尔夫器乐教学<br>（6学时） | 知识目标：<br>1. 了解奥尔夫器乐教学的重要性及其在实践教学中的作用<br>2. 掌握奥尔夫器乐伴奏编配的相关知识<br><br>技能目标：<br>1. 学会运用奥尔夫打击乐器去表现各种音乐元素，掌握为歌曲伴奏和表现音乐的技巧<br>2. 认识常用小打击乐器和音条乐器的种类、音色及演奏技巧<br>3. 引导学生运用打击乐围绕生活和大自然进行即兴创作，学会乐器间的交流和为音乐配器<br><br>情感目标：<br>1. 激发学生参与奥尔夫乐器和自制打击乐的探索热情，感受即兴奏乐带来的乐趣<br>2. 尝试不同乐器的节奏音响变化赋予的美妙音色、节奏感和韵律感<br>3. 传承民族文化，激发集体奏乐与创作的乐趣 | 1. 奥尔夫器乐教学的概述<br>2. 奥尔夫器乐的伴奏编配<br>3. 奥尔夫器乐在实践教学中的应用 | 重点：<br>无音高打击乐和音条乐器的种类及演奏方法<br><br>难点：<br>运用奥尔夫乐器为歌曲、乐曲、故事等伴奏或配音 | 1 | 5 |

续表

| | 单元目标 | 主要内容 | 重难点 | 理论学时 | 实践学时 |
|---|---|---|---|---|---|
| 单元6<br>奥尔夫综合类活动<br>（8学时） | 知识目标：<br>1. 了解奥尔夫"整体艺术"的综合类活动的重要性及其在实践教学中的运用<br>2. 懂得课堂戏剧的教学模式、教学方法及故事剧本的挑选<br>3. 理解音乐欣赏、音乐游戏的特点和教学方法<br><br>技能目标：<br>1. 学会听音乐画图谱的技巧，听音乐进行律动、舞蹈和奏乐的技巧<br>2. 掌握音乐欣赏、音乐游戏的创编技巧<br>3. 学会运用音乐媒介创编哑剧、光影剧（皮影戏）、音乐戏剧等<br><br>情感目标：<br>1. 激发学生参与音乐元素的探索及用图谱奏乐，感受音乐欣赏带来的审美体验<br>2. 传承民族音乐文化，尝试和参与课堂戏剧创作带来的惊喜和魔力，体验集体创作的快乐<br>3. 感受丰富多样的音乐游戏带来的乐趣 | 1. 奥尔夫综合类活动——音乐欣赏<br>2. 奥尔夫综合类活动——音乐游戏<br>3. 奥尔夫综合类活动——课堂戏剧 | 重点：<br>学会创编和组织实施综合类教学活动<br><br>难点：<br>掌握音乐欣赏的图谱设计、表演和演奏技巧，创编音乐游戏和课堂戏剧 | 1 | 7 |

## 4 教学方法与手段

根据"奥尔夫音乐教育"课程的特点、学生的学情以及学生未来的岗位需要，教学中主要用到以下方法和手段：

**1）课前预习**

运用现代教育技术，课前布置线上学习，在网络平台发布课前预习微课、案例视频、文档、测验题等，采用问题导向，引导学生自主讨论和学习基本的原理和要点。

**2）课中学习**

运用情境法，让学生在情境中感受和体验音乐；从游戏入手，如角色扮演游戏，让学生在玩中进行说唱、声势、律动、乐器合奏等；用任务驱动法调动学生的积极性，培养学生的即兴创作和活动设计能力等；根据任务点的难易度，采用分组教学、分层教学、实训PK竞赛等方法，引导学生积极互动、团结协作。

## 5 课程考核与评价

本课程考核采用形成性评价和终结性评价相结合的形式，多方位考察，全面评价学生的学习成绩。每个学习情境根据内容难度赋予一定分值，成绩累计，综合评价，具体办法如下：

（1）形成性评价占总成绩的60%。形成性评价包含嗓音、动作、器乐、综合类活动等音乐活动的创编、片断教学、课堂提问、活动方案设计和考勤，旨在考核学生的学习态度和实践能力。

（2）终结性评价占总成绩的40%。终结性评价以闭卷考试的形式进行，考核学生对奥尔夫音乐教育基本理论的理解能力及奥尔夫音乐活动方案的设计能力。

（3）形成性评价和终结性评价两者合计的学习成绩为该课程的总成绩。

# Contents
目录

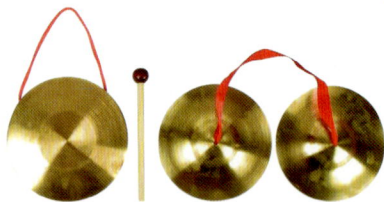

# 奥尔夫音乐教育概述

## ♪ 引言

奥尔夫音乐教育体系是当今世界影响广泛的三大音乐教育体系之一。奥尔夫音乐教育作为全新的、专为关注儿童心灵开发的教学法，其主要目的是为了培养儿童在各个方面的能力，促使其在人格上能够得到良好的发展。以"原本性"和"元素性"作为基本的教育理念，遵循音乐教育是人的教育，具有原本性、综合性、参与性、创造性、本土化等特点。20 世纪 80 年代初，奥尔夫音乐教育体系引入中国，使中国的音乐教育得到了较大程度的发展，并在一定程度上和世界音乐教育接轨。

## ♪ 学习目标

### 知识目标

了解奥尔夫的音乐人生

理解奥尔夫音乐教育的教学内容和特点

理解奥尔夫音乐教育的哲学理念"原本性"和"元素性"

了解奥尔夫音乐教育的"本土化"

### 技能目标

学习奥尔夫音乐教育的四个教学内容

掌握奥尔夫音乐教育的五个特点

掌握奥尔夫音乐教育的教学方法和教师角色

### 情感目标

萌发参与奥尔夫音乐活动的兴趣

激发对民族音乐文化传承的自信

培养探究能力和创造精神

富有创意和想象力，有爱心和耐心

## ♪ 知识概述

## ♪ 拓展练习

## 课题一　奥尔夫音乐教育的缘起

卡尔·奥尔夫（Karl Orff，1895—1982），德国著名作曲家、音乐教育家，1895年7月10日出生于德国慕尼黑一个有艺术素养的军人家庭。受家庭环境的影响，卡尔·奥尔夫从小对音乐和戏剧产生了浓厚的兴趣，这为他成为一个伟大的音乐教育家和音乐戏剧大师奠定了基础。

### 1　婴幼儿时期的音乐启蒙

卡尔·奥尔夫的音乐启蒙老师是他的母亲宝拉·柯伊斯特勒，她是一位受过正规训练的钢琴家。

1岁多时，奥尔夫喜欢趴在母亲的脚边听她弹琴、拍打节奏。

2岁多时，奥尔夫开始自己在琴上做"大声"和"小声"的各种声音游戏，并伴以歌唱或儿歌游戏。

3岁开始，奥尔夫全家每年夏天都会到慕尼黑的乡间度假，乡间大自然的生活给了他丰富的想象力和创造力，为他后来"原本性"的音乐教育理念打下了坚实的基础。

4岁时，奥尔夫跟父亲参加一个节日庆典活动，第一次接触提线木偶戏便无比喜欢。为此，他的父母在圣诞节送他一个木偶戏台，奥尔夫也开始他人生的第一次即兴戏剧表演。

5岁时，母亲开始教授奥尔夫钢琴和大量的视谱练习。在母亲的专业指导下，他开始尝试和母亲四手联弹。奥尔夫还展现出作曲的天赋，他特别喜欢念音符和画音符，并配上自己的词歌唱，经常即兴创编一些简单的歌谣。

6岁时，奥尔夫尝试把生活中新鲜好玩的事物编成儿歌和故事，他的祖父特地把奥尔夫编写的故事整理成《卡尔·奥尔夫100首故事》。奥尔夫除了热爱音乐，还对戏剧产生了特别浓厚的兴趣，这得归功于他的祖父。他的祖父经营了一家剧场，所以奥尔夫从小就有很多机会可以进入剧场看一些戏剧和音乐表演。在祖父的剧场中，他接触到许多歌剧和现代舞的表演内容。这些儿时的经历为他成为一个伟大的音乐剧大师奠定了基础。

### 2　少年时期的艺术熏陶

8岁时，奥尔夫第一次进音乐厅听音乐会，听到莫扎特、贝多芬的作品无比激动，从那以后，他经常和母亲一起在钢琴上四手联弹贝多芬的交响乐改编曲。

10岁时，奥尔夫非常迷恋木偶戏，他组织了一个小的表演乐团，乐团的伙伴们用钢琴模仿各种声音，用大大小小的豆子放在罐子里摇晃，模仿暴风雨、闪电的音效，还加入指挥、说、唱等表演，这时候的他已经展露出戏剧创作的天赋。

11岁时，奥尔夫进入中学学习，他阅读了大量的古典名著和当代文学作品，同时参加了合唱团、乐队等活动，加上平时受到与母亲合作的钢琴名曲以及音乐会、歌剧的熏陶，为他17岁考入慕尼黑音乐学院奠定了基础。

14岁时，奥尔夫第一次接触瓦格纳的大型歌剧《漂泊的荷兰人》并为之着迷，之后他接触了大量瓦格纳的歌剧和莫扎特、贝多芬的所有作品，其中瓦格纳提倡将故事情节、音乐舞台、场景糅合在一起的"整体艺术作品"创作观念，对奥尔夫主张"整体艺术"的音乐教育产生了重要影响。

### 3　青年时期的音乐学习及创作

奥尔夫是自学成才的音乐大师。从少年到青年，他通过自学刻苦钻研大师们的作品，在不断探究大师们的风格中顽强地寻找着自己独特的艺术表现语言——"那种'野生'的具有原本性的音乐、戏剧"。他从不把自己禁锢在某一专业、学科之中，作曲、指挥、戏剧、舞蹈……他都抱有极大的热忱去关注和研究。

#### 1）青年时期的音乐历程及"整体艺术"观念的形成

奥尔夫 17 岁考入慕尼黑音乐学院。学习期间，奥尔夫在音乐、诗歌艺术领域乐此不疲，他曾在短时间内写下超过 50 首的歌曲及管风琴小品。19 岁时因醉心于德彪西音乐，奥尔夫写下管弦乐剧《跳舞的牧神》。但和德彪西的《牧神午后》截然不同的是，他赋予《跳舞的牧神》节奏和动感，节奏元素的融入也为以后奥尔夫教学法的形成奠定了非常重要的教学法观念。1914 年，第一次世界大战爆发，奥尔夫从慕尼黑音乐学院毕业，他的老师——钢琴家、作曲家、指挥家赫曼·齐何深知奥尔夫对戏剧痴迷，介绍奥尔夫到慕尼黑专演小型戏剧的小剧场任乐队指挥。1917 年，奥尔夫应征入伍，后在阵地患痢疾被判"无作战能力"而退伍。1918 年夏，他进入曼海姆国家剧院任乐队指挥。1919 年秋，奥尔夫重返慕尼黑，开始研究文艺复兴时期的音乐和巴洛克早期音乐家的作品，特别是意大利作曲家克劳迪奥·蒙特威尔第的歌剧创作，其中音乐结构中的舞蹈歌曲、意大利牧歌的运用，以及蒙特威尔第丰富的和声运用和配器技巧，大大影响了奥尔夫的音乐风格和音乐教育思想。奥尔夫音乐教育体系核心思想——对"整体艺术"的追求，在此时已基本形成。

20 世纪 20 年代初，奥尔夫认识了德国现代舞蹈家玛丽·维格曼。维格曼是达尔克罗兹和拉班的学生，维格曼倡导将音乐与语言、动作和舞蹈融为一体，并加入来自东方和非洲的打击乐器或笛子的现代舞蹈教学，这给了奥尔夫新的启示。维格曼许多关于达尔克罗兹的律动教学理念和想法，激发了他在后来的儿童音乐教育中以节奏为主，运用律动的方式，形成语言、音乐、舞蹈统一的音乐教育理念。

#### 2）京特学校的音乐历程

1924 年，29 岁的奥尔夫与达尔克罗兹的学生罗西·京特一起在慕尼黑建立了一所集体操、音乐、舞蹈于一体的京特学校，奥尔夫负责音乐教育的教学和研究。在京特学校期间，奥尔夫开始了他变革音乐教育的一系列尝试：如以节奏作为基本元素，将动作与音乐相结合，注重即兴创作；通过身体律动和动作，如拍手、拍腿、踏脚、响指等，促使学生体验感受内心节奏与音乐的关系；加强内心体验与外在动作的协调感，即"人体乐器"或"声势"。在音乐训练中，为了使学生亲自参与奏乐，并通过即兴演奏设计自己的音乐，奥尔夫专门邀请古钢琴制作家卡尔·曼德勒共同设计、制作了一套可以合奏的带音高的木琴、钟琴等音条乐器和竖笛，这套被人们统称为奥尔夫乐器的教具现已闻名全世界，成为奥尔夫音乐教育体系的重要标志之一。奥尔夫为了实现"尽量使学生能自行设计他们的音乐和为动作伴奏"，他从本土及外国的民俗音乐中找到了编写教材的源泉，独特的教学模式和教学方法使京特学校的知名度迅速打开。不过，好景不长，战争摧毁了这所学校所有的设备，奥尔夫的乐器也付之一炬，奥尔夫被迫关闭京特学校，专心从事他的音乐创作。

#### 3）青年时期的音乐创作

奥尔夫从 1925 年开始正式拉开音乐创作的序幕，主要包括：大合唱《城楼的重建》《乐队前奏曲》（1925），《钢琴和古钢琴的小型协奏曲》（1927），《威廉·柏德主题乐队舞曲》（1928），《根据威廉斐尔歌词创作的无题大合唱》（1928），《卡图里·卡尔米纳》（1930—1933），《学校音乐教材》（1934）。

奥尔夫从青年时代起就在追求"完全戏剧"——一种通向人本的，寻找最初的、原始的，融音乐、舞蹈、戏剧为一体的艺术。1935—1942 年，奥尔夫共创作了三部成熟且极具影响力的舞台音乐剧作品：《卡尔米纳·布拉纳》（又译作《布兰诗歌》）和两部根据《格林童话》改编的"童话歌剧"——《月亮》《聪明的女人》。这三部作品使他在"完全戏剧"（或称"整体艺术"）的创作上走向成熟，形成了真正的奥尔夫风格。其中《卡尔米纳·布拉纳》最为著名，实现了他的突破，他称这种突破为他的"全集"的开端。这部剧取材于一本哥利亚诗集的手抄本，由《春之歌》《在小酒馆里》和《爱情歌曲》三个乐章构成，汇集了 200 多首民间诗歌和歌曲，大部分诗歌是中古拉丁文。作品音乐具有强烈独特的节奏性特征，通过音乐、舞蹈、戏剧的多样艺术形式，将古老与现代各类要素相结合，体现了奥尔夫在音乐教育中所呈现的那种原本性的原则和理念。1937 年首演，得到音乐界、戏剧界、舞蹈界的青睐，反响非同一般。这部作品是当今世界音乐会演出场次最多的音乐作品之一，同时奠定了奥尔夫在音乐史上的重要地位。

1948—1949 年，奥尔夫完成了以音乐、舞蹈、戏剧合为一体的里程碑性质的音乐剧《安提戈涅》，它和古希腊悲剧题材的舞台剧《暴君俄狄浦斯王》及《普罗米修斯》合称为奥尔夫的中心作品。

## 4 中老年时期音乐教育的发展及国际化

京特学校的音乐教育改革主要针对从事音乐教育的年轻人，而并非儿童。1948 年，奥尔夫接受巴伐利亚广播电台的邀请制作了一系列关于儿童音乐的节目，节目播出后社会反响强烈，大家都觉得奥尔夫的音乐非常好听，建议他尝试做一些关于儿童音乐教育的课题研究，由此开启了奥尔夫设计儿童音乐教学的新的理念。1949 年秋天，奥尔夫的帮手及同事辜尼特·凯特曼受邀到奥地利萨尔茨堡莫扎特音乐学院开设和规划奥尔夫儿童音乐训练课程，由凯特曼任教，开始了一个儿童班的试验。1951 年，在莫扎特音乐学院院长普雷斯纳博士的支持下，《学校儿童音乐教材》实现全面教学，这门课也成为音乐教师综合素质训练的课程之一。奥尔夫的音乐教育吸引了各国同行的注意。

1950—1961 年，奥尔夫被聘为慕尼黑音乐学院作曲系教授。1961 年，他在奥地利萨尔茨堡莫扎特音乐学院创设了奥尔夫教学研究所，并被聘为主任，建立起第一个奥尔夫教学法的研究和培训中心，对奥尔夫教育思想的广泛传播起到了巨大的推动作用。1962 年，奥尔夫和凯特曼访问日本，在日本掀起研究和实践奥尔夫教学法热潮。奥尔夫教学法与东方文化的结合开启了奥尔夫教学法新的里程。通过许多表演、会议，奥尔夫教育体系开始被介绍到世界各国，走向国际化。20 世纪 80 年代初，奥尔夫教育体系开始传入中国，得到广泛传播，并逐渐形成本土特色。

## 5 奥尔夫音乐教育理念的缘起

**1）教学环境的影响**

奥尔夫音乐教育理念的形成与奥尔夫的教学环境密不可分。奥尔夫在京特学校任教期间，发现当时的音乐教育都是以音乐知识理论为基础，注重音乐的技能和理论的教学，这样的教学模式枯燥无趣，所培养的学生音乐性并不是很充足，于是奥尔夫决定寻求一种新的音乐教育方式，让音乐学习的方式更活泼、更有趣、更有音乐性。特别是对儿童来说，这种重视技能和理论的音乐教育忽略了儿童时期最重要的两个特征——"随性"和"创造性"。奥尔夫应用他在京特学校的音乐教育方式，建立一种新的节奏教育，实现动作和音乐在教育中的彼此融合，探索动作和音乐互补的教学，从而激发儿童的音乐兴趣，让儿童进行自由创作，创作出他们自己想要的音乐，并利用这些音乐表达他们的律动。

**2）社会文化背景及影响**

20 世纪初，大众热衷于体操和舞蹈，达尔克罗兹的以肢体活动为主的新律动的教学理念影响了整个欧洲。首先，在拉班和维格曼两位舞蹈家的推动之下，新律动的教学理念得到迅速推广，欧洲很多学校都成立了类似的所谓音乐律动学校。奥尔夫也受到达尔克罗兹律动教学法的影响，非常认同用肢体律动的方式来进行音乐教学。其次，奥尔夫在幼年时期受到其祖父的影响，对戏剧和音乐都非常有兴趣，戏剧念白引起了奥尔夫的重视，他认为语言是人与生俱来的，是最自然的表露。在奥尔夫教学法中，他把语言融入节奏和音乐的训练中，成为除了节奏、动作之外，相对比较重要的核心教学理念。再次，由于自然主义的兴起，大家对儿童的看法不再是成人的缩小版本，开始重视儿童的天性发展、重视儿童的本质和创造性。因此，奥尔夫针对儿童的音乐启蒙教育，强调重视儿童本身的天性、创意和发展，追寻以节奏为最基本的元素，建立了集音乐、舞蹈、文学的艺术形式于一体的奥尔夫音乐教育体系，形成自然、原本的音乐教育理念。

**拓展练习**

1. 总结奥尔夫音乐教育的缘起及奥尔夫一生的成长历程。
2. 说一说你对奥尔夫音乐教育"整体艺术"观念的理解。

## 课题二　奥尔夫音乐教育的哲学理念及内容特点

### 1 奥尔夫音乐教育的哲学理念

奥尔夫音乐教育的哲学理念，即"原本性"和"元素性"。

奥尔夫音乐教育的哲学理念受到达尔克罗兹教学法的影响，在强调肢体律动的同时，奥尔夫认为"节奏"是所有音乐中最基本的元素，音乐教育应从节奏开始，而动作是表达节奏最好的方式与工具。我们日常生活中的说话、走路，包含了节奏、速度、音色、音量等元素，如有些人说话节奏比较慢、音色甜美、音量轻声细语，有些人说话节奏比较快、音色浑厚、音量粗犷有力，因此语言、动作和节奏等元素是密不可分的，这既是学习音乐最方便的方式，也是奥尔夫追寻的重要的哲学理念"元素性"。

在奥尔夫儿童音乐教学中，奥尔夫把语言放在比较核心的位置。他认为，对初学者而言，语言是一个最原本、最自然的开始，音乐当中的旋律、节奏都蕴含着语言的要素。动作、舞蹈、语言三者是经常结合在一起的。比如，当胎儿在妈妈腹中听到外界动听的声音时，会无意识地在腹中动起来；当刚学会走路的幼儿听到美妙的音乐时，会本能地跟着音乐咿咿呀呀地有节奏地唱起来、跳起来；当幼儿渐渐长大，除了身体的律动外，还会跟着音乐在墙壁、地板上随意涂鸦。这种跟着音乐发自内心表现出来的肢体语言和涂鸦就是将动作、舞蹈、语言三者融合的本能反应，即天性和创造性，这也是奥尔夫音乐教育追寻的最基本的哲学理念——"原本性"。

### 2 奥尔夫音乐教育的教学内容

#### 1）节奏与音乐

奥尔夫教学法追寻"原本的音乐"，即将节奏作为最核心、最基本的元素，把音乐与动作、舞蹈、语言融为一体的教育理念。节奏是一种客观存在，如心脏的跳动、钟表的摆动、走路的步伐、火车的行驶都有自己固定的节奏，人体节奏更是与人的主观心理密切联系，是人体本能反应的节奏感知。如脉搏或心脏跳动的节奏频率会随着人体的情绪和运动发生变化。节奏是所有音乐中最基本的元素，旋律由节奏和音符构成，旋律依附于节奏，节奏却可以脱离旋律单独存在，可以说节奏是音乐的生命和源泉。音乐教育应从节奏开始，通过动作节奏和语言节奏训练儿童的音乐感、身心平衡感、反应能力和创造力。

### 2）嗓音与音乐

语言是人类用来表达思想与交流思想的工具，包括语符、语词、语音、语法等要素。嗓音包括节奏朗诵和歌曲唱游。每个国家都有自己独特的语言体系，俗称"母语文化"。根据我国的母语特点，嗓音训练的内容包括语词、语句、语调的嗓音训练，歌曲唱游、儿歌童谣与古诗词的节奏朗诵。每个人出生后都要学会说话，这是人与生俱来的本领。因此，嗓音教学可以说是奥尔夫主张的"适于开端"的教育理念的体现。

### 3）动作与音乐

肢体动作是指跟着音乐的节奏，运用自己的肢体动作来表现音乐的节奏感和抒发音乐带来的内心情感。在音乐中，人们会随着音乐的节奏而舞动，这里的"舞"并不是为某个音乐而搭配的舞蹈，而是听者听到音乐后自然地、本能地做出身体动作的反应，即"音乐外化"。动作训练包括声势、律动、舞蹈和手指游戏。在奥尔夫教学法中，用得较多的是声势，有拍手、拍腿、踏脚、响指等四种古典声势。因此，把肢体动作纳入教学，可以帮助儿童学会用身体感受音乐的节奏，进而培养儿童的身体协调能力、敏锐的听力、专注力和即兴性。

### 4）乐器与音乐

歌曲表演，不仅要有歌唱、舞蹈，还要有乐器的配合。在奥尔夫教学法中，不是用钢琴伴奏，而是采用儿童易学易奏的原始打击乐器。奥尔夫打击乐分为无音高打击乐和有音高打击乐两大类。无音高打击乐器包括木质类、皮革类、散响类和金属类四种，如双响筒、鼓、串铃、碰铃等小打击乐器，也可以是生活中可以发出声响的打击乐器，如钥匙串、锅碗瓢盆等器物。有音高打击乐器包括木琴、铝板琴、竖笛等。奥尔夫打击乐具有节奏性强、音色鲜明、敲奏简单、原始性的特点，可以充分满足儿童的好奇心和探索欲望。通过自己奏乐，能够培养儿童学习音乐的主动性、创造力和团体合作的能力。

## 3  奥尔夫音乐教育的教学特点

### 1）原本性

奥尔夫曾经说过："我所有的观念，是关于一种原本性的音乐教育观念。"从他的话中我们不难看出，奥尔夫音乐教育思想的核心就是音乐的原本性教育，强调原本的音乐是接近土壤的、自然的、机体的，能被每个人学会和体验的，适合儿童的。传统教学更多的是教师主动地教，学生被动地学；而原本性的教学则更注重挖掘学龄前儿童的天性和创造性，教学中避免用枯燥无味的教学方式去抹杀儿童的天性，要提供尽可能多的机会帮助儿童去体验音乐、创造音乐，让儿童有创意地、积极主动地参与学习音乐的过程，不断为儿童提供制造声音与音乐的机会。

### 2）综合性

我们以往对音乐的认知就是单纯的音乐，它与舞蹈、语言是没有关联的。但奥尔夫认为，动作、舞蹈、语言是人同时产生的本能反应，三者密不可分、互为补充，是一个综合的整体艺术。奥尔夫音乐教育体系从人的本能出发，从最基本的元素"节奏"出发，不断加入新的元素和表现手段，结合朗诵、律动、歌唱、奏乐、美术来进行音乐实践活动，并鼓励幼儿在音乐活动中欣赏、创作、表演、画画，从而使儿童获得全面、完整的综合性审美体验。比如，朗诵时以语言为主，搭配音乐和有节奏的肢体动作；歌唱时将嗓音、律动、舞蹈相结合等。

### 3）参与性

奥尔夫提出，音乐是和动作、舞蹈、语言紧密结合在一起的，是一种人们必须自己参与的音乐。在音乐活动中，儿童不再只是听众，而是直接参与到音乐的表演中，以自己的表现方式去呈现所听到、看到的音乐的表演者。奥尔夫强调亲身体验的重要性，因此在奥尔夫教学法中，经验要优先于概念。比如，解说快和慢的元素时，要先让儿童参与体验：体验快快走、跑步，感受快的节奏；体验慢慢走、慢慢呼吸，感受慢的节奏。在儿童有了慢走、快跑的体验后，才开始学习所谓快和慢的音乐元素。所以说，奥尔夫音乐教学法的基本原则是人人参与。

### 4）创造性

音乐的创造性是指对听到的音乐即兴做出身体动作的反应，即特别强调即兴性。儿童的音乐再创造需要经历三个历程，即探索与观察—模仿与体验—创造。探索与观察阶段，教师通过音乐赏析、音乐示范等引导儿童去探索音乐、观察音乐。模仿与体验阶段，模仿在儿童音乐学习历程中是非常重要的，儿童从模仿开始学习音乐，当他有模仿成功的经验之后会产生好奇心，并开始尝试各种节奏、动作、打击乐等体验。探索阶段，是简单到复杂的过程，刚开始以简单的念白儿歌或者歌谣，伴以大肌肉肢体节奏训练为主，随着儿童的成长，慢慢地导入歌唱、身体的节奏，甚至是打击乐器的训练。创造阶段，儿童进入创造历程就好比进入音乐中的机芯，可以充分发挥儿童的个性自由创造。如音乐《节奏停顿》，当音乐进行时，儿童跟着音乐节奏自由地扭动自己的身体或者做跑跳动作；当音乐停止时，儿童要不重复地摆出各种木头人的造型。所以，创造对于奥尔夫而言，是一个最基本的目标，即兴创造的整个过程必须符合儿童的自然发展，是儿童自然、本能的反应。

### 5）本土化

奥尔夫音乐教学区别于传统音乐教学在于前者没有固定的教学大纲、没有规范的教案，它是根据儿童不同的年龄特点和文化背景，寻求在不同的文化中找到融合点和生长点，将说、唱、动、奏等奥尔夫音乐媒介与本土的民族文化和红色文化相结合，在挖掘本土文化素材并进行本土化创作的过程中开创音乐教育的创新模式，为奥尔夫音乐教育注入新的生命力。如中国的奥尔夫音乐教育融入了本土的民间音乐、戏剧、童谣、诗歌等传统文化，接近本土土壤，从而增强学生的民族自豪感和文化传承意识。奥尔夫音乐教育秉承包容、开放的教育观念，在奥尔夫音乐教育理念不变的前提下百花齐放，不断推陈出新。

**拓展练习**

1. 说一说你对"原本性"和"元素性"两大哲学理念的理解。
2. 总结奥尔夫音乐教育的教学内容和教学特点。

## 课题三 ▶ 奥尔夫音乐教育的"原本性"

### 1 奥尔夫音乐教育的"原本性"概述

原本性教育是一种最原始的并且适用于启蒙的音乐教育思想，也是一种尊重儿童身心发展规律、贴近儿童成长、符合儿童生理和心理的音乐教育理念。奥尔夫谈到他的"原本性音乐"的教育本身就具有古老的传统，他比喻用火种接力的方式把古老的精华传递下去，同时在传递的过程中演变出新的生命。"原本性"是奥尔夫音乐教育的基本理念，"原本"的拉丁文是 elementarius，意思是"属于基本元素的、原始材料的、适合于开端的"。原本的音乐、原本的乐器、原本的语词形成和动作形式是原本性的几个要素。其中，原本的音乐不仅仅指单纯的音乐，它还和动作、舞蹈、语言紧密结合在一起，它是一种人们必须自己参与的音乐。原本性教育理念是一种意在激活儿童潜在艺术灵性的、促进儿童内在心灵本能发展的教育理念。奥尔夫音乐教育中的原本性还体现在它是一种通过抓住音乐中的语言、动作、舞蹈、乐器中的原本性的要素，让儿童成为音乐的体验者、创作者和参与者，促进儿童对音乐的情感体验和节奏体验。

### 2 奥尔夫音乐教育"原本性"在儿童教育中的应用

#### 1）激发儿童的音乐兴趣

奥尔夫音乐教育"原本性"的首要特征就是音乐的行为方式，它包含参与行为和操作行为两种。

参与行为即人人参与，我们可以抓住音乐、美术、律动三者的关联性，为儿童设计富有想象力和创造力的音乐活动，激发儿童的音乐兴趣。如欣赏中班乐曲《拉德斯基进行曲》。首先，音乐感知。让儿童听音乐并说出他们的感受，再让他们扮演各种动物，踏着军队进行曲的音乐节奏模仿各种动物的动作，感受音乐的拍子。其次，乐队即兴演奏。让儿童自由选择打击乐器，有鼓、鼓棒、铃鼓、摇铃、响板供儿童选择。A 段音乐，所有乐器自主选择，跟着音乐有节奏地演奏。B 段音乐，放"公主拿着扇子温柔走"的音乐时，铃鼓和摇铃轻轻摆动，鼓棒模仿吹笛子；放"王子大步走"的音乐时，鼓、响板有节奏地敲奏。最后，创意图谱，儿童跟着音乐节奏，用线条、圆圈、点等符号在绘画纸上画出自己对音乐的理解。这种本能地把听到的、看到的、想到的用自己的表现方式呈现出来，就是奥尔夫音乐教育"原本性"所追求的原本的音乐是接近自然的、生活的、每个人都能参与体验的。

操作行为即即兴演奏，以简单固定的节奏音型作为基础和动力，进行声势、卡农、多声部即兴演奏等，激发儿童的音乐兴趣。如大班歌曲《幸福拍手歌》，可分两组玩声势：一组选择身体的肢体语言拍手跺脚；另一组选择自己喜欢的打击乐器，有沙蛋、木鱼、手铃、碰铃等。听到拍手跺脚的音乐后，先由个别人拍掌跺脚，然后逐渐增多，再融入打击乐自由发挥，老师时而给儿童一个手势让儿童中途做个休止，时而给个手势让儿童结合音乐给的固定节奏自由发挥手中的演奏乐器即兴演奏。这种"玩中学"的教学方式不仅激发了儿童学习音乐的兴趣，发挥儿童的创造性思维，也使儿童在学习过程中丰富了对歌曲内容的想象力，促使儿童更加主动地参与相关内容的学习。这也是奥尔夫音乐教育的"原本性"所追求的快乐教学。

#### 2）有效培养儿童的创造力

"原本性的音乐具有特征性的和培养幻想的因素在于：它不是关于一些一劳永逸固定下来的东西，如艺术作品。"这句话告诉我们，"原本性音乐"是指音乐所呈现的形态并不是一成不变的，不同的教育对象受周边生活环境和个人生活体验的影响，对音乐的理解是不一样的，其所呈现的艺术形态也各不相同。

　　创造力的培养需要结合儿童的日常生活，通过开展创造性活动培养和激发儿童的潜在能力，即他们的创造力。在儿童音乐日常教学活动中，教师展示乐器，教授使用方法，让儿童在具体实践活动中进行创造性的即兴奏乐，不断培养自身的想象力和音乐素养。如乐器演奏儿童生活中常见的童话故事《小动物去郊游》。首先，按照乐器的种类进行分组，分成散响类、鼓类、木竹类、金属类等四组。接着，四个小组结合自己的乐器特点为故事情节进行创造性的配乐。如散响类组模仿小鸟叽叽喳喳唱歌的声音和哗啦哗啦下雨的声音，鼓类组由慢到快打鼓模仿小刺猬在地上不停地打滚的声音，木竹类组用顿音式的敲击音色模仿小猫玩撑竿跳的声音，金属类组模仿乌云密布和电闪雷鸣的声音；鼓类组和木竹类组分角色模仿小白兔和小灰兔赛跑的脚步声。教师引导儿童倾听音乐讲故事，运用探索的方式让儿童进行即兴演奏，儿童通过探索乐器的各种特性、音乐情绪的变化和故事情景描述的变化设计配器方案。在整个配器过程中，儿童变被动学习为主动学习，在创作中很好地把握了作品的整体音响效果。

　　这种结合音乐故事即兴配器的"原本性"音乐教学，不仅培养了儿童即兴配器的实践能力，让儿童在探索中学习、感受探索的乐趣，还能够激发儿童自身的创造力和想象力，从而培养其创造性思维。

### 3）培养儿童的审美能力

　　审美的愉悦是"原本性"音乐教育在情感体验方式上的一个重要特征。审美的愉悦即内心的喜悦，是儿童成长的重要因素，它要求儿童学会用自身独特的审美视角去玩音乐、奏音乐，学会用自己的内心去感知音乐、倾听音乐、理解音乐，通过唱歌、跳舞、奏乐开启儿童智慧的大门。这种以人为本的情感上的体验方式也是中国艺术教育所提倡的审美教育的初衷。如小班的歌唱游戏《两只小象》，在歌唱中引导儿童想象两只小象在河边走路的样子，想象两只小象见面勾鼻子就像一对好朋友见面握握手的样子。启发儿童创编表演动作，用两只手扮成"小象"，并引导儿童创编不同的身体接触方式来表演两只小象亲密无间的真挚友谊和喜悦心情。这种有趣而富有假想的情景表演不仅激发了儿童的兴趣和创造力，也帮助儿童领悟到了纯真友谊的难能可贵，从而达到审美教育的目的。这也是"原本性"音乐教育以人为本的意义所在。

**拓展练习**

1. 体会"原本性"的教育理念内涵及其在教学中的运用。
2. 尝试运用四大类打击乐器为童话故事《小动物去郊游》配乐。

## 课题四　　奥尔夫音乐教育的"元素性"

### 1　奥尔夫音乐教育的"元素性"概述

　　"元素性音乐"是各类音乐元素中最基本的、初步的、原始的一些简单因素的综合。奥尔夫音乐教育的基本元素包括音的长短、音的高低、音的强弱、音的快慢、音的走向、节奏、重音、音色、乐句对比、乐段对比、音乐风格等。音乐元素是需要对比的，如一首作品中音的强弱对比，或者音色对比，或者乐句与乐句之间的对比，或者乐段与乐段的对比等。所谓元素性，就是最原本、最朴实的音乐素材。例如，音乐元素中最基本的元素——节奏，节奏中采用最简易的、不断反复的固定节奏型，旋律中采用最易唱的五声音阶，调式中采用最常用的大、小调等。奥尔夫在音乐教学的方法上所采取的模式都是从一个基本元素出发，再不断加入新的元素和表现手段，结合朗诵、律动、歌唱和奏乐来进行音乐实践活动，并鼓励儿童在音乐活动中进行欣赏、创作、表演，从而使儿童获得全面、完整的综合性审美体验。

奥尔夫音乐教育倡导综合性音乐教育，奥尔夫指出，"元素性音乐永远不是音乐本身，它是同动作、舞蹈、语言紧密联系在一起的"；"音乐来自动作，动作来自音乐"；"对于处在个体发展原始或者启蒙阶段的儿童来说，获得全面、完整的综合性审美体验是十分重要的"。所有的音乐元素都需透过人体乐器表现出来，训练儿童的听觉、视觉、运动觉、言语觉等多种感官能力。可见，"元素性音乐"是最基本、最原始、最简单的综合性教育理念。

## ② 奥尔夫音乐教育的"元素性"的具体策略

### 1）元素性音乐"节奏律动"教学，挖掘儿童的多种感官能力

节奏是音乐元素中最重要的元素。音乐的节奏来自人类身体中的自然节奏，是人类生命节奏的一个复制品。节奏是动态的，我们可以透过律动来理解节奏。律动既可以是外在的肢体动作，也可以是内在的从外表看不出来的。比如，我们在心里哼唱一首歌，我们在脑中就会模拟一些动作、一些旋律、一些唱歌的形式或是演奏的形态，这些就属于内在的动作。音乐中有三个基本的元素——旋律、节奏、力度。节奏和力度的元素，音乐中快、慢、渐快、渐慢等速度的变化，还有强、弱、渐强、渐弱等力度变化，都必须通过身体动作来表达，所以我们透过身体学习音乐是自然、原本的状态。因此，节奏律动是奥尔夫教学法的重要基础。如童谣《风来了　雨来了》，"风来了，雨来了，蛤蟆背着鼓来了，什么鼓，花花鼓，乒乒乓乓二百五"。先让儿童采用拍手和拍腿的肢体动作有节奏地朗诵童谣，再让儿童在老师指导下根据儿童自身对童谣的理解边朗诵边即兴舞蹈表演。这种动作、舞蹈、嗓音结合的综合教学模式，可以帮助儿童理解短小语词和童谣的节奏律动，帮助儿童感知语词乐句间的节奏变化和语气的情感变化，培养儿童的听觉、视觉、运动觉、言语觉的多种感官能力，通过外在的感官能力创造出内在的理解和外在的肢体情感反应。

### 2）元素性音乐"器乐"教学，培养儿童的音乐感知能力

将纯节奏性乐器融入元素性音乐教学中。节奏性打击乐器可以是儿童身边常见的、简单的、能发出声响的东西，如装沙的水瓶、锅碗瓢盆等，这种原始材料的打击乐器能激发儿童的好奇心，让儿童主动去表现节奏，表现各种音乐元素；再从原始材料过渡到奥尔夫节奏打击乐器，如木琴、铃鼓等，这样的过渡不会抹灭儿童的兴趣。这正是奥尔夫教育带给我们的：调动儿童的积极性，寻找音乐与儿童的共鸣，用最原始的乐器发挥他们爱玩的天性，让他们在愉快的玩耍中学到音乐，如敲击木棒表现音的强弱、敲击木琴某两个音表现音的高低等。

奥尔夫提倡从简单易学的乐器入手，乐器主要以无音高的节奏打击乐器和有音高的可拆卸的音条乐器为主。学生从胡乱演奏到相互间的慢慢配合，从各玩各的到协调一致，从自我思想到讲究整体的团体合作，讲究在训练中与欢乐融为一体。奥尔夫在元素性音乐教育中反复强调"接近人体的乐器"，即"自己的乐器"。所谓"接近人体的乐器"，是指无须经过任何媒介便可供儿童直接演奏的乐器，如沙锤、铃鼓、三角铁、木鱼、木琴等奥尔夫打击乐器。它们的共同特点都是适合儿童直接玩耍和使用的原始乐器。如中班的音乐律动《敲锅子》，用到了音乐元素的"音色和节奏"："大大的锅子敲敲敲，发出声音咚咚咚"，先让儿童听音乐，说出听到了什么声音并用拍手模拟声响，再让儿童寻找身边可以发出声响的东西跟着音乐有节奏地拍打，最后请儿童用铃鼓通过拍、摇、敲等不同的奏乐方法模拟音乐中"咚

咚咚"的锅子的重音声响。这种方式让儿童在发挥自己的天性，运用头脑和行动寻找各种乐器，尝试不同的奏乐方法，勇于创新掌握演奏能力表现所要表现的音乐元素的同时，也很好地培养了儿童对音乐的感知能力。

### 3）元素性音乐 "即兴创作" 教学，开发儿童的创造力

奥尔夫认为，教师必须关注如何引导儿童体验各种音乐经验，唤醒他们自发地表达的能力，即即兴创作能力。借助音乐进行教学活动时，引导儿童兼顾聆听和动作，观察儿童在聆听和动作之间的转换是否是有意识的连接，而不是无意识的反应。如在进行快慢的速度体验时，儿童的身体是不是也表达出快和慢的细微变化，这种快和慢的改变需是儿童聆听音乐之后自身的改变，而不是模仿别的同学而改变，这就是所谓的儿童自身的音乐体验。奥尔夫并没有标准的教科书设计音乐活动，身为奥尔夫教师应具备设计音乐活动的能力和即兴能力，根据自己的教学对象，针对儿童不足的部分开展互动，能透过自己擅长的乐器，即兴演奏出符合课程所需的音乐，创造儿童体验和感受音乐的机会，让儿童通过欣赏、表演、创作发挥其即兴创作的能力。另外，这些音乐必须符合基本音乐元素的要求，比如说快的感觉、慢的感觉、跳跃的感觉。

如欣赏中班乐曲《加速度圆舞曲》第一部分的加速度音乐选段。这段音乐速度的快慢对比：第一乐句和第二乐句是渐快，加速地画圈；第三乐句是速度渐慢，慢慢地画了一个大圈又一个大圈。结合速度的快慢对比的音乐元素，让儿童根据自己的兴趣爱好分成表演组、演奏组和绘画组：表演组准备长丝巾，演奏组准备三角铁，绘画组准备水彩笔和 A4 纸。表演组的小朋友随着音乐的加速会不由自主地抖动双腿，快速地转动自己手中的丝巾；音乐渐渐慢下来，丝巾转动也随着音乐渐慢。演奏组的小朋友用琴槌跟着音乐的速度变化，快速或者慢速地转动三角铁。绘画组的小朋友听到加速度的音乐时，同样快速地在纸上涂圆圈，随着音乐的提速，圆圈越涂越大；当音乐渐渐慢下时，会跟着音乐慢慢地画一个大圆再画一个大圆。这种舞、乐、画三位一体的综合性的即兴创作教学，让儿童在掌握速度这个基本元素的同时，也为开发他们的创造力提供了全面、丰富、综合的审美体验机会。

拓展
练习

1. 体会 "元素性" 的教育理念内涵及其在教学中的运用。
2. 尝试运用音乐元素 "音色和节奏" 进行音乐律动《敲锅子》。

### 课题五　　奥尔夫音乐教育的 "本土化"

## 1　奥尔夫音乐教育在我国的发展历程

奥尔夫音乐教育在我国的发展分为四个阶段。

### 1）第一阶段：1980—1989 年

1980 年 9 月，上海音乐学院研究所所长廖乃雄教授赴德国访问，首次到奥尔夫家中进行了拜访，交谈中激起了奥尔夫对奥尔夫音乐教育体系在有着悠久文化底蕴的中国生根发芽的想法。他将整套《学校音乐》（五卷）和音响赠予廖教授，并安排廖教授参观了奥地利萨尔茨堡奥尔夫学院。

1981 年，廖乃雄教授回国后开始讲学，并著文介绍奥尔夫音乐教育。

1982—1984 年，廖乃雄教授再次赴德国考察，进一步深入学习奥尔夫音乐教育，回国后开办研习班，为中国培养了陈培蕾、孙幼莉、曹冰洁、郁文武、牛晓牧、吴国本、张福元等首批奥尔夫教师。

1985 年，在廖乃雄教授的努力和组织下，在奥尔夫基金会的大力支持下，首次邀请联邦德国西柏林奥尔夫教师施耐德夫人来华讲学、培训，先后在广州、南京、上海办班，历时三个月，培训学员数百人。

1988 年 8 月，在奥尔夫基金会资助下，中国音乐家协会教育委员会与首都师范大学联合主办了首期奥尔夫师资培训班，特邀奥尔夫学院教师来华讲学，来自全国大、中、小、幼的近四百名音乐教师、教研员参加了这次培训，为音乐教学注入了新的教育理念和教学法，推动了中小学音乐教育的改革。

1988—1989 年，中国音乐家协会教育委员会李妲娜带领中国音乐教育考察团两次赴联邦德国西柏林考察，并在奥尔夫学院学习了两周。

1989 年 6 月，经中国音乐家协会批准，中国奥尔夫学会筹备组成立。

### 2）第二阶段：1990—1999 年

1991 年 6 月，国内唯一公开发行的《音乐周报》出了一期奥尔夫音乐教育专版。

1991 年 8 月，第二期奥尔夫师资培训班在北京举行，奥尔夫学院的老师再次来北京培训、讲学，培训成员（包含台湾地区成员）共 700 余人，教学观摩展示了奥尔夫音乐教育正在中华本土上生根发芽。期间，成立了中国奥尔夫学会领导小组，由李妲娜任组长，组员有曹理、郁文武、郑莉、徐卓娅、吴国本、李燕怡等。

1992 年 8 月，中国音乐家协会音乐教育委员会与开封市教委联合举办奥尔夫音乐教育师资培训班，特邀台湾刘嘉淑、林芳瑾两位奥尔夫教学法教师讲学，从而增进了台湾地区与大陆的奥尔夫音乐教育的本土化交流。

1993 年 9 月，在北京主办为期近一年的不脱产幼儿教师奥尔夫教学法培训班，学员 80 余人。

1995 年 6 月，中国音乐家协会派出中国音乐教育小组赴奥地利奥尔夫学院参加纪念奥尔夫 100 周年诞辰国际研讨会。研讨会以"本土文化、外来文化、共同之处"为主题，对奥尔夫音乐教育在各国实现本土化起到了很大的推动作用。

从 1996 年起，中国奥尔夫专业委员会举办的一年期培训班，在中央音乐学院大力支持下不间断开设至今。

1997 年，上海音乐学院音乐教育系成立，聘请廖乃雄教授为客座教授，同时还和萨尔茨堡莫扎特音乐学院结为友好学校，互派教师讲学、交流，推动了奥尔夫音乐教育体系在中国的传播。

1999 年秋，中央音乐学院继续教育部正式开设"奥尔夫教学法"课程，聘请李妲娜老师持续任教 6 年。

### 3）第三阶段：2000—2009 年

2000 年，奥尔夫专业委员会主办的大陆第一个奥尔夫音乐教育网建立。

2001 年 8 月 20 日，中国奥尔夫协会和清华大学艺术中心联合办班，邀请美国奥尔夫协会主席朱迪邦德博士来华讲学。此后，以奥尔夫教育为主的"综合艺术素质活动和创造课"被列为清华大学教改精品课程，在广大学生中引起强烈反响。

2002 年，廖乃雄教授编著的《中华学校音乐教材》出版，引起了音乐教育界的重视，也为中国中小幼音乐教育的改革指明了方向。

2002 年 2 月，由李妲娜、修海林、尹爱青编著的《奥尔夫音乐教育思想与实践》在上海教育出版社出版，对奥尔夫音乐教育思想做了详细的解读和课例分析，开启了奥尔夫音乐教育在中国音乐教育的改革热潮。

2002 年 6 月，中央音乐学院 "奥尔夫音乐教育研究中心" 成立，既为各国奥尔夫音乐教育工作者提供了很好的交流平台，也为我国的音乐教育工作者提供了高水准的学习、培训场所。

2005 年 8 月，德国索诺乐器公司（功学社）代言人沃尔夫冈·史密斯先生第一次来北京讲学。此后史密斯先生多次来中国教学，成为中国奥尔夫同行的老朋友，推进了奥尔夫音乐教育体系在中国的传播。

2006 年 2 月，中国奥尔夫专业委员会邀请国际著名奥尔夫音乐教育专家道格·古德金先生来北京讲学，让参会学员受益匪浅。

2008 年 8 月，中国奥尔夫专业委员会骨干教师曹利、陈蓉、何璐获全额奖学金并赴美国参加旧金山学校的奥尔夫师资培训。同年，陈淑宜老师出版《奥尔夫音乐亲子教学实用课例精选》，推动了我国 0~3 岁幼儿早期音乐教育的课程研究，为幼儿音乐启蒙教育打开了新的窗口。

### 4）第四阶段：2010 年至今

2010 年至今，中国各本科院校和专科院校的学前教育专业都相继开设了奥尔夫音乐教学法课程，出版了一些针对幼儿音乐教育的奥尔夫音乐教材、课例视频、微课等。

2012 年 4 月，中国奥尔夫专业委员会代表团观摩加拿大奥尔夫专家教学展示。同年，中国奥尔夫专业委员会发放了首批 "奥尔夫音乐教育教师资格证书"。

2013 年 2 月，上海音乐学院出版社出版了陈蓉的《音乐教学法教程》，详细解说了奥尔夫音乐教育体系的起源和发展，开发了有特色的本土化奥尔夫音乐教学的课例。

2013 年，中国音乐家协会奥尔夫专业委员会特教中心网站开放。同年 10 月，中国音乐家协会奥尔夫专业委员会 "奥尔夫音乐舞蹈教室 NO.3" 和特教中心特殊教育基地正式挂牌。

## 2 奥尔夫音乐教育的 "本土化" 依据

### 1）奥尔夫音乐 "人本主义" 理念与 "全人教育" 理念一致

奥尔夫音乐教学理念体现出人本主义的特点。所谓人本主义教育，就是指发展幼儿的教育，注重对人本身的教育。人本主义还体现在原本性上：一是，音乐是自然的，可以表达儿童的思想情感、行为动作，通过音乐使儿童的心灵获得成长。二是，奥尔夫音乐教育的最终目的并不是发展学生在音乐方面的才能，而是通过音乐本身，实现学生的全面发展，不仅包括音乐才能、音乐情感和音乐智力方面的发展，还要获得超过音乐本身的一种对生命的体悟。三是，奥尔夫音乐教学理念重在通过音乐中的节奏感使学生感受世界的万事万物，体会音乐中蕴含的丰富情感，帮助学生获得全新的对世界的感受。奥尔夫音乐教育中的这种人本主义正和当下的音乐教育所推崇的全人教育相符合，重在促进全面发展，帮助儿童健康成长。

### 2）奥尔夫音乐促进儿童感觉统合的适宜性

奥尔夫音乐的教学理念可以促进学龄前儿童的感觉统合。从幼儿时期就要开始培养幼儿的感统能力，否则容易导致幼儿随着年龄的增长而出现感觉的钝化，以致堵塞幼儿感觉潜能的开发。在我国有许多家长为了保护幼儿 "健康成长"，让他们远离各种活动，阻碍了幼儿对感觉能力的培养，例如不让幼儿"乱摸乱爬""乱吃乱喝"等，影响幼儿各个感觉区域的发展，导致其在视、听、触等器官发展上出现问题。通过奥尔夫音乐的教学理念，可以最大限度地促进幼儿各方面潜能的发展，从而促进其在认知能力和统合协调能力方面的发展。

**3）奥尔夫音乐教学法开发儿童音乐潜能的有效性**

奥尔夫音乐教学模式具有开发学龄前儿童的音乐潜能的作用。奥尔夫音乐教学法主张从音乐、语言、诗歌以及动作等方面，用表演的形式让节奏作为原始的力量贯穿在整个音乐过程中，通过这种综合性的音乐教育和训练手段，开发幼儿的音乐潜能，从而对幼儿的后继音乐学习起着启蒙和推动的作用。第一，通过奥尔夫音乐"原本性"的教学理念，培养幼儿在想象力、创造力方面的能力。通过倾听音乐，激发幼儿对音乐和整个世界的想象，挖掘幼儿的想象力和创造力的潜能。第二，促进幼儿内在音乐韵律感的形成。音乐大都以节奏贯穿始终，让幼儿从节奏体验中学习音乐可以培养幼儿的韵律感。第三，培养幼儿的音感能力和表演能力。奥尔夫音乐教学理念主张让幼儿通过感受音乐节奏去感知音乐，帮助幼儿对音响特征以及歌词节奏等方面的理解，并用人体乐器主动地表现音乐。这种以欣赏、表演、创作三位一体的综合教学模式，可以很好地激发幼儿的音乐感知能力和本能的表演天赋。

### 3 奥尔夫音乐教育的"本土化"内涵

**1）教育理念的"本土化"融合**

奥尔夫音乐教学理念与我国新课程改革当中的音乐教育的目标达成促进式的融合。

**2）教学内容的"本土化"选择**

奥尔夫音乐教学模式中的教学内容注重弘扬我国的民族文化，发扬优良传统，实现教学内容的本土化。

**3）教学策略的"本土化"实践**

奥尔夫音乐教学模式注重在教学策略方面的本土化，在学习外国优秀文化的同时，传承和保留我国优秀的传统民族文化，在实践教学中，根据我国的国情来对我国儿童进行本土化的教学与实践。

**4）教学效果的"本土化"评价**

在实行奥尔夫音乐教学理念的过程中，注重在教学评价方面以正面评价为主，多给予儿童正面的鼓励性的评价。在评价过程中，提倡根据儿童的特点进行评价，同时教师也应以宽容的态度，通过不断的创新与尝试来给予儿童多元化的评价方法。

### 4 奥尔夫音乐教育"本土化"的具体策略

奥尔夫音乐教育引进中国已经有三十几年的历史，所谓"入乡随俗"，就是洋为中用，和中国的文化融合在一起变成中国版的"原本性"的奥尔夫音乐教育，即"中国化"或者"本土化"。

**1）歌唱中巧妙融合本土方言歌谣，促进奥尔夫音乐教育的"本土化"**

中国是四大文明古国之一，拥有五千年的历史文化。在悠久的历史文化中，形成了多种方言，这些方言文化也酝酿出了不少具有地域特色的方言歌谣。方言歌谣是祖祖辈辈口头传唱、老幼皆知的当地经典歌曲。方言歌谣简单短小、通俗易懂，而方言又是儿童最熟悉的地方母语，符合奥尔夫音乐教育"原本性"的特点。歌唱是人们天生就具备的能力，也是"原本性"音乐教育中最好的启蒙教育，通过歌唱方言歌谣，可以帮助儿童更深切地了解自己当地的文化，使民族文化得以传承和延续。

如闽西地区的童谣《鸡公子啄尾巴》。该歌曲中有客家语和闽南语两种方言，其歌曲短小精悍，歌词幽默风趣，有独特的客家方言衬词，并且在歌曲演唱部分增加了很多装饰音，以此来提高歌曲本身的趣味性。由于客家人个性较为热情、爽朗，说话声音洪亮，在一定程度上能够激发儿童本身的兴趣。闽南方言的语调较为平和，能为歌曲增添不少幽默色彩。两种方言交织在一起，既讨喜又有浓厚的地方特色，深受儿童喜爱。类似这种具有地方特色的童谣还有许多，如《北京的金山上》《天黑黑》《外婆桥》《月光光照地堂》《娃哈哈》《拉大锯》《数蛤蟆》《泥娃娃》《懒惰虫》等。利用本土语言文化结合奥尔夫音乐教育的"原本性"理念开展音乐教学活动，不仅能够充分展现音乐本身的趣味性，使儿童爱上歌曲，还能够在学习音乐相关知识的基础上，帮助儿童对中国本土文化有更加深刻的了解和认识。

### 2）诗歌、国学启蒙的运用，增强奥尔夫音乐教育的"本土化"

中国是诗歌之国，我们有极为辉煌的诗歌文化。学校的音乐活动不仅应该充满诗意，而且应该借助诗词、语言参与基本音乐技能的学习和训练，降低训练的枯燥感，提高学龄前儿童的兴趣和教学实效。我国音乐学家提出，我国传统文化中的"吟诗"在欧洲艺术形式中是难以找到的。诗歌具有独特的高低抑扬的声调和诗句之间的平仄关系，从而形成了独特的吟诵风格。将古诗词纳入幼儿园和小学的音乐课堂，运用古诗词的平仄关系融入节奏元素，符合奥尔夫追求的与传统文化融合的"本土化"教学。如诗歌《春晓》，"春眠不觉晓，处处闻啼鸟，夜来风雨声，花落知多少"。这首诗歌就歌词而言，言简意赅，而且有着优美的意境，是儿童学习古典文化的优秀的启蒙教材，教学中可运用多声部的节奏谱，结合声势律动和变化速度等方式进行朗诵。通过这种有节奏韵律的合作朗诵，不仅可以培养儿童的专注力、控制力及合作能力，还可以帮助儿童建立节奏的快慢感，感受词的时值、词的强弱变化，激发儿童对古诗词的热爱，享受中国古诗词的韵律美带来的乐趣。除了有节奏地朗诵诗歌外，还可以歌唱诗歌。我国著名的音乐家谷建芬老师就将许多优秀的古诗词谱了曲，作为学生音乐学习以及古典文化学习的范本，如《春晓》《明日歌》《相思》《咏鹅》《一字诗》《清明》《游子吟》《长相思》《寻胡隐君》《登鹳雀楼》《悯农》《赋得古原草送别》《七步诗》《静夜思》《读唐诗》等。这一方面传播了中国的传统文化，另一方面还能帮助儿童学习音乐、熟悉中国的传统文化。所以，将我国一些经典的诗歌以及国学启蒙等作为奥尔夫音乐教学"本土化"的主体内容，是符合奥尔夫"原本性"教学理念和中国国情特色的，通过说唱演于一体或者排演音乐剧的综合教学模式发挥音乐和中国古典文化的内涵，使儿童充分吸收中国传统文化的精髓，促进儿童人格的全面发展。

### 3）在欣赏中融汇本土民族器乐，提升奥尔夫音乐教育的"本土化"

中国的民族器乐具有浓厚的民族特色，如用民乐合奏《喜洋洋》、小提琴协奏《梁祝》等，这些经典的传统民族音乐不仅在中国家喻户晓，甚至在国际上都享有盛誉。通过欣赏本土的民族器乐，可以帮助幼儿更深入地领略自己本土的民族器乐文化，让民族器乐文化得到很好的传承。

如欣赏民乐合奏《喜洋洋》。这是一首描写过大年的乐曲，乐曲采用回旋曲式 ABABA 的结构。在设计活动中，第一步出示画面，让儿童感受过大年，家里做年夜饭、吃年夜饭的热闹景象；第二步进行律动表演，A 段模仿爸爸妈妈切菜、炒菜的动作，B 段模仿帮忙传菜、摆放碗筷的动作，音乐尾声的 A 段模仿夹菜、给家人拜年的动作；第三步按照切菜—炒菜—传菜—摆碗—夹菜—拜年的顺序，跟着音乐做律动。最后进行音乐拓展，让儿童听着音乐，用美术的形式画一个和过年有关的新年活动场景。该音乐活动巧妙地融合了律动和绘画，让儿童在充满过年气息的音乐氛围中，通过肢体动作模仿过年帮厨的全过程去感知音乐、理解音乐，并结合音乐画出自己心中的新年活动。该音乐欣赏融合了舞蹈、美术等艺术形式开展教学，通过欣赏带画面感的本土器乐，让儿童在玩中即兴创编，很好地呈现了奥尔夫音乐教育"原本性"所追求的本土性、综合性的音乐特点。

### 4）"本土化"生成教学评价，巩固奥尔夫音乐教育的"本土化"

一个完整的音乐教学过程不可忽视的一环是教学评价。教学评价是一项具有特色和个性化的环节，在整个教学过程当中有着提升课堂教学质量的作用。正面激励性的教学评价可以促进儿童向健康向上的人格发展，激发儿童学习音乐的兴趣，培养儿童学习音乐的主动性；负面批评式的教学评价会导致儿童对音乐学习产生抵触情绪，甚至是产生厌学的心理。音乐活动过程是一个综合而复杂的过程，奥尔夫音乐教学的过程，应当是一个动态的评价过程，它可以增加师生的互动和情感交流。如教师在教学过程中通过角色转换、语态和教态的变化引导儿童学习，激发儿童进行独立思考，并给予鼓励、肯定的表扬；创设活动情境和游戏引导儿童主动学习，关注和关爱每一个个体；采用集体活动、合作活动、个别活动等多种活动，培养幼儿的合作能力，激发幼儿的团队意识，让儿童主动参与到音乐活动中，并给予亲切的拥抱和赞许，从而活跃课堂氛围，提升课堂教学质量。在对儿童进行评价的过程中，应当将儿童的个体特点及教学内容相结合，注重从多个方面展开评价：既要有教师的客观评价，也要有同学之间的评价；既要有现实性的评价，也要有进行性的评价；既要针对儿童对音乐智能方面的评价，又要注重多元化的评价。总而言之，在教学评价过程中，应当从音乐兴趣、音乐学习能力及音乐学习习惯等方面切入，对儿童进行全方位的评价，从而提高儿童对音乐学习的主动参与性，使教学评价变得更有现实意义。

在现阶段幼儿园和小学的音乐课程中，教师利用奥尔夫音乐教育的"原本性"教学理念来构建新的教学方法和模式，使儿童的音乐教育不再仅仅针对儿童人格、语言和音乐能力进行简单的培养，它更要求针对儿童即兴表演的实践能力展开培养。这种关注儿童心灵开发的奥尔夫音乐教学法完全符合新《幼儿园教育指导纲要》提出的要求，"提供自由表现的机会，鼓励幼儿用不同艺术形式大胆地表达自己的情感、理解和想象"。在追求素质教育的今天，只有不断更新和改变所采用的教学方法，中国的儿童艺术教育质量才能得到有效提升，音乐教育事业才能真正得到蓬勃发展。

**拓展练习**

1. 体会奥尔夫音乐教育"本土化"的内涵及其在教学中的运用。
2. 尝试运用音乐律动表演回旋曲式结构的民乐合奏《喜洋洋》。

# 奥尔夫节奏与旋律教学

## ♪ 引言

20 世纪 20 年代，受到当时文化艺术思潮和达尔克罗兹教育思想的影响，奥尔夫提出"节奏教育的理念"，认为能够把语言、动作、音乐融为一体的最核心、最基本的要素是节奏。60 年代，奥尔夫到匈牙利与柯达伊会面，两大教育体系相互吸收了对方的精华。受到柯达伊教学法的启发，奥尔夫教学法借鉴了柯达伊的节奏时值读法和首调五声音阶旋律教学法。

## ♪ 学习目标

### 知识目标

了解节奏与旋律的内涵、柯尔文手势与唱名内涵、指挥和节拍的内涵
掌握奥尔夫节奏时值读法、节奏与旋律的关系和学习顺序
积累运用节奏和旋律教学的课例经验

### 技能目标

学习语言节奏和动作节奏的训练方法
掌握运用柯尔文手势、声势、指挥等人体乐器融入旋律教学的方法

### 情感目标

激发学生的节奏感与乐感、即兴和创造体验的乐趣
调动学生运用人体乐器参与节奏和旋律训练的乐趣，感受语言和动作带来的音乐魅力

## ♪ 知识概述

## ♪ 知识点课例体验

## ♪ 拓展练习

## 课题一　奥尔夫节奏与旋律教学的概述

### 1　节奏与旋律的内涵

**1）节奏的定义**

节奏是指将音乐中时值相同或不同的音（包括休止符）按照一定的关系组织起来。节奏作为音乐时值的表现，可以由节拍、速度、律动等多种要素构成。广义的节奏可以包括自然界和社会生活中一切具有规则及各类变异形态的节奏。节奏源于生活，如生活的节奏、说话的节奏、运动的节奏等。

**2）旋律的定义**

旋律通常指若干乐音经过艺术构思而形成的有组织、有节奏的序列，是按一定的音高、时值和音量构成的、具有逻辑因素的单声部进行的。旋律是由许多音乐基本要素，如调式、节奏、节拍、力度、音色表演方法方式等，有机地结合而成。旋律构成包含两个要素，即音高线和节奏。

**3）节奏与旋律的关系**

节奏是音乐的骨架和灵魂，旋律是音乐骨架上的血肉之躯。音乐的节奏好比一棵树的树干，往上添加各种音符，就是一首悦耳动听的旋律。音乐可以由单纯的节奏组成，而旋律离开了节奏却无法构成音乐，没有了节奏，音乐就是没有灵魂和情感的躯壳，可以看出节奏在音乐中的重要地位。节奏感是人对节奏的感觉，也是人的一种本能，是人在听到音乐之后内心情感的本能的外在表现力。人有了节奏的感觉，旋律的律动感觉就会跟随而来，如幼儿听到节奏感很强的音乐会不由自主地跳起来、蹦起来。

### 2　节奏与旋律的学习顺序

**1）节奏的学习顺序**

节奏的学习顺序，最初以感受拍点为主，再过渡到音值的训练，最后是节拍的介绍。在初学者阶段，体验节奏的感觉是音乐活动的初步目标。体验节奏感的初期会以感受拍点为主，之后再引导儿童开始感受音乐中的重音、小节和音符的时值、节拍，因为四分音符和八分音符在儿童歌曲中是最常见的节奏，我们会先介绍四分音符和八分音符的时值，再介绍重音、小节线和节拍。在认识节拍时，会先接触四二拍，因为幼儿的动作，如走路、跑步、小跑步都是以二拍子为基础，四三拍的节拍比较难掌握，在儿童歌曲和童谣中也较为少见，所以放在后期。

**2）旋律的学习顺序**

对初学者来说，旋律的学习顺序先从熟悉的旋律动机及首调的五声音阶开始。学习初期，先从小的旋律动机开始介绍，也就是从儿童熟悉的儿童歌曲分割出来的小动机入手，如以一个小节或者两个小节的旋律做导入。奥尔夫考虑到儿童的生理、心理特点及认知规律，选择从五线谱的一线和二线入手，也就是从音符唱名 mi 和 sol 入手，以及以首调五声音阶为音乐学习的起步，因为首调七声音阶含有两个半音符唱名 fa 和 si。半音对儿童来说较难唱准，所以要用正确的音准发声介绍音符和旋律，选用没有半音的首调五声音阶的儿童歌曲会容易许多，一旦儿童熟练掌握首调五声音阶的儿童歌曲后，再接触大调和小调的音阶或儿童歌曲便可事半功倍。

说一说节奏与旋律的关系及其在奥尔夫音乐教学中的运用。

## 课题二　奥尔夫节奏训练

### 1　奥尔夫节奏时值读法

　　节奏是音乐的骨架和灵魂。奥尔夫提出"节奏第一"的理念，认为"音乐构成的第一要素是节奏，而不是旋律"。强调要结合语言的节奏、动作的节奏训练并培养儿童的节奏感。20 世纪 60 年代，奥尔夫曾亲自去匈牙利与柯达伊见面，两个教育体系相互吸收了对方的精华，其中节奏时值的读法受到柯达伊教学法的影响，并借鉴了柯达伊的节奏时值读法。

**节奏时值读法表**

| 简谱节奏 | 五线谱节奏 | 奥尔夫节奏 | 水果节奏 | 音符名称 |
|---|---|---|---|---|
| × | ♩ | Ta | 梨 | 四分音符 |
| × × | ♫ | T T | 苹果 | 八分音符 |
| × — | ♪ | Tu – | 枣 – | 二分音符 |
| × × × × | ♬♬ | Tr Tr | 水晶葡萄 | 十六分音符 |
| × × × | ♪♬ | T t r | 哈 密瓜 | 前八后十六分音符 |
| × × × | ♬♪ | Tr T | 火龙 果 | 前十六后八分音符 |
| × · × | ♩. ♪ | Ta · T（m） | 草 · 莓 | 附点四分音符 |
| × × × | ♪ ♩ ♪ | T Ta T | 水 蜜桃 | 大切分音 |
| × · × | ♪. ♬ | T · r（m） | 枇 · 杷 | 附点八分音符 |
| × × × | ♬ ♪ | r T r | 猕 猴桃 | 小切分音 |

四分音符读作"Ta"。

八分音符读作"Ti"，两个八分音符读作"T T"（ti 的缩写）。

二分音符读作"Tu-u"。

十六分音符读作"Tiritiri"。

四分休止符读作"嘘"。

## 2 语言的节奏训练

在节奏教学中选用儿童生活中能接触到并很熟悉的事物，如食物、日用品、玩具、交通工具等短小语词作为节奏读法训练。

### 1）食物名称节奏训练

**节奏游戏：水果声势节奏游戏《苹果、香蕉、梨》（4~8岁）**
**（教学设计：黄倩芳）**

$\frac{2}{4}$　X X　X　｜ X X　X　｜ X X　X X ｜ X X　X ‖

节奏：$\frac{2}{4}$　T T　Ta ｜ T T　Ta ｜ T T　T T ｜ T T　Ta ‖

水果：$\frac{2}{4}$　苹 果　梨 ｜ 香 蕉　梨 ｜ 苹 果　香 蕉 ｜ 苹 果　梨 ‖

声势：$\frac{2}{4}$　拍 拍　捶 ｜ 拍 拍　捶 ｜ 拍 拍　拍 拍 ｜ 拍 拍　捶 ‖

**设计意图**

原本性的音乐是回归自然，来源于儿童的生活体验。利用儿童熟悉的水果进行节奏声势游戏，可以帮助学生感受八分音符和四分音符的时值长短，感受四二拍的节拍，水果声势节奏加入嗓声游戏可以锻炼大肌肉的协调能力、大脑的反应能力和记忆能力。在节奏训练中，也可以将水果节奏替换成蔬菜节奏、玩具节奏训练。水果节奏声势游戏适合不同年龄的儿童，可以根据儿童的年龄特点灵活设计，增减难度。

**活动目标**

1. 知识目标：通过水果节奏认识奥尔夫节奏，学会利用声势玩水果节奏游戏，感受八分音符和四分音符的时值长短。

2. 情感目标：通过声势节奏游戏、嗓声游戏和节奏传递游戏，帮助儿童体验丰富多样的节奏游戏带来的乐趣。

3. 能力目标：培养听觉能力、立即反应能力、记忆力、节奏感、团队合作的默契度和大肌肉的协调能力。

**活动重难点**

1. 重点：声势节奏体验中感受八分音符和四分音符的时值长短

2. 难点：声势节奏嗓声游戏和节奏传递游戏

### 活动准备

1. 经验准备：学习了四二拍稳定拍的声势节奏

2. 物质准备：节奏卡片、苹果、香蕉、梨、沙蛋

### 活动过程

1. 出示水果"苹果、香蕉、梨"，让学生读水果引出奥尔夫节奏卡。

2. 老师带领学生拍稳定拍（四二拍的强弱手势"拍手和拍腿"）读水果节奏。

3. 引导学生拍稳定拍，用奥尔夫节奏代替水果节奏拍读。

4. 水果声势节奏游戏：拍打声势节奏读水果节奏。

拍手表示🍎，拍腿表示🍌，锤手（双手握拳上下对捶）表示🍐。

5. 水果声势节奏嘿声游戏：

第一步，嘿声🍐，拍打声势节奏读水果节奏，其中梨只拍手不读；第二步，嘿声🍎，拍打声势节奏读水果节奏，其中苹果只拍手不读；第三步，嘿声🍎和🍐，拍打声势节奏读水果节奏，其中苹果和梨只拍手不读；第四步，嘿声🍎、🍌、🍐，不出声地拍打声势节奏。

### 活动提示

水果声势节奏嘿声游戏对于4~5岁的儿童偏难，可以简化，如只完成第一步和最后一步。

6. 活动延伸：

水果节奏的传递游戏：围成圈，准备一个沙蛋，读着水果节奏传递沙蛋，从第一位学生开始传递，右手从左手掌心拿沙蛋传递到右边学生的左手掌心，依次往下传递。

游戏规则：教师击鼓，鼓声响起开始传递，传递过程跟着鼓点读节奏传递，鼓点加速，读节奏和传递的速度也跟着加速。鼓声停，手里有沙蛋的学生需创编新的水果节奏，全体跟着新的水果节奏继续传递。

水果声势节奏游戏《苹果、香蕉、梨》教学

## 2）声响词节奏训练

### （1）爆竹声

噼　里　啪　啦　噼　里　啪　啦　噼　里　啪　啦　噼　里　啪　啦

咻　叭　咻　叭

砰　叭

训练步骤：

第一步，拍读三种爆竹声的节奏，并用噪音和肢体动作模仿三种爆竹声；第二步，创编爆竹声节奏，并用人体乐器表现。

### （2）敲锣打鼓声

当 — — — 当 — — —

咚 咚 咚 咚 呛　咚 咚 咚 咚 呛　咚 咚 呛　咚 咚 呛　咚 咚 咚 咚 呛！

训练步骤：

第一步，拍稳定拍（四四拍的强、弱、次强、弱手势"拍手、拍腿、跺脚、拍腿"）读奥尔夫节奏和象声词节奏；第二步，创编敲锣打鼓节奏，并用锣、钹、鼓等打击乐器配合演奏创编的节奏。

### （3）春节交响曲

咚　咚　咚　咚　呛　咚 咚 咚 咚 呛　咚　咚　呛　咚 咚 呛 咚 咚 咚 咚 呛

噼　里　啪　啦　噼　里　啪　啦　咻　叭　砰　　叭　　噼　里　啪　啦　噼　里　啪　啦　咻　叭　砰　叭

当一　　　　当一　　　　当一　　　　当一

训练步骤：

第一步，两声部的声势与噪音合作；第二步，三声部的声势与噪音合作；第三步，三声部合作的打击乐演奏。

### 3 动作的节奏训练

在节奏教学中，选用拍手、拍腿、跺脚、响指、弹舌、拍肩、叉腰、点头等人体动作进行的节奏读法训练，称为人体节奏。人体节奏可分为节奏呼应和节奏应答两种形式。

**1）节奏呼应**

节奏呼应是学生模仿老师的人体节奏动作，或是学生间相互模仿。

教师有节奏地边拍边说："请你跟我这样做，T T Ta T T Ta。"学生有节奏地拍手回应："我就跟你这样做，T T Ta T T Ta。"教师有节奏地边拍腿边说："T T T T Ta Ta。" 学生有节奏地拍腿回应："T T T T Ta Ta。"

**2）节奏应答**

节奏应答是教师拍出一个节奏，学生以拍数相同的另一种节奏来"应答"。

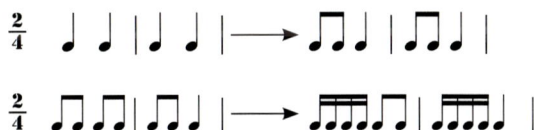

教师拍出指定拍数的节奏，学生需听清节奏节拍，然后即兴应答同等拍数的不同节奏。节奏应答活动可以锻炼儿童的观察力、记忆力、思维力、想象力和创造力。

节奏教学课例：节奏呼应游戏《魔法棒》（3～5岁）
（教学设计：国际少儿艺术小钟琴协会）

#### 魔法棒

1=C 4/4　愉悦地

作词 王欣
作曲 赛音吉雅

我 有 一 个 魔 法 棒，　魔 棒 长 又 长，　　请 你 跟 我 这 样 敲，
我 有 一 个 魔 法 棒，　魔 棒 闪 金 光，　　请 你 跟 我 这 样 敲，

Ti Ti Ta　Ti Ti Ta　Ti Ti Ta　Ti Ti Ta　Ti Ti Ti Ti Ta　Ta
Ti Ti Ta　Ti Ti Ta　Ti Ti Ta　Ti Ti Ta　Ti Ti Ti Ti Ta　Ta

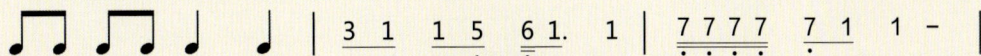

Ti Ti Ti Ti Ta　Ta　　不 变 葡 萄 和 苹 果，　不 变 美 丽 花 衣 裳，
Ti Ti Ti Ti Ta　Ta　　敲 出 动 听 的 旋 律，　叮 叮 当 当 哦 叮 叮 当，

请 你 跟 我 这样 敲　Ti Ti Ta　Ti Ti Ta　Ti Ti Ta　Ti Ti Ta
请 你 跟 我 这样 敲　Ti Ti Ta　Ti Ti Ta　Ti Ti Ta　Ti Ti Ta

Ti Ti Ti Ti Ta　Ta　Ti Ti Ti Ti Ta　Ta
Ti Ti Ti Ti Ta　Ta

### 活动目标

1. 知识目标：认识四分音符和八分音符的节奏。

2. 情感目标：感知体验人体节奏乐器融入歌曲带来的节奏感。

3. 技能目标：指导幼儿借助人体乐器参与歌曲节奏的问答呼应。

### 活动重难点

1. 重点：认识四分音符和八分音符

2. 难点：人体乐器拍奏四分音符和八分音符节奏

### 活动准备

1. 物质准备：多媒体、音乐、八音按钟、节奏卡片、歌谱

2. 环境创设：幼儿围坐成圈

### 活动过程

1. 变魔术导入：魔法精灵变变变，猜一猜今天小精灵给小朋友们变出什么样的神奇的宝贝？

幼儿：魔法棒。

师：我有一个魔法棒，魔法棒长又长，请你跟我这样听（师做出听的动作），听听魔法棒发出什么声音？

2. 听音乐，引出歌曲节奏"Ti Ti Ta Ti Ti Ta | Ti Ti Ti Ti Ti Ti Ta | "。

（1）带领幼儿听音乐拍手回应节奏，感知体验歌曲。

（2）出示节奏卡，认识四分音符"♩"和八分音符"♫"，引导幼儿从节奏卡中找出四分音符和八分音符。

（3）出示节奏卡，带领幼儿拍手进行节奏模仿。

### 活动提示

教师有节奏地边拍边说："请你跟我这样做，Ti Ti Ta Ti Ti Ta。"学生有节奏地拍手回应："我就跟你这样做，Ti Ti Ta Ti Ti Ta。"教师有节奏地边拍腿边说："Ti Ti Ti Ti Ta Ta。"学生有节奏地拍腿回应："Ti Ti Ti Ti Ta Ta。"

3. 老师带领幼儿拍手建立稳定拍，有节奏地拍唱歌曲。

4. 听音乐，拍唱歌词和节奏。

5. 老师引导幼儿建立稳定拍，探索用身体的不同部位拍唱歌曲，鼓励幼儿用"拍腿、拍肩、捶

背"等人体乐器参与歌曲的节奏问答呼应。

6. 延伸活动：

分角色玩"问答"的节奏呼应，一组幼儿扮演老师"问"，一组幼儿扮演学生"答"，扮演老师的幼儿拍出身体某一部位，扮演学生的幼儿做出相应的呼应动作。

---

### 节奏体验课例：节奏呼应游戏《快乐的沙蛋球》（3~5岁）
### （教学设计：黄倩芳）

#### 快乐的沙蛋球

1=C 2/4                                                          作曲 赛音吉雅

#### 设计意图

节奏是音乐的骨架和灵魂。奥尔夫提出"节奏第一"的理念，认为"音乐构成的第一要素是节奏"，强调要结合语言的节奏、动作的节奏训练来帮助幼儿培养节奏感。根据小、中班幼儿大肌肉节奏较强的特点，选择带节奏的歌曲，通过引导幼儿用身体的不同部位或者打击乐参与节奏呼应，能很好地培养幼儿的节奏感、观察能力、创造性思维和对不同拍法产生的音色特点的体验。

#### 活动目标

1. 知识目标：认识四分音符和八分音符的节奏。
2. 情感目标：感知体验人体节奏乐器融入歌曲带来的节奏感。
3. 能力目标：指导幼儿借助人体乐器参与拍唱的"节奏呼应"。

#### 教学重难点

1. 重点：认识四分音符和八分音符
2. 难点：打击乐拍奏四分音符和八分音符节奏

#### 活动准备

1. 物质准备：多媒体、音乐、八音按钟、沙蛋、节奏卡片、歌谱
2. 环境创设：幼儿围坐成圈

#### 活动过程

1. 表演唱导入：教师拿着沙蛋敲击音乐节奏，有表情地演唱。

师：小朋友们，你们知道我刚才演奏的是什么乐器吗？

幼儿：鸡蛋（沙蛋）。

师：沙蛋摇一摇，沙沙沙，敲一敲，啪啪啪，请你跟我这样听（师做出听的动作），听听两个沙蛋相互碰撞，会碰撞出什么音乐？

2. 听音乐，引出歌曲节奏 "T̲ T̲ Ta | Ta Ta"。

（1）带领幼儿听音乐拍手回应节奏，感知体验歌曲。

（2）出示节奏卡，认识四分音符 "♩" 和八分音符 "♫"，引导幼儿从节奏卡中找出四分音符和八分音符。

（3）出示节奏卡，带领幼儿拍手进行节奏模仿。

$$\frac{2}{4} \quad \text{♫} \quad \text{♩} \quad | \quad \text{♩} \quad | \quad \text{♩} \quad |$$

**方法提示**

教师先带领幼儿利用 "🍎 🍐 | 🍐 🍐 |" 读节奏，再转换成 "T̲ T̲ Ta | Ta Ta |"。

3. 老师带领幼儿拍手建立稳定拍，跟着八音按钟敲奏的旋律音高，用 "啦" 模唱旋律 "5̲ 5̲  3 | 3̲ 3̲  5 | 5̲ 3̲  5 | 3̲ 5̲  3 | 5  3 |"。

4. 听音乐，采取节奏呼应拍唱节奏，如教师用 "啦" 唱节奏，学生用拍奏身体不同的部位回应相同的节奏。

5. 老师引导幼儿探索身体不同部位的拍唱节奏，鼓励幼儿用 "拍腿、拍肩" 等人体乐器参与歌曲的节奏模仿。

6. 敲奏打击乐 "沙蛋" 替换拍唱，完成节奏呼应。

7. 延伸活动：

分角色玩节奏呼应，一组幼儿扮演老师 "问"，一组幼儿扮演学生 "答"，扮演老师的幼儿拍出身体的某一部位，扮演学生的幼儿做出相应的呼应（敲奏沙蛋）。

**拓展
练习**

1. 创编语言节奏训练的食物节奏游戏，创编动作节奏训练的节奏模仿和节奏呼应游戏。

2. 以 "大自然的声响" 为素材设计多声部的声响节奏，如刮风、打雷、下雨的声响。

3. 尝试节奏体验课例——节奏呼应《快乐的沙蛋球》的模拟教学。

课题三　　柯尔文手势与旋律训练

## 1 柯尔文手势的内涵

柯尔文手势是柯达伊音乐教学法中的一个组成部分，但他并不是柯达伊创作的，而是由约翰·柯尔文首创，故称为"柯尔文手势"。柯尔文是教堂乐师，每周教堂礼拜时，当地的信仰者都会到教堂做礼拜并参与合唱。由于参加礼拜的信仰者都不识谱，于是柯尔文就创作了几种简易的手势代替音符，做礼拜的信仰者看着柯尔文的手势就能识谱歌唱，深受大众的欢迎。后来这种手势唱名还风靡整个欧洲，一些欧洲的音乐教育家也开始引用这种手势唱名，这就是"柯尔文手势"的由来。奥尔夫音乐教育体系在传播过程中也开始把"柯尔文手势"引用到了奥尔夫教学法中。

柯尔文手势是指帮助儿童理解首调唱名体系中音级之间的高低关系、调式音级倾向，使抽象的音高关系变得直观、形象的手势。手势借助七种不同的手势和在身体前方不同的高低位置代表七个不同的唱名，在空间把所唱音的高低关系体现出来。它是教师与学生之间进行音高、音准调整、交流的一种身体语言形式。

柯尔文手势顺口溜：两个拳头搭地基 do do do（腰部位置），盖瓦房 re re re（小腹前），盖平房 mi mi mi（肋骨处），倒挂气球 fa fa fa（横膈膜处），翻个跟斗 sol sol sol（胸前），拉高气球 la la la（颈前），小朋友看到气球 ti ti ti（与鼻眼平行），冲向太空 do' do' do'（头上）。

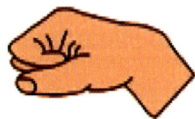
do

re

mi

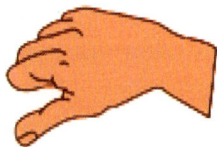
fa

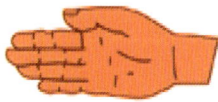
sol

la

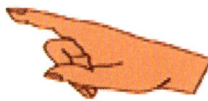
si

do'

柯尔文手势

## 柯尔文手势与唱名教学课例：唱名游戏《音阶歌》（4～6岁）
### （教学设计：黄倩芳）

### 音阶歌

1=C 2/4

理查德·罗杰斯 曲
黄倩芳 填词

```
X  X │ X  X │ X  X │ X  - │ X  X │ X  X │ X  X │ X  - │ 1· 2 │ 3 3 2 1 │ 3  3 │
红  橙  黄  绿  青  蓝  紫,              C   D   E   F   G   A   B,            DO 是  钟 声 响 起  do do
```

```
3  - │ 2· 3 │ 4 4 3 2 │ 4  4 │ 4  - │ 3· 4 │ 5 5 4 3 │ 5  5 │ 5  - │ 4· 5 │
do,      Re 是  开 着 汽 车  re re  re,      Mi 是  山 羊 叫 声  mi mi  mi,      Fa 是
```

```
6 6 5 4 │ 6  6 │ 6  - │ 5· 1 │ 2 3 4 5 │ 6  6 │ 6  - │ 6· 2 │ 3 4 5 6 │ 7  7 │
小 草 发 芽  fa fa  fa,      Sol 是  老 鼠 偷 吃  sol sol  sol,      La 是  拉 着 杆 箱  la la
```

```
7  - │ 7· 3 │ 4 5 6 7 │ i  i │ i  7 7 │ 6  4 │ 7  5 │ i  - ‖
la,      Ti 是  踢 着 足 球  踢 踢  踢,    我 们 大 家  来  唱  歌。
```

### 设计意图

奥尔夫强调音乐活动要来源于孩子们的生活，与《纲要》强调"幼儿园教学内容的选择应贴近幼儿的生活"不谋而合。根据4～6岁儿童的表现欲比较强的年龄特点，教师给儿童创设了一个音乐故事的意境，使儿童在幽默风趣的音乐故事中发现七个数字唱名。活动中设计了听音乐寻找数字唱名，用形象的柯尔文手势玩唱名音高，贴近生活的身体律动表演唱，使儿童在轻松、愉快的音乐活动中认识和感知七个音阶唱名，让原本枯燥的音阶变得生动有趣。柯尔文手势与唱名游戏适合不同年龄段的儿童的音高训练，可以根据儿童的年龄特点灵活设计，增减难易度。

### 活动目标

1. 知识目标：指导儿童学会运用柯尔文手势完成音阶歌的唱名，帮助感受音阶歌唱名的音高概念。

2. 情感目标：体验音阶歌带来的乐趣。

3. 能力目标：指导儿童借助柯尔文手势和律动歌唱音阶歌，锻炼幼儿学会利用自己的人体乐器去感受音阶歌的唱名音高。

### 活动重难点

1. 重点：运用柯尔文手势完成音阶歌的唱名

2. 难点：音阶的音高位置和音准

### 活动准备

1. 物质准备：多媒体、音乐、八音按钟、数字卡片、音名卡片、歌谱、手环摇铃

2. 环境创设：幼儿围坐成圈

**活动过程**

1. 用音乐故事的形式导入。

师：美丽的早晨，我们的青蛙宝宝准时来到寺庙敲响了一天的晨钟，钟声响起"do do do"，任务顺利完成。青蛙宝宝立马开着汽车"re re re"地跑起来，路上山羊和青蛙打招呼"mi mi mi"，风儿吹动小草发出"fa fa fa"的声响，小老鼠也出来"sol sol sol"地找东西吃，嗖！不一会儿便顺利到家，青蛙拉起行李箱"la la la"地哼着歌，用力踢着溜过来的足球"ti ti ti"，高兴地唱着音阶歌回家。你们猜，我这首音乐故事唱了哪些音符？

生：1、2、3、4、5、6、7。

2. 听声音寻找数字唱名。（出示八音按钟和数字卡片）

师：小朋友们准备好了吗？我们一起跟着按钟敲响的声音找一找我们的数字唱名，看谁最快找到。

3. 跟着按钟的颜色顺序读音名。（出示八音按钟和音名卡片）

师：小朋友们，每个按钟都有自己的颜色，请小朋友们认一认不同音高的按钟的颜色。

生：……（学生跟着音高顺序认颜色）

师：请小朋友们，一起跟我说，红橙黄绿青蓝紫，CDEFGAB。

**活动提示**

这里不需要认识音名，只需要学生模仿老师像念顺口溜一样把音名念出来。

4. 带领学生跟着八音按钟的音高声音，歌唱歌词帮助记忆七个数字的唱名和音高。

5. 借助柯尔文手势巩固七个数字唱名的音高。

**教学提示**

两块石头搭地基"do"，盖瓦房"re"，盖平房"mi"，倒挂气球"fa"，翻个跟斗"sol"，拉高气球"la"，小朋友看到气球"ti"，冲向太空"do"。

6. 活动延伸：表演唱《音阶歌》

师：小朋友们，你们知道钟声是怎么敲响的吗？

生1：握着锤子用力敲。（请生1示范，集体模仿）

师：小朋友们，爸爸妈妈平时是怎么开车的？

生2：双手转动方向盘开。（请生2示范，集体模仿）

师：山羊打招呼、小草发芽、小老鼠偷吃东西、拉行李箱、踢足球，这些动作你们会做吗？

生：……（请学生示范，集体模仿）

（1）采用听唱法，学生根据歌词边歌唱边创编律动。

（2）听音乐，继续采用听唱法，跟着老师表演唱《音阶歌》。

（3）表演唱《音阶歌》：放音乐，学生边做柯尔文手势与语词动作边歌唱音阶歌。

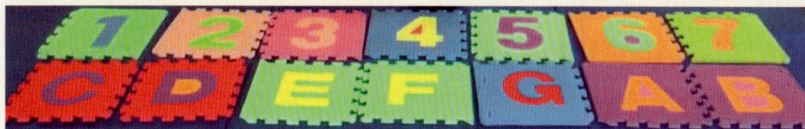

《音阶歌》的唱名和音名卡片、八个音高按钟

### 2 柯尔文手势与唱名训练

识谱教学中，不要一味地强调这个音符应该唱多高，那个音符应该唱多低，而是恰当地运用柯尔文手势。由于音符不同所用的手势也就不同，不同的手势再辅以不同的空间位置，可使学生对音符唱名及相对音高产生联想，将学生觉得难捉摸的高音在一定程度上予以视觉化和形象化。

#### 1）内心听觉训练

教师不出声歌唱，仅仅用手势表示出一个个短小的乐节或乐句，教师提示哼唱乐句第一音，要求学生在第一音的音高位置上唱出的乐节或乐句的音高，做内心听觉的训练。

如模唱《玛丽有只小羊羔》的旋律，教师用手势表示第一乐节"3 2 1 2 | 3 3 3 – |"，同时哼唱第一音，学生顺着第一音的音高跟着老师的手势模唱第一乐节。

柯尔文手势Do、Re、Mi（表演者：陈锦秀）

#### 2）立即反应训练

噤声唱名加柯尔文手势或声势的游戏，挑选由3~4个唱名组成的短小精悍的儿童歌曲，由噤声一个唱名过渡到噤声全部唱名，采取由易到难的教学模式。柯尔文手势或声势贯穿整首歌曲，这种唱名游戏可以很好地帮助学生建立良好的内心听觉和立即反应能力。

（1）柯尔文手势与噤声唱名游戏

第一步，噤声一个唱名，柯尔文手势伴随整首歌曲，歌曲中的唱名"mi"噤声，"do、re"不噤声，"mi"噤声后再换"re"，以此类推；第二步，噤声两个唱名，柯尔文手势伴随整首歌曲，歌曲中的唱名"do、re"噤声，"mi"不噤声；第三步，噤声所有唱名，柯尔文手势伴随整首歌曲，三个唱名"do、re、mi"噤声默唱，柯尔文手势呈现唱名音高。

（2）声势与唱名游戏

第一步，声势动作替换柯尔文手势，唱名"mi"做拍手，唱名"re"做拍腿，唱名"do"做跺脚，完成儿童歌曲《玛丽有只小羊羔》的旋律模唱；第二步，声势动作替换柯尔文手势完成噤声唱名游戏。

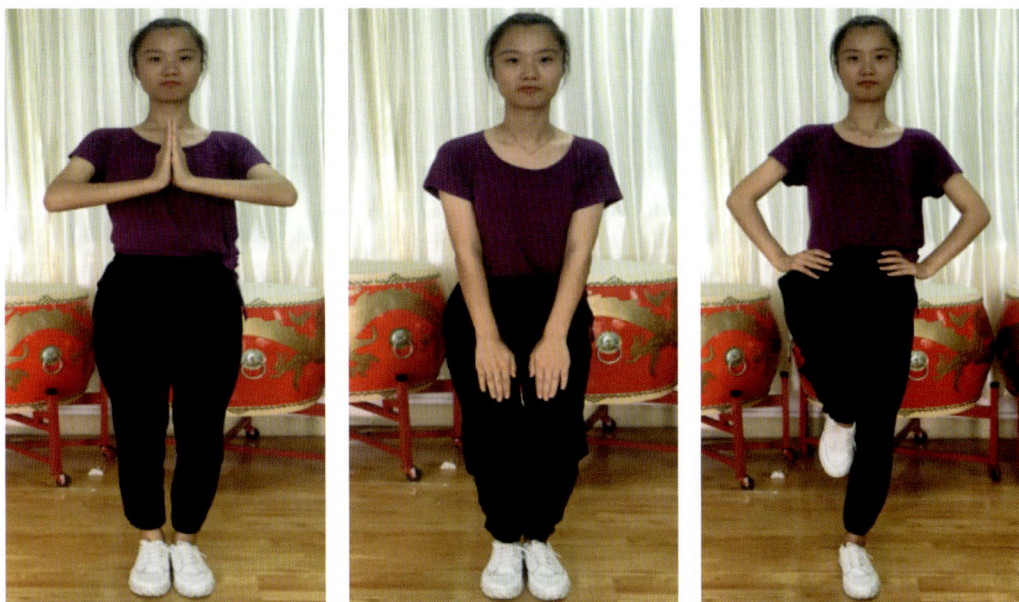

拍手、拍腿、跺脚等声势动作（表演者：汤静雯）

### 3）音乐记忆训练

教师利用手势的配合，与学生做即兴的卡农（轮唱）练习。教师即兴慢唱旋律，并伴随着手势，学生在教师歌唱二拍或四拍后模仿，做二声部卡农，锻炼音乐记忆。

如：完成二声部卡农《玛丽有只小羊羔》的旋律，教师伴随手势慢唱旋律，学生在教师歌唱四拍旋律后模仿，最后师生依次结束二声部卡农。

玛丽有只小羊羔（二声部卡农）

1=C $\frac{4}{4}$　　　　　　　　　　　　　　　　　　　　　　　　　　　　　　美国民歌

教师：　3　2　1　2 ｜ 3　3　3　- ｜ 2　2　2　- ｜ 3　3　3　- ｜
学生：　0　0　0　0 ｜ 3　2　1　2 ｜ 3　3　3　- ｜ 2　2　2　- ｜

教师：　3　2　1　2 ｜ 3　3　3　- ｜ 2　2　3　2 ｜ 1　-　-　- ｜ 0　0　0　0 ‖
学生：　3　3　3　- ｜ 3　2　1　2 ｜ 3　3　3　- ｜ 2　2　3　2 ｜ 1　-　-　- ‖

### 4）二声部训练

使用手势进行二声部训练。教师用两只手的手势表示不同声部音高，调整音准、训练听觉，使学生学会互相倾听、配合。练习时可从一个乐节过渡到一个乐句的训练，做到不看谱、不使用钢琴，只是按照教师的手势歌唱。

一声部：　3　2　1　2 ｜ 3　3　3　- ｜ 2　2　3　2 ｜ 1　-　-　- ‖
二声部：　1　7̣　6̣　7̣ ｜ 1　1　1　- ｜ 7̣　7̣　1　2 ｜ 1　-　-　- ‖

**5）音阶调式转换训练视频**

利用柯尔文手势辅助，用手形的变化及手位的高低调节做同主音的音阶调式转换或首调唱名歌曲的转调训练。柯尔文手势是具有线谱音位和简谱形象的"图谱"，是"具有音高的指挥动作"，是"免费的音乐体操乐器"。把柯尔文手势运用到教学中，可使教和学都变得具体有趣、通俗易懂。

如：转调练习《玛丽有只小羊羔》，在学生借助柯尔文手势歌唱首调旋律后进行转调，从 C 调转到 D 调，让学生借助柯尔文手势歌唱 do 和 re，再建立在 re 的音高位置上唱 do（re 唱 do），音调自然升高一个全音，学生按照新的主音音高 do 伴随柯尔文手势歌唱 D 调的《玛丽有只小羊羔》。

旋律教学课例——唱名游戏《玛丽有只小羊羔》（4～8 岁）
（教学设计：黄倩芳）

**玛丽有只小羊羔**

1=C 4/4
欢快地

美国民歌
胡炳堃 译配

| 3 | 2 | 1 | 2 | 3 | 3 | 3 | - | 2 | 2 | 2 | - | 3 | 3 | 3 | - |
| 玛 | 丽 | 有 | 只 | 小 | 羊 | 羔 | | 小 | 羊 | 羔 | | 小 | 羊 | 羔 | |

| 3 | 2 | 1 | 2 | 3 | 3 | 3 | - | 2 | 2 | 3 | 2 | 1 | - | - | - |
| 玛 | 丽 | 有 | 只 | 小 | 羊 | 羔 | | 雪 | 白 | 小 | 羊 | 羔。 | | | |

**设计意图**

奥尔夫强调音乐活动要在玩中学、学中玩。唱名游戏活动是儿童接触歌曲旋律的基础，为了体现玩中学，教师设计了听声音辨别音高的游戏，帮助幼儿建立三个唱名的音高概念，引用柯尔文手势增加乐趣的同时再一次巩固三个唱名的音高位置；设计了噤声和柯尔文手势融合的噤声唱名游戏，帮助提高儿童音乐活动的专注力，锻炼儿童大脑的立即反应能力和内心听觉；设计了噤声与声势动作融合的唱名游戏，声势动作比柯尔文手势更有节奏感。节奏感是儿童与生俱来的本领，借助富有节奏感的声势动作带领儿童玩噤声唱名游戏，更能激发幼儿的音乐兴趣，帮助儿童在节奏声势中感知唱名音高和内心听觉的立即反应能力。唱名游戏适合不同年龄段儿童的音高训练，可以根据儿童的年龄特点灵活设计，增减难易度。

**活动目标**

1. 知识目标：指导儿童学会运用柯尔文手势完成这首儿歌的唱名，帮助感受旋律唱名的音高概念。

2. 情感目标：体验唱名游戏带来的乐趣。

3. 能力目标：指导儿童利用柯尔文手势或者拍手、拍腿、跺脚等声势动作与噤声融合的唱名游戏，锻炼儿童的内心听觉的立即反应、记忆能力、专注力和身体协调能力。

**活动重难点**

1. 重点：运用柯尔文手势歌唱儿歌的唱名

2. 难点：噤声唱名游戏

**活动准备**

1. 经验准备：儿童已经认识了七个唱名的音高，掌握了基本的柯尔文手势和声势动作

2. 物质准备：多媒体、音乐、八音按钟、唱名卡片、歌谱

**活动过程**

1. 听声音导入。

师："小朋友们，今天老师给你们带来了很好玩的玩具，请你们闭上眼睛，听一听它会发出什么样的声音？"

老师摇动"do、re、mi"三个音高的按钟，让儿童说一说他们听到的声音。

2. 听声音，辨别三个唱名。

（1）听声音，认识按钟。（清脆的铃铛声）

（2）听按钟的三个音高，辨别哪个声音更高，哪个声音更低，引出卡片"do、re、mi"的唱名。

（3）练习"do、re、mi"三个唱名的柯尔文手势

（4）利用柯尔文手势边模唱边玩"do、re、mi"的唱名，感受三种唱名的音高位置。

3. 学唱歌曲《玛丽有只小羊羔》的改编旋律。

师唱歌：老师歌唱儿童歌曲《玛丽有只小羊羔》。

师：小朋友们，老师歌唱的这首歌曲叫《玛丽有只小羊羔》，你们可知道小羊羔唱歌的时候会发出什么声音？

（1）听歌声，引出小羊羔的歌声"mi"，引导儿童在歌谱中找出唱名"mi"。

（2）利用柯尔文手势学唱儿童歌曲《玛丽有只小羊羔》的改编旋律。

4. 唱名的立即反应训练。

（1）老师利用柯尔文手势带领儿童歌唱儿童歌曲《玛丽有只小羊羔》的改编旋律，锻炼儿童的内心听觉。

（2）噤声唱名游戏规则：第一步，噤声一个唱名，柯尔文手势伴随整首歌曲，歌曲中的唱名"mi"噤声，"do、re"不噤声，"mi"噤声后再换"re"，以此类推；第二步，噤声两个唱名，柯尔文手势伴随整首歌曲，歌曲中的唱名"do、re"噤声，"mi"不噤声；第三步，噤声所有唱名，柯尔文手势伴随整首歌曲。

5. 活动延伸：

（1）利用"拍手、拍腿、跺脚"等声势动作替换柯尔文手势，唱名"mi"做拍手，唱名"re"做拍腿，唱名"do"做跺脚，完成儿童歌曲《玛丽有只小羊羔》的旋律模唱。

（2）利用"拍手、拍腿、跺脚"等声势动作替换柯尔文手势完成噤声唱名游戏。

*活动提示*

*噤声唱名游戏，对于4~6岁的儿童偏难，建议简化，选择声势唱名的噤声，只设计一个音噤声和所有音噤声，不考虑两个音噤声。*

唱名游戏《玛丽有只小羊羔》的柯尔文手势和声势（表演者：徐苏敏、黄倩芳、王随缘）

旋律教学体验课例：旋律游戏《我是小小音乐家》（4～7岁）

（教学设计：黄倩芳）

### 我是小小音乐家

1=F 2/4

中速 活泼地

英国童谣
李丹芬 配歌

0 5 | 1 1 2 2 | 3·4 5 4 | 3 3 2 2 | 1· 5 | 1 1 2 2 |
我　是条幸福 小　　金鱼 住在大海 里，我　自由自在

3·4 5 4 | 3 3 2 2 | 1 - | 5　3 | 5 5 3　5　3 | 5 5 3 5 4 |
地　游泳还喜欢歌 唱。　　　　　　　　　　　　　　咕噜

3 3 3 4 3 | 2 2 2 5 4 | 3 3 3 5 4 | 2 2 2 5 | 3 1 2 2 |
噜噜噜咕噜　噜噜噜噜咕　噜噜噜噜咕　噜噜噜我　唱得怎么

1· 5 | 1 1 2 2 | 3·4 5 4 | 3 3 2 2 | 1· 5 | 1 1 2 2 |
样。我　是只绿色 小　　青蛙 住在池塘 里，我　跳来跳去

3·4 5 4 | 3 3 2 2 | 1 - | 3　5 | 3 3 5　3　5 | 3 3 5 5 4 |
抓　虫子还喜欢歌 唱。　　　　　　　　　　　　　　咕呱

3 3 3 4 3 | 2 2 2 5 4 | 3 3 3 4 3 | 2 2 2 5 | 3 1 2 2 1 |
呱呱呱咕呱　呱呱呱咕呱　呱呱呱咕呱　呱呱呱我　唱得怎么样。

### 设计意图

奥尔夫提倡在音乐活动中通过感觉（即视觉、听觉、触觉、味觉等）去协调、发动儿童各个方面的能力，引导儿童参与游戏活动，让儿童主动地通过人体乐器体验和感受音乐，符合《纲要》所要求的以儿童为主体，让儿童在活动中充分探究，表现生活中的美。旋律教学是音乐教师或幼儿教师比较难驾驭的音乐活动，上不好很容易变成视唱课。案例采用了改编版的儿童歌曲，即歌曲中插入简短的旋律，通过小金鱼和小青蛙的歌唱声音引出旋律，并借助角色表演唱和声势动作的音乐游戏激发儿童通过人体乐器去体验旋律音的高低关系，让原本枯燥的旋律教学变得生动有趣。旋律游戏适合不同年龄段儿童的旋律训练，可以根据儿童的年龄特点灵活设计，增减难易度。

### 活动目标

1. 知识目标：指导学生学会听唱两个数字旋律，结合人体乐器歌唱小金鱼吐泡泡的声音"5　3 | 5　5　3|"和小青蛙的叫声"3　5 | 3　3　5|"。

2. 情感目标：体验角色表演唱和声势动作融合的音乐游戏带来的乐趣。

3. 能力目标：借助角色表演唱和声势动作歌唱歌曲，感受小金鱼由高往低的声音旋律，感受小青蛙由低往高的声音旋律。

### 教学重难点

1. 重点：听唱由高往低的数字旋律和由低往高的数字旋律

2. 难点：结合声势动作和角色表演唱的音乐游戏，感受欢快情绪和声音旋律的高低关系

### 活动准备

1. 经验准备：学生已经认识了七个唱名，对小金鱼和小青蛙的特征有了一定的了解，掌握了基本的声势动作

2. 物质准备：多媒体、音乐、八音按钟、数字旋律卡片、旋律线条歌谱、青蛙和小金鱼皮影

### 活动过程

1. 角色表演导入：我是条幸福小金鱼，住在大海里，我自由自在地游泳还喜欢歌唱。sol mi sol sol mi，sol mi sol sol mi，咕噜噜噜噜，咕噜噜噜噜噜，咕噜噜噜噜，咕噜噜噜噜，我唱得怎么样？

师：小朋友们，你们觉得小金鱼唱得怎么样啊？它唱歌的时候会发出什么声音？

生：好听，小金鱼唱歌吐泡泡发出咕噜噜的声音。

师：我们一起听听音乐，找找看还有没有其他小动物在唱歌？它会发出什么声音呢？

生：小青蛙发出咕呱的声音。

师：小朋友们，听了这么有趣的音乐，你们的心情是怎么样的？

生：开心、快乐、好玩。

2. 出示旋律卡片，听音乐找声音旋律。

（1）结合声势动作带领学生歌唱声音旋律。

### 教学提示

拍手表示唱名"sol"，代表高位置；跺脚表示唱名"mi"，代表低位置。结合声势动作让学生感受旋律音的高低关系。

（2）出示旋律线条卡片和数字线条卡片，请学生用水彩笔将数字旋律和对应的高低旋律线条进行连线。

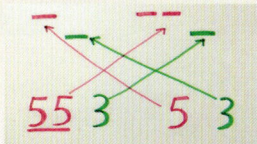

（3）听音乐，寻找小金鱼的数字旋律和小青蛙的数字旋律。

3. 听音乐，老师带领学生分角色清唱歌曲。

教学提示

小金鱼角色，双手前后摆动模仿小金鱼的游动；青蛙角色，双手并拢放胸前，双脚轻轻地跳起来。

4. 听音乐，老师带领学生进行角色表演唱。

5. 体验角色表演唱和声势动作融合的音乐游戏。

（1）制订游戏规则：分成小金鱼组和小青蛙组，并围成两个圆圈。歌唱小金鱼语词时，小青蛙们蹲下不动，小金鱼们走圈游动表演，歌唱声音旋律时，小金鱼们原地边声势边歌唱声音旋律"5 3 | 5 5 3 |"；歌唱小青蛙语词时，小金鱼们蹲下不动，小青蛙们走圈跳动表演，歌唱声音旋律时，小青蛙们原地边声势边歌唱声音旋律"3 5 | 3 3 5 |"。

（2）听音乐，引导学生随乐分角色玩音乐游戏，并提示学生即兴表演"金鱼游和青蛙跳"的动作。歌唱声音旋律时，原地边声势边歌唱声音旋律，感受欢快的音乐情绪和旋律音的高低关系。

旋律游戏《我是小小音乐家》的教学

拓展
练习

1. 自选一首儿童歌曲，尝试运用柯尔文手势，设计唱名练习课例。

2. 练习课中五种柯尔文手势与唱名训练。

3. 从唱名游戏《音阶歌》、旋律游戏《我是小小音乐家》两个课例中挑选一个进行模拟教学。

## 课题四    指挥和节拍

### 1 指挥和节拍的内涵

#### 1）节拍与拍号的定义

将旋律的强拍与弱拍用固定音值进行强弱循环，用固定的音符代表单位拍称为节拍。表示拍子的记号称为拍号。拍号一般标记在调号的后边。例如：1=C $\frac{2}{4}$，拍子中的"2"表示每小节两拍，"4"表示以四分音符为一拍，"$\frac{2}{4}$"即表示以四分音符为一拍，每小节有两拍。

**2）指挥的定义和基本原则**

①指挥是指挥者通过手势、肢体语言、脸部表情等人体乐器指导乐队和合唱队进行演奏和演唱。

②指挥动作的基本原则：

指挥动作的基本原则是"省""准""美"。"省"是指挥动作要节省，根据作品的需要设计指挥动作，动作大小要适度，既不能过分地夸张，又不能无表现力，要注意速度、力度的对比，注意歌曲的语气。"准"是指指挥者的预示动作，即各种起拍、收拍的打法，要求干净、准确。"美"是指指挥者在表演艺术上要美观大方，要做到内在与外在的统一。一切从音乐所表达的内在感情出发，掌握准确的图式、设计好每个动作。

**3）指挥与节拍的强弱交替规律**

常见音乐节拍的强弱交替规律

| 拍子 | 常见拍号 | 拍子名称 | 强弱交替规律 |
|---|---|---|---|
| 二拍子 | $\frac{2}{4}$ | 四二拍 | |
| 三拍子 | $\frac{3}{4}$ | 四三拍 | |
| | $\frac{3}{8}$ | 八三拍 | |
| 四拍子 | $\frac{4}{4}$ | 四四拍 | |
| 六拍子 | $\frac{6}{8}$ | 八六拍 | |

强弱拍符号说明：●强拍    ◑次强拍    ○弱拍

指挥与节拍的强弱交替规律是密不可分的，节拍决定旋律的强弱次序和指挥的手势图。强拍用●表示，弱拍用○表示，次强拍用◑表示。$\frac{2}{4}$拍的强弱次序为：●○，这种强弱不断交替的旋律，给人一种铿锵有力或欢快的感觉；$\frac{4}{4}$拍的强弱次序为：●○◑○，给人以温柔抒情或庄严的感觉；$\frac{3}{4}$拍的强弱次序为：●○○，给人以翩翩起舞的感觉。在歌曲、乐曲中，音符的强弱关系由小节线来划分，无论哪种拍子，每小节的第一拍总是强拍，每小节的最后一拍总是弱拍。因此，指挥者需要根据节拍的强弱交替规律和旋律情绪变化的强弱特点去调整指挥手势的强和弱。

## 2 指挥与节拍训练

### 1）四二拍的指挥和节拍训练

#### 粉刷匠

1=F $\frac{2}{4}$

陈蓉 词曲

| 5 3 5 3 | 5 3 1 | 2 4 3 2 | 5 - | 5 3 5 3 | 5 3 1 | 2 4 3 2 | 1 - |

我 是 一 个　粉 刷 匠，粉 刷 本 领　强，　　　我 要 把 那　新 房 子　刷 得 很 漂　亮。

| 2 2 4 4 | 3 1 5 | 2 4 3 2 | 5 - | 5 3 5 3 | 5 3 1 | 2 4 3 2 | 1 - |

刷 了 房 顶　有 刷 墙，刷 子 飞 舞　忙，　　　我 要 把 那　新 房 子　刷 得 很 漂　亮。

●　○
强　弱

①四二拍的节拍强弱规律是强、弱，用大 V 和小 V 划出四二拍歌曲《粉刷匠》的节拍强弱规律。

②拍手表示强拍，拍腿表示弱拍，声势巩固四二拍歌曲《粉刷匠》的节拍强弱规律。

③练习四二拍的指挥：双手成巴掌形，左手比右手略高些，在胸前成"八"字手型。"强拍"要求双手向下向外击拍完成起拍动作，"弱拍"要求双手向下向内点拍，双手配合由外而内划"八"。

④歌曲《粉刷匠》的指挥训练：第一步，听音乐指挥做出歌曲四二拍的节拍强弱规律；第二步，用欢快的情绪边歌唱边指挥。

### 2）四三拍的指挥和节拍训练

#### 新年好

1=F $\frac{3}{4}$

英国童谣<br>许乐飞 编配

| 1 1 1 | 5 | 3 3 3 | 1 | 1 3 5 | 5 | 4 3 2 | - |

新 年 好 呀，新 年 好 呀，祝 贺 大 家 新 年 好。

| 2 3 4 | 4 | 3 2 3 | 1 | 1 3 2 | 5 | 7 2 1 | - |

我 们 唱 歌，我 们 跳 舞，祝 贺 大 家 新 年 好。

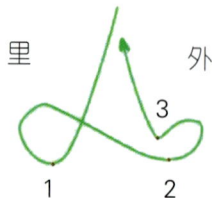

里　　　外

●　○　○
强　弱　弱

①四三拍的节拍强弱规律是强、弱、弱，用大 V 和小 V 划出四三拍歌曲《新年好》的节拍强弱规律。

②拍手、拍腿等声势动作再次巩固四三拍歌曲《新年好》的节拍强弱规律。

③练习四三拍的指挥：双手成巴掌形，左手比右手略高些，在胸前成"八"字手型。第一拍"强拍"要求双手向下击拍完成起拍动作，第二拍"弱拍"要求双手向外横拉拍，第三拍"弱拍"要求双手往上往内提拍。三拍子的指挥口诀是"竖横提"，双手配合在胸前划"直三角"。

④歌曲《新年好》的指挥训练：第一步，听音乐指挥做出歌曲四三拍的节拍强弱规律；第二步，用快乐过年的情绪边歌唱边指挥。

### 3）四四拍的指挥和节拍训练

**冬眠的小熊**

1=F $\frac{4}{4}$

陈蓉　词曲

| 1 | 1 | 1 | 3 | 2 | 2 | 2 | 4 | 5 | 4 | 3 | 2 | 1 | - | - | - |
|---|---|---|---|---|---|---|---|---|---|---|---|---|---|---|---|
| 秋 | 天 | 已 | 过 | 冬 | 天 | 来 | 临 | 呼 | 噜 | 噜 | 噜 | 噜， |

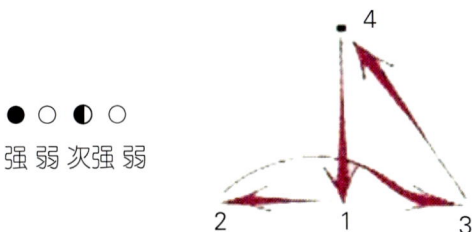

| 1 | 1 | 1 | 3 | 2 | 2 | 2 | 4 | 5 | 4 | 3 | 2 | 1 | - | - | - |
| 一 | 只 | 小 | 熊 | 躲 | 进 | 树 | 洞 | 呼 | 噜 | 噜 | 噜 | 噜， |

| 3 | 3 | 3 | 5 | 5 | - | 4 | - | 3 | 3 | 3 | 4 | 4 | - | 3 | - |
| 它 | 就 | 这 | 样 | 睡 | | 着 | | 整 | 个 | 冬 | 天 | 睡 | | 着， |

| 1 | 1 | 1 | 3 | 2 | 2 | 2 | 4 | 5 | 4 | 3 | 2 | 1 | - | - | - |
| 秋 | 天 | 已 | 过 | 冬 | 天 | 来 | 临 | 呼 | 噜 | 噜 | 噜 | 噜。 |

● ○ ◑ ○
强 弱 次强 弱

①四四拍的节拍强弱规律是强、弱、次强、弱，用大 V 和小 V 划出四四拍歌曲《冬眠的小熊》的节拍强弱规律。

②拍手表示强拍，拍腿表示弱拍，跺脚表示次强拍，再次巩固四四拍歌曲《冬眠的小熊》的节拍强弱规律。

③练习四四拍的指挥：双手成巴掌形，左手比右手略高些，在胸前成"八"字手型。第一拍"强拍"要求双手向下击拍完成起拍动作，第二拍"弱拍"要求双手向下向内点拍，第三拍"次强拍"要求双手向外横拉拍，第四拍"弱拍"要求双手向上向内提拍。四拍子的指挥口诀是"竖点横提"，双手配合在胸前划"小"。

④歌曲《冬眠的小熊》的指挥训练：第一步，听音乐指挥做出歌曲四四拍的节拍强弱规律；第二步，用轻声、温柔的情绪边歌唱边指挥。

指挥起拍                                    指挥收拍

（表演者：汤静雯）

**节拍与节奏的教学课例：拍子与节奏游戏《新年好》（4～5岁）**

**（教学设计：黄倩芳）**

### 设计意图

3～6岁儿童的思维特点是直觉行动思维和具体形象思维。直接用指挥手势学习拍子，对幼儿来说过于抽象。本课采用实物碟子学习歌曲《新年好》四三拍的节拍，让抽象的节拍变得具体形象，帮助幼儿准确地掌握节拍的稳定拍"强弱弱"。在碟子里放上不同的水果代表不同的节奏，帮助幼儿在稳定拍的基础上练习《新年好》的节奏，再过渡到四三拍的"指挥"手势上，这种由易到难"铺千层饼"的教法，可以激发幼儿的兴趣，培养专注力和节奏感。

### 活动目标

1. 知识目标：学习四三拍的节拍，学会看指挥感受四三拍稳定拍的强弱规律，掌握《新年好》的节奏。

2. 情感目标：感知体验拍子与节奏游戏带来的乐趣，愉快地歌唱。

3. 能力目标：指导幼儿借助实物碟子、重音"小石子"、水果训练心里拍，培养专注力、记忆力、节奏感和音乐感。

### 活动重难点

1. 重点：学习四三拍的稳定拍"强弱弱"和歌曲节奏

2. 难点：四三拍的节奏把握和看指挥歌唱

### 活动准备

1. 经验准备：学生已经掌握了四分音符、八分音符的节奏时值

2. 物质准备：多媒体、音乐、三个碟子、一块小石子、两个🍎、一个🍐

3. 环境创设：幼儿围坐成半圆

**活动过程**

1. 节奏游戏引出四三拍：

师：小朋友们，我们玩一个有趣的碟子游戏。我这里有三个碟子，当我的手指向哪一个碟子，小朋友们就拍一下手。

碟子节奏：× × ×|

（1）学生跟着老师的手势重复拍"碟子节奏"四遍。

（2）老师往第一个碟子里加入一块"小石子"，告诉学生放有"小石子"的碟子，跺脚替换成拍手，老师利用语词"跺拍拍"结合手势引导学生重复拍"碟子节奏"四遍。

（3）引出四三拍的强弱规律。

师：刚才我们玩的"跺拍拍"是四三拍的"强弱弱"的稳定拍。

（4）老师把碟子藏起来，让学生凭记忆跟着老师的手势完成三拍子"强弱弱"的稳定拍。

2. 训练歌曲《新年好》的节奏。

$\frac{3}{4}$　苹果　梨　梨 | 苹果　梨　梨 | 苹果　梨　梨 | 苹果　梨　－ |

（1）老师在第一个碟子放入🍎，第二和第三个碟子放入🍐，让学生跟着老师的手势拍读"苹果 梨 梨 |"重复三遍。第四遍的时候，老师把第三个碟子的撤走🍐，提示学生拍读"苹果 梨 －"。

（2）提问：为什么第四遍的节奏和前面三遍的节奏不一样？

生：第三个碟子的水果不见了，"嘘"。

小结：出示"× －"节奏卡，当第三个空碟子前面遇上🍐，也可以读成梨的长音。（老师引导学生拍两拍，第一拍拍手，第二拍双手打开）

（3）老师在碟子里放入节奏卡，学生跟着老师的手势拍读。

$\frac{3}{4}$　TT Ta Ta | TT Ta Ta | TT Ta Ta | TT Tu － |

3. 听着音乐带入歌词拍读。

$\frac{3}{4}$　新年　好　啊 | 新年　好　啊 | 祝贺　大　家 | 新年　好　－ |

　　我们　唱　歌 | 我们　跳　舞 | 祝贺　大　家 | 新年　好　－ |

师：小朋友们，过新年，你们是怎么跟爸爸妈妈、爷爷奶奶拜年的？

生：新年好。（做出拜年的动作）

（1）老师带领学生听音乐拍读歌词，听着音乐重复两遍。（采用三拍子的"强弱弱"拍读，第一拍跺脚，第二、第三拍拍手）

（2）听音乐边拍边模唱歌曲，听着音乐重复两遍。

4. 听音乐，看着指挥歌唱。

学生看着老师的"三拍子"指挥，听音乐模唱歌曲。（指挥者：第一拍拍子划大一点、重一点，第二、第三拍拍子划小一点、轻一点）

5. 活动延伸：

老师引导学生听着音乐边律动边歌唱。

活动提示

　　这节课的重点是掌握四三拍的强弱规律和歌曲《新年好》的节奏，学会看老师的指挥拍读和拍唱歌词。这首歌曲易学易唱，难在拍子和节奏上，学生容易出现拖拍的现象。本课采用"铺千层饼"的教法，从四三拍的稳定拍过渡到运用声势"跺脚拍手练习节奏和歌词"，再过渡到看"指挥"拍读和拍唱，一点点往上增加难度，歌唱直接采用模唱的教法引导学生歌唱。

《新年好》节奏 "苹果　梨　 −"

拓展
练习

　　1. 掌握节拍、拍号的概念，说一说节拍、节奏、指挥之间的关联。
　　2. 自选四二拍、四三拍、四四拍的儿童歌曲，训练三种拍子的指挥手势。

# 奥尔夫嗓音教学

## ♪ 引言

把语言引进课堂是奥尔夫的一个伟大创举。奥尔夫认为，节奏训练要提前到学龄前，充分发挥人人皆有的人声和语言的作用，把呼唤、诗词、童谣、儿歌和歌唱作为教学的出发点，并认为这是所有儿童容易进入的一个天地。同时，与动作、音乐结合的本土化语言，成为奥尔夫原本性音乐教育的一个最重要的特征和组成部分。

## ♪ 学习目标

### 知识目标

了解嗓音的内涵、嗓音的"母语文化"

学会运用语词、语句、歌谣、锣鼓经、古诗词、歌唱作为嗓音的节奏训练

积累运用多种元素做嗓音教学的课例经验

### 技能目标

学习奥尔夫嗓音训练的教学方法

掌握在多声念白游戏、多声歌唱游戏、朗诵小品中融入肢体动作和乐器演奏的方法

### 情感目标

激发学生的嗓音节奏感、语言表达、专注力、分工合作、即兴和创造体验的乐趣

感受嗓音的综合艺术"本土化"的音乐魅力

## ♪ 知识概述

## ♪ 知识点课例体验

## ♪ 拓展练习

## 课题一　奥尔夫嗓音教学的概述

### 1　嗓音的内涵

嗓音是指人自然发出的声音，包括哭、笑、打喷嚏等，属于乐音，也可以是说话和歌唱的声音。嗓音最直接的表现是语言。奥尔夫在他的"节奏教育"里提道："原本的音乐绝不只是单纯的音乐，它是和动作、舞蹈、语言紧密结合在一起的。"20世纪20年代奥尔夫在京特学校教学，他认为节奏的训练不仅适合少年、成人，而且更应该提前到学龄前，认为语言是人与生俱来的，是最自然的表露，在节奏训练中充分发挥人人皆有的人声和语言的作用，把呼唤、诗词、童谣、儿歌和歌唱，作为教学的出发点。在1948年为广播电台写的儿童音乐教材中，奥尔夫把语言放在比较核心的位置，他认为对于初学者而言，语言是一个最原本、最自然的开始，音乐当中的旋律、节奏都蕴含着语言的要素。

语言是人类用来表达思想与交流思想的工具，包括语符、语词（语义）、语音（语调、语气）、语法等构成要素。在某种程度上，与音乐音响构成的要素如音高、音长、音量、音色，甚至情绪的表现特征、风格都是相通的，可以用语言的这些要素来创造"音乐作品"。

### 2　嗓音的"母语文化"

每个国家都有自己独特的语言体系，俗称"母语文化"。我国的汉语文化博大精深，汉语有着自带音律的四声声调，如"妈、麻、马、骂"在汉语普通话里都念"ma"，唯一的区别是语音四声的"平、上、去、入"。独特的历史文化和地域文化造就了汉语文化，如有着极为辉煌的音韵格律的古诗词、朗朗上口的儿歌童谣、发音迥异的地方方言。根据我国母语的特点，嗓音训练包括语词、语句的嗓音节奏，儿歌童谣、锣鼓经、古诗词的节奏朗诵，嗓音的综合艺术等内容。因此，嗓音进入音乐教学可以说是奥尔夫主张的"适于开端"的教育理念的体现。

---

**嗓音训练课例：气息训练《打高尔夫》（3～5岁）**

**（教学设计：佚名）**

**设计意图**

柯达伊曾说："你的喉咙里有一样乐器，只要你愿意使用它，它的乐音比世界上任何小提琴都美。"嗓音是每个人与生俱来的乐器，嗓单音色多变、表现力极强，但幼儿的嗓音还在发育阶段，声音比较稚嫩，在歌唱活动中需要进行发声训练，让幼儿掌握正确的呼吸方法，能帮助幼儿在歌唱活动中更好地保护嗓子。气息发声在发声训练中比较抽象和枯燥，利用打高尔夫的游戏练习长音"wu——"，很容易把幼儿的兴趣点调动起来，从而收到教学效果。

**活动目标**

1. 知识目标：训练幼儿气息的练习，训练大肌肉运动。
2. 情感目标：通过打高尔夫游戏激发幼儿的兴趣。
3. 能力目标：训练幼儿身体的协调能力。

**活动重难点**

1. 重点：wu的长音练习
2. 难点：气息的运用

**活动准备**

1. 经验准备：课前让幼儿做了慢跑热身
2. 环境创设：师生围成圈

**活动过程**

1. 问幼儿有没有见过打高尔夫球，跟幼儿一同探索打高尔夫球的动作。
2. 打出去的同时嘴里发出"wu——"的声音，听谁的声音最长，看谁打得最远。
3. 老师将幼儿分组进行打"高尔夫球比赛"。
4. 每组选出一个获胜者，进行决赛。
5. 选出最终的获胜者。

以上活动简单有趣，幼儿在比赛过程中既锻炼了身体的协调能力，又练习了歌唱的气息。

拓展
练习

1. 思考奥尔夫原本性音乐教育的本土化教学。
2. 排练嗓音训练课例——气息训练《打高尔夫》。

---

**课题二** ▶ **嗓音节奏——语词、语句**

## 1 语词的嗓音节奏

以短小的、具有音乐意味的字或词组成最小的节奏单位，称为"节奏基石"。节奏基石选自儿童熟悉的事物，符合奥尔夫原本性音乐教育的"原始素材"的特征。根据儿童年龄特点选择适合的事物名称，学龄前儿童选择姓名、动物名、食品名、交通工具名等语词，学龄儿童选择花名、书名、地名、国家名等语词。

**1）语词的节奏呼应**

姓名游戏：

黄　　老　　师

训练步骤：

①学生围成圈，老师拿出"鼓"，拍击鼓点念"黄老 师"，让学生跟着节奏呼应"黄老 师"，老师继续击鼓念其中一位学生的名字"×× ×"，学生齐声呼应。

②介绍自己：跟着鼓点节奏按照顺时针顺序介绍自己，随着鼓点节奏的改变，姓名节奏呼应也要随之改变。如当鼓点节奏"××"时，三个字的姓名，去掉姓，只说名；当鼓点节奏"×× ××"

时，三个字的姓名可加一字"嗨"，两个字姓名可重复一遍姓名。

奥尔夫教学法提到语言和节奏之间的密切关系。姓名是儿童最早接触也是最敏感的语言，运用姓名玩节奏呼应，能激发儿童的兴趣，从而达到学习节奏的目的；也可以用儿童熟悉的水果名、蔬菜名进行语词的节奏呼应。

### 2）语词的节奏叠加

交通工具名游戏：

（1）

公 交 车　　　　摩 托 车

（2）

消 防 车　　　　电 动 车

（3）

火 车　公 交 车　公 共 汽 车　消 防 车

训练步骤：

①拍读语词：拍稳定拍念读奥尔夫节奏和交通工具名称节奏，嗓音"嘘"表示四分休止。

②语词名称叠加游戏：带休止的交通工具名称叠加训练。按照顺时针方向，从第一位学生开始依次叠加，每位学生念读的交通工具名称不能重复。如 10 位学生，轮到最后一位学生时，他得加念前 9 位学生的交通工具名称，共念 10 个交通工具名称。

③改变节奏的语词叠加：如第一位学生念"火 车"，第二位学生念"公交 车"，第三位学生念"公共 汽车"，第四位学生念"消防 车"，依次顺延下去。

奥尔夫教学法常以节奏教学作为音乐教学的突破口，复杂的节奏型通过语词的介入让不同时值的节奏组合变得简单易学。叠加的交通工具名称游戏不仅可以激发学生兴趣，还可以培养学生的节奏反应能力和语词记忆力。

### 3）语词的多声部节奏

动物名游戏：四二拍的两个字、三个字组成的多声部语词节奏

一声部：大　象　熊 猫

二声部：长 颈 鹿　小 花 猫

训练步骤：

①围成圈坐，每个学生想一个动物的名字，要求是两个字或三个字组成的语词，按照两拍子念读。

②创编接龙：老师采用拍手拍腿拍打二拍子稳定拍，学生按座位跟着稳定拍轮流念自己创编的动物名称，中途不能中断，不能抢说。先说两个字的动物名称再替换三个字的动物名称。

③语词二声部训练：全班分两组，第一组拍着稳定拍先拍念一个小节两个字的语词，成为一声部。第二组按一定规律（第二小节进入）成为二声部，反复念指定的动物名称，待两个声部基本整齐后，交换声部。训练中还可变换音量（强和弱）、变换速度（快和慢）、变换连音与断音（音色）等。

这种练习除了可加强节奏感训练外，还可以培养学生声部间的配合能力、听觉能力、即兴创编能力和反应能力。

## 2 语句的嗓音节奏

语句是指在语词的基础上发展成短小的节奏短句，可以是四个字到十多字不等的成语、谚语、格言等，也可以是平时的生活语言，结合几种小节奏型加以组合，形成节奏短句。

### 1）语句的节奏接龙

**我和谁交朋友**

游戏步骤：

①学生围坐成一个圆圈。

②节奏呼应："我 和 | 黄老 师 | 交朋 友 | 拍拍 拍 |"，老师点名某些学生的姓名，学生做拍手呼应。

③姓名接龙游戏："我　和 | ×× × | 交朋 友 | 拍拍 拍 |"，在腿上拍稳定拍，提示说其中一个学生的名字，依次接龙。"拍拍 拍"，表示拍手、拍肩等。

游戏规则：第一次名字接龙，每位学生接龙自己的名字；第二次名字接龙（"拍拍 拍"改敲鼓），学生不再接龙自己的名字，而是接龙自己右手方向隔壁学生的名字。

奥尔夫教学法通过语言习惯掌握节奏对幼儿音乐学习是十分有利的。中国的汉语习惯为单音节语言，因此对学习稳定节拍、四分音符、八分音符很有帮助。通过名字接龙游戏组合不同的节奏让初学者通过嗓音念读感受稳定拍。

### 2）语句的角色对话

语句的角色对话体验课例：节奏创编《红灯绿灯》（4～6岁）

（教学设计：黄倩芳）

警察：　小 朋 友　上 学 校　大 家 请 走　人 行 道

儿童：　好的　好的　警察　叔叔　好的　好的　警察　叔叔

警察：　红灯　亮　请站　好　绿灯　亮　快快　走

儿童：　好的　好的　警察　叔叔　好的　好的　警察　叔叔

### 设计意图

在奥尔夫音乐教学体系中，一切的音乐元素要从儿童的生活素材中提炼。本活动运用儿童生活中熟悉的交通安全信号"红灯绿灯"作为节奏素材，通过让儿童玩红灯绿灯的角色游戏，引导儿童有节奏地朗诵语句，感受噪音的节奏变化，让儿童在玩节奏的角色游戏中训练两拍子的稳定拍律和节奏感，这种模式的节奏练习适合3~5岁的儿童，可根据儿童的年龄特点灵活设计。

### 活动目标

1. 知识目标：运用儿童生活中熟悉的交通安全知识作为节奏素材，采用游戏的教学形式训练儿童二拍子的稳定拍律和节奏感。

2. 情感目标：通过游戏化的噪音节奏游戏，激发儿童的兴趣。

3. 能力目标：培养儿童即兴创编的能力和专注力。

### 活动重难点

1. 重点：训练儿童二拍子的稳定拍律和节奏感

2. 难点：在节奏型不变的基础上创编语句

### 活动准备

1. 物质准备：红灯牌、绿灯牌、鼓

2. 环境创设：小朋友排成两纵排

### 活动过程

1. 带领儿童玩红灯绿灯的游戏，导入活动。

游戏规则：老师举红灯牌，小朋友静止不动，警察举绿灯牌，小朋友跟着老师鼓的节奏往前走，一直循环玩三遍。

2. 分角色玩一问一答的交通知识游戏。

（1）模仿老师拍手、拍腿练习四二拍的稳定拍，熟练后加入交通知识的语词练习。

（2）分角色玩一问一答的游戏：一组扮演警察，一组扮演过马路的儿童。

游戏规则：两组排成纵排，拍着稳定拍，玩一问一答游戏（警察与儿童问答）。说红灯时，警察举红灯牌，小朋友静止不动；警察举绿灯牌，小朋友原地踏步。

3. 创编语句：在原有节奏型组合的基础上，即兴创编语言短句，短句需来源于儿童的生活（如改编 小朋 友 | 早上 好 | 刷牙 洗脸 | 身体 好 |，好的 好的 | 爸爸 妈妈 |，好的 好的 | 爸爸 妈妈 |）。

活动提示

　　嗓音活动中由学生即兴创编语句，可以是在固定的节奏型组合中即兴创编语句，也可以是根据语句特点改编节奏型组合，并以此进行多声部节奏训练。语句的要求是要念得顺口，句子结尾有结束感。

《红灯绿灯》的"红灯亮"的队形和动作
（表演者：周婧纯、陈国清、何美婷、杨舒馨、赖锦莹、陈香香、林雨霏、谢莹莹、钟颖辉等）

**3）语句的节奏、节拍**

### 谚语的节奏、节拍拼接游戏

当面　锣，对面　鼓
船到　桥头　自然　直
八仙　过海，各显　神通
狗咬　吕洞　宾，不识　好人　心

节奏选项：♫　♩

节拍选项：$\frac{2}{4}$　$\frac{3}{4}$

游戏步骤：

①朗诵四句谚语，感受汉语独特的"语言韵律"，寻找每句谚语的语言节奏。

②出示节奏卡，为每句谚语挑选适合的节奏，并拍读。

③出示节拍卡，利用拍手、拍腿拍出四二拍的"强弱"和四三拍的"强弱弱"。

④利用拍手、拍腿拍读谚语，寻找语言节奏的强弱规律，挑选适合的节拍，如"狗咬　吕洞　宾，不识　好人　心"，让学生通过拍手拍腿发现这句谚语的强弱规律与前三句谚语的不一样，选择具有"强弱弱"节奏规律的四三拍。

　　语言和歌曲一样，也有节拍、重音和节奏，有声调的轻重、快慢、高低的变化，可以设计动作、组织游戏，如谚语、格言、童谣等，它们和歌曲具有同样的价值，对培养儿童的基本音乐能力、感知音乐要素具有重要意义。

**拓展练习**

　　1. 参考课例，以生活中的语词素材，设计以词作嗓音节奏训练活动，感受"节奏基石"的特点。

　　2. 以"谚语、俗语"为素材，设计一句作嗓音节奏训练活动。

## 课题三　嗓音节奏——歌谣、锣鼓经、古诗词

　　奥尔夫音乐教育引进中国已经有三十几年的历史，所谓"入乡随俗"，就是洋为中用，和中国的文化融合在一起变成中国版的"原本性"的奥尔夫音乐教育，也就是"中国化"或者"本土化"。

　　中国是诗歌之国，我们有极为辉煌的诗歌文化传统。歌谣是人生最初接受的精神食粮，也是我们民族文化富有光彩的组成部分。锣鼓经是中国戏曲的经脉，是戏曲表演的夸张和渲染。可以说几乎所有的儿童从娃娃开始就听着身边的大人们说、唱歌谣和诗歌，遇到民间传统的菩萨节日、庙会、祭祖，都能听到和看到敲锣打鼓的声音，这些耳濡目染的语言就是儿童最早接触嗓音的方式。借助儿童最早接触的歌谣、诗歌等语言素材学习音乐，可以降低音乐训练的枯燥感，提高儿童的音乐兴趣和教学实效。同时，将人文知识融入其中，真正做到在教育中传承民族文化，符合奥尔夫追寻的与传统文化融合的"本土化"教学。

### 1 歌谣的嗓音节奏

　　中国各地流传着许多的儿歌、童谣，统称歌谣。儿歌、童谣是世世代代口口相传、儿童喜闻乐见的艺术形式。儿歌、童谣的特点是短小精悍、朗朗上口、易学易记，包含着诸多的音乐元素，和歌曲一样，也有节拍、重音和节奏，具有独特的语言韵律，有声调的轻重、快慢、高低的变化。但两者也有区别，童谣是为儿童作的短诗，强调格律和韵脚；儿歌比较口语生活化，句子可长可短。把儿童熟悉的儿歌、童谣作为嗓音节奏游戏，可以帮助儿童掌握准确的口语发音，训练复杂的音乐节奏，感知音乐要素，同时也是很好的本土文化的传承。

**1）带休止和长短节奏的儿歌**

　　（1）休止拍的儿歌

　　感知休止拍的儿歌《吃饭不挑剔》，可以引导儿童体会休止拍与节拍的关系，表现休止拍的准确性。

**吃饭不挑剔**

1=C  $\frac{2}{4}$

| X | X | X | X | X | 0 | X | X | X | X | X | 0 |
|---|---|---|---|---|---|---|---|---|---|---|---|
| 小 | 羊 | 爱 | 吃 | 草， | | 小 | 鸡 | 爱 | 吃 | 米， | |
| 小 | 兔 | 爱 | 吃 | 菜， | | 小 | 猫 | 爱 | 吃 | 鱼， | |
| 我 | 是 | 好 | 孩 | 子， | | 吃 | 饭 | 不 | 挑 | 剔。 | |

　　（2）长短节奏时值的儿歌

　　儿歌中长短不等的句式，可以做节奏的"提炼"。如根据儿歌韵律，提炼四分音符、八分音符、二分音符，伴随着身体动作，体验稳定律动和四分、八分、二分音符的不同时值，增强音乐记忆，如儿歌《小螳螂》。

### 小螳螂

1=C  2/4

```
X  X   X │ X  X   X │ X  X  X  X │ X   -  │ X  X  X  X │
小 螳   螂   穿 绿   袄   举 着 大 镰   刀          不 割 麦 子
```

```
X  X  X  X │ X  X  X  X │ X   -  │ X  X  X  X │ X   -  ‖
不 割 青 草   专 门 吃 害   虫          谁 也 跑 不   了
```

（3）带有十六分音符、切分节奏的儿歌、童谣

带有语言词意的节奏片段比单纯的节奏拍击模仿更容易被儿童感受，甚至比较复杂的十六分音符时值、切分节奏，儿童都可以很好地掌握，而且练习起来饶有兴趣。教学中可以借助和语言的巧妙结合，设计各种节奏短句，让儿童做"轮唱卡农"（在本单元课题四中有重点讲解），锻炼节奏记忆。

①民间传统童谣《小老鼠上灯台》练习十六分音符时值。

### 小老鼠上灯台

东北童谣

②儿歌《小妞妞》学习切分节奏。

### 小妞妞

1=C  2/4

```
X  X   X │ X  X   X │ X  X  X  X │ X  X  X ‖
小 妞   妞   抱 娃   娃   欢 欢 喜 喜   过 家 家
```

（4）三拍子的童谣

三拍子的节奏相对二拍子和四拍子比较难，儿童很容易拖拍或者抢拍，可以借助具有三拍韵律感的儿歌。如童谣《月儿》，它特有的三拍韵律很有音乐的代入感，再加入拍手（强拍）、拍腿（弱拍）等声势动作辅助朗诵，可以很好地激发儿童的音乐兴趣，帮助儿童掌握三拍子的强弱规律。

## 月　儿

1=C　$\frac{3}{4}$

| X | X | X | X | X | X | X | X | X | X | X | X | X | X | X | X |
|---|---|---|---|---|---|---|---|---|---|---|---|---|---|---|---|
| 月 | 儿 | 弯 | 弯， | 像 | 只 | 小 | 船， | 摇 | 呀 | 摇 | 呀， | 越 | 摇 | 越 | 圆。 |

| X | X | X | X | X | X | X | X | X | X | X | X | X | X | X | X |
|---|---|---|---|---|---|---|---|---|---|---|---|---|---|---|---|
| 月 | 儿 | 圆 | 圆， | 像 | 个 | 银 | 盘， | 转 | 呀 | 转 | 呀， | 越 | 转 | 越 | 弯。 |

（5）变换节拍的儿歌

变化节拍在初学阶段看起来比较复杂，但是利用儿歌嗓音的辅助，容易被学生掌握。我国学校的教材中也包括有变换节拍的歌曲，我们可以结合儿歌的字数、句式的变化，带领学生练习变换节拍。通过节拍的变换，加深学生对不同节拍特点的感觉和理解，锻炼其对节拍的反应能力，为以后学习更复杂的节拍做了很好的准备。如变换节拍的儿歌《小蚂蚁搬大山》

## 小蚂蚁搬大山

1=C　$\frac{2}{4}$　$\frac{3}{4}$

| X | X | X | | X | X | X | | X | X | X | |
|---|---|---|---|---|---|---|---|---|---|---|---|
| 小 | 蚂 | 蚁， | | 搬 | 大 | 山， | | 搬 | 呀 | 搬， | |

| X | X | X | X | X | X | X | X | X | X | X | X |
|---|---|---|---|---|---|---|---|---|---|---|---|
| 搬 | 回 | 家。 | 大 | 山 | 有 | 多 | 大， | 一 | 点 | 小 | 饼 | 干。 |

### 2）带音乐句式的儿歌

奥尔夫强调，音乐中各种要素是通过一定的形式、结构使其组织起来的，从广义上说，音乐结构也具有节奏的意义。

培养儿童对音乐的分句、分段，音乐的开始、结束，以及音乐中的相同、不同、变化等的意识和敏锐的感觉，可以为儿童创造性思维的发展提供重要的基础。问答式歌谣和并列式歌谣的特点是口语化，句式押韵、贴近儿童的生活，通过对话的形式，儿童可以本能地意识到音乐的句式结构，因为这和人的嗓音的表达相关，和呼吸相关。音乐结构可以通过口语化的字、词、句、段形成完整的嗓音表述，培养儿童对音乐句式的感受。

（1）问答式的儿歌

1=C　$\frac{2}{4}$　$\frac{3}{4}$

| X | X | X | X | X | X | X X X X X | X | X | X | X | X | X |
|---|---|---|---|---|---|---|---|---|---|---|---|---|
| 谁 | 会 | 飞？ | 鸟 | 会 | 飞。 | 鸟儿怎样飞， | 拍 | 拍 | 翅 | 膀 | 去 | 又 | 回。 |

| X | X | X | X | X | X | X X X X X | X | X | X | X | X | X |
|---|---|---|---|---|---|---|---|---|---|---|---|---|
| 谁 | 会 | 游？ | 鱼 | 会 | 游。 | 鱼儿怎么游， | 摇 | 摇 | 尾 | 巴 | 晃 | 晃 | 头。 |

| X | X | X | X | X | X | X X X X X | X | X | X | X | X | X |
|---|---|---|---|---|---|---|---|---|---|---|---|---|
| 谁 | 会 | 跑？ | 马 | 会 | 跑。 | 马儿怎样跑？ | 四 | 脚 | 离 | 地 | 身 | 不 | 摇。 |

　　音乐活动中，老师和儿童之间，或儿童与儿童之间，采用分组、分句衔接的形式，可以加深幼儿对问句、答句的感觉和理解。

　　（2）并列句式的童谣

　　并列句式的童谣，如《小小鸭子》，特点是七字一句，上下句押韵。学生模仿小鸭动作，一句做张开双臂飞翔伴随强的嗓音，一句以外八字蹲步摇摆伴随弱的嗓音；或是做圆形队列，第一、二句学生模仿鸭子走路小声朗诵，圆形队列走圈，第三、四句学生模仿鸭子跳水大声朗诵，队形做圆形向内收缩跳水。通过强弱的嗓音配合高低的动作或队形的变换对比体验句式的区别。

### 小小鸭子

1=C　4/4

| X | X | X | X | X | X | X | ‖ | X | X | X | X | X | X | X | ‖ |
|---|---|---|---|---|---|---|---|---|---|---|---|---|---|---|---|
| 小 | 小 | 鸭 | 子 | 嘎 | 嘎 | 叫， | | 走 | 起 | 路 | 来 | 摇 | 啊 | 摇。 | |

| X | X | X | X | X | X | X | ‖ | X | X | X | X | X | X | X | ‖ |
|---|---|---|---|---|---|---|---|---|---|---|---|---|---|---|---|
| 一 | 摇 | 摇 | 到 | 小 | 河 | 里， | | 高 | 高 | 兴 | 兴 | 洗 | 个 | 澡。 | |

## 2　锣鼓经的嗓音节奏

　　锣鼓经在戏曲中扮演伴奏、角色塑造，使戏曲表演的情绪气氛得到强烈的夸张和渲染，是中国国粹戏曲的经脉。我国有着丰富的戏曲锣鼓经，也是结合嗓音表现节奏的曲范。锣鼓经是以嗓音背诵的锣鼓谱，主要是用鼓、板、大锣、小锣、铙钹、堂鼓等打击乐以不同的方式加以组合，并通过各种不同的节奏加形态演奏出来，形成一套套的锣鼓点。将各种锣鼓点按其实际音响与节奏嗓音背诵，则称为锣鼓经，简称锣经。

　　锣鼓经以烘托舞台上肃穆、悠闲、抒情、紧张、激烈、惊惶的不同的情绪及气氛，是戏曲艺人必须熟悉掌握的手段。让儿童参与锣鼓经嗓音节奏游戏的表演，可以帮助儿童了解中国戏曲，初步掌握不同种类的戏曲锣鼓经的节奏特点。

　　嗓音锣鼓经记法：

　　台——小锣单击

　　令——小锣轻击

　　才——铙钹，小锣同击，或铙钹单击

　　仓——大锣，铙钹，小锣同击，或大锣单击

　　匡——大锣独奏重击

　　卬——小锣闷击

　　乙个——休止

　　嘟——板鼓双楗滚奏

　　拉——板鼓双楗滚奏后收音

　　大——板鼓右手单击楗

　　八——板鼓左手单击楗，或双楗同击

　　扑——铙钹闷击

　　多罗——板鼓单楗滚奏

### 1）戏曲锣鼓经《急急风》

《急急风》京剧锣鼓经，打击乐中速度最快、节奏最强烈的一种锣鼓点。用于匆遽的上下场，配合人物的奔跑、战斗、厮打等急促、紧张、激烈的动作。如：

| X X X X | X X X X | X X X X | X X X X | X X | X O ‖ |
| 仓 才 仓 才 | 仓 才 仓 才 | 仓 才 仓 才 | 仓 才 仓 才 | 仓 才 | 仓 |

京剧锣鼓经《急急风》的鼓点节奏特点是速度，在训练中，可以做节奏的加速游戏。学生亮嗓"仓才"配合戏曲碎步绕大圆圈走场，走场过程随着锣鼓点节奏的加速，碎步速度加快，走场圆圈要越走越小，表现战斗厮打的紧张气氛，最后一个"仓"做亮相动作。

锣鼓经《急急风》的碎步

### 2）戏曲锣鼓经《四击头》

《四击头》京剧锣鼓经，在其他打击乐的配合下，大锣敲四下。四击头的节奏也有比较多的变化，有快四击、慢四击等，大锣也不是很呆板地打四下，而是会打在不同的点上。如：

| O X X | X - | X X X | X X X X | X O ‖ |
| 大 台 仓 | 仓 | 仓 才 台 | 仓 台 才 台 | 仓 |

锣鼓经《四击头》，特点是霸气、有力量，一般是主帅或大将出场的亮相锣鼓经。嗓音背诵《四击头》锣鼓经，要求干净利落，没有半点拖泥带水。训练时，可以做节奏的重音和力度游戏，学生踩着《四击头》锣鼓经节奏，双手打开按掌，强音念白"四击头"，强调重音"仓"（二分音符和四分音符的"仓"），抬腿迈步绕场走一圈回到舞台中心位置抬脚亮相，彰显主帅的威严霸气。

锣鼓经《四击头》的抬腿迈步

### 3）戏曲锣鼓经《兔行锣》

$$\underline{X}\ \ 0\ \ \underline{X}\ \underline{X}\ |\ \underline{X}\ \ 0\ \ \underline{X}\ \underline{X}\ |\ \underline{X}\ \ 0\ \ \underline{X}\ \underline{X}\ |\ X\ \ \underline{X}\ \underline{X}\ |\ X\ \ X\ |\ X\ \ 0\ ‖$$

多　罗　匝　匝　台　　匝　匝　台　　匝　匝　台　大　大　衣　令　台

　　《兔行锣》，京剧锣鼓经，特点是一跳一顿，多配合台上跳兔行所用，有时也配合跛足人的走路。训练时，可以做念白加律动，让学生边念边跳走，感受兔子一跳一顿的节奏特点。

锣鼓经《兔行锣》的亮相动作

嗓音节奏体验课例：湖南童谣《月亮粑粑》（5～9岁）
（教学设计：黄倩芳）

## 月亮粑粑

湖南童谣

$1=C$ $\frac{4}{4}$

| $\underline{X}$ | $X$ | $X$ | $X$ | 0 | $\underline{X}$ | $X$ | $\underline{X}$ | $X$ | $X$ | $\underline{X}$ | $X$ | $\underline{X}$ | $X$ | $X$ |
|---|---|---|---|---|---|---|---|---|---|---|---|---|---|---|
| 月 | 亮 | 粑 | 粑， | | 肚 | 里 | 坐 | 个 | 爹 | 爹， | 爹 | 爹 | 出 来 | 买 菜， |

| $\underline{X}$ | $\underline{X}$ | $\underline{X}$ | $\underline{X}$ | $X$ | $X$ | $\underline{X}$ | $X$ | $\underline{X}$ | $X$ | $X$ | $\underline{X}$ | $X$ | $X$ | 0 |
|---|---|---|---|---|---|---|---|---|---|---|---|---|---|---|
| 肚 | 里 | 坐 | 个 | 奶 | 奶， | 奶 | 奶 | 出 | 来 | 绣 | 花， | 绣 | 杂 糍 | 粑， |

| $\underline{X}$ | $\underline{X}$ | $\underline{X}$ | $X$ | $X$ | $\underline{X}$ | $\underline{X}$ | $X$ | $X$ | 0 | $\underline{X}$ | $X$ | $X$ | 0 |
|---|---|---|---|---|---|---|---|---|---|---|---|---|---|
| 糍 | 粑 | 跌 | 得 井 | 里， | 变 | 杂 | 蛤 | 蟆， | | 蛤 | 蟆 | 伸 | 脚， |

| $\underline{X}$ | $X$ | $X$ | $X$ | 0 | $\underline{X}$ | $X$ | $X$ | $X$ | 0 | $\underline{X}$ | $X$ | $X$ | 0 |
|---|---|---|---|---|---|---|---|---|---|---|---|---|---|
| 变 | 杂 | 喜 | 鹊， | | 喜 | 鹊 | 上 | 树， | | 变 | 杂 | 斑 | 鸠， |

| $\underline{X}$ | $\underline{X}$ | $\underline{X}$ | $X$ | $X$ | $\underline{X}$ | $X$ | $X$ | $X$ | 0 | $\underline{X}$ | $X$ | $X$ | 0 |
|---|---|---|---|---|---|---|---|---|---|---|---|---|---|
| 斑 | 鸠 | 咕 | 咕 | 咕， | 告 | 诉 | 和 | 尚 | | 打 | 屁 | 股！ | |

### 设计意图

中国是四大文明古国，拥有着五千年的历史文化，在悠久的历史文化中，形成了多种方言，这些方言文化也酝酿出了不少具有地域特色的方言歌谣。方言歌谣是祖祖辈辈口头传唱、老幼皆知的当地经典歌曲。方言歌谣简单短小、通俗易懂，方言又是儿童最熟悉的地方母语，符合奥尔夫音乐教育"原本性"的特点。湖南长沙方言童谣《月亮粑粑》，是当地老人哄宝宝睡觉时哼的民谣。该童谣幽默风趣，长沙话独特的发音腔调很容易激发儿童的学习乐趣，通过带领儿童创编童谣律动，夸张的表演和吟唱方言童谣能很好地培养儿童的创造力和表现力。带表演的吟唱方言童谣适合各年龄段儿童，可根据儿童的年龄、兴趣、能力等因素灵活设计。

### 活动目标

1. 知识目标：引导儿童学习运用长沙方言的发音拍念童谣，理解童谣《月亮粑粑》中语词的含义和情感表达。

2. 情感目标：指导学生感受湖南长沙话的语韵，体会奥尔夫音乐教育的本土化气息。

3. 能力目标：通过带表演的吟唱湖南长沙方言童谣，培养儿童的创造力和表现力。

### 活动重难点

1. 重点：运用长沙话拍念童谣

2. 难点：创编表演动作

### 活动准备

1. 物质准备：非洲鼓、双响筒

2. 环境创设：围成半圆形开展活动

### 活动过程

1. 课前放松：老师带领学生跟着音乐《哈喽歌》进行课前律动问好。

2. 童谣介绍，引出主题。

《月亮粑粑》是一首湖南长沙耳熟能详的童谣，"粑粑"在湖南长沙话是饼的意思，"月亮粑粑"就是月亮像饼一样圆，讲述每逢月圆时对爷爷的思念，也是老人家哄宝宝睡觉时哼的民谣。教学时可以用湖南长沙方言来吟唱。

3. 学念童谣，表演童谣。

（1）指导学生欣赏老师运用湖南长沙话有感情地拍念童谣。

（2）学习湖南童谣《月亮粑粑》中的几个长沙话的经典字词。

①爹爹：长沙话读成"嗲嗲"，是爷爷的意思。

②绣花：长沙话读成"xio hua"。

③杂：长沙话读"杂"，是"只""个"的意思。

④蛤蟆：长沙话读成"嘎麻"。

⑤斑鸠：长沙话读成"斑咀"。

⑥脚：长沙话读成"jio"。

4. 合作创编动作，指导学生表演民谣。

月亮粑粑，（双手在头上搭一个爱心）

肚里坐个爹爹，（双手在胸前绕圈圈）

爹爹出来买菜，（原地踏步）

肚里坐个奶奶，（半蹲弯腰，双手在后背做捶背的动作）

奶奶出来绣花，（双手做绣花动作）

绣杂糍粑，（半蹲，双手在胸前抱个大西瓜）

糍粑跌得井里，（弯腰半蹲，双手并拢垂直向下）

变杂蛤蟆，蛤蟆伸脚，（双手张开向上举起和双脚跳起，模仿蛤蟆伸出右脚）

变杂喜鹊，喜鹊上树，（双手夹在身体肩膀两侧模仿蜜蜂飞，并做左右摇晃动作）

变杂斑鸠，斑鸠咕咕咕，（双手掌心朝下在胸前做重叠，模仿鸭子嘴巴往前伸嘴动作）

告诉和尚打屁股！（"告诉和尚"左手叉腰，右手伸出食指在头上绕圈圈；"打屁股"右手拍右边同学屁股）

5.律动和打击乐合作，巩固民谣。

（1）挑选三位学生演奏打击乐：一位学生拍打非洲鼓"咚哒 嘟哒 咚 哒"的节奏，两位学生敲奏双响筒"咚 哒 咚 哒"的节奏为童谣伴奏。

（2）围成半圆形律动：学生围成内外半圆，一对一站好，面对面带着律动表演吟唱湖南长沙方言童谣。

（3）打击乐伴奏，律动吟唱湖南长沙方言童谣。

活动提示

律动反复练习时，需要提醒学生使用清晰的长沙话发音、夸张的表情、形象的动作、准确的节奏。同时，为维持学生的兴趣，可不断变换力度、速度，个别学生即兴加入乐器的伴奏等来挑战难度，营造气氛。

湖南童谣《月亮粑粑》表演队形和动作

（表演者：柯丽婷、吴佳敏、罗莹、林晓婷、陈渌楠、高玲青、何昕怡、康依丽、颜婉茹、袁烨、陈钦、张田飞）

### 3 古诗词的嗓音节奏

中国是诗歌之国，我们有极为辉煌的诗歌文化传统。诗歌和儿歌、童谣一样，也是人生最初接受的精神食粮，是我们民族文化富有光彩的组成部分。我国音乐学家提出，我国传统文化中的"吟诗"，在欧洲艺术形式中是难以找到的。诗歌具有独特的高低抑扬的声调和诗句之间的平仄关系，从而形成了独特的吟诵风格。"吟诗"有吟诵和说唱两种。

将古诗词纳入儿童的音乐课堂，运用古诗词的平仄关系融入节奏元素，可以帮助儿童更深切地了解自己中国的传统文化，也使民族文化的传承能得以延续。

**1）吟诵古诗词《悯农》**

声势做稳定拍，多声部地吟诵古诗词。

悯　农

李绅　诗
黄倩芳配节奏谱

训练步骤：

①用声势动作"拍手、拍肩、拍腿、跺脚"代替四四拍的稳定拍，拍念古诗《悯农》一声部。

②结合声势稳定拍，先拍念二声部节奏"T·T TT Ta ○｜"，再拍念二声部的诗词，四分休止符做语气嗓音"嘘"。

③利用声势稳定拍，拍念三声部节奏"Ta·T ○○｜TT Ta ○○｜"，再拍念三声部的诗词，四分休止符做"弹舌"。

④多声朗诵：

A. 同步进入多声吟诵。分三组，声势稳定拍预备八拍后，第一、第二、第三声部同时进入多声朗诵。

B. 依次进入多声吟诵。分三组，第一组朗诵两个小节后，老师指挥提示，依次加入第二、第三声部，给人交错多声的音响效果。每个声部反复循环朗诵本声部的诗词，跟着老师的指挥做渐强渐弱的多声朗诵或者加速节奏的多声朗诵，最后在老师指挥下做渐弱结束。

《悯农》声势"拍手、拍肩、拍腿、跺脚"
（表演者：张莉）

《悯农》队形

## 2）说唱古诗词《春晓》

声势做稳定拍，多声部地说唱古诗词。

说唱古诗教学课例：说唱古诗《春晓》（5～9岁）

### 春 晓

孟浩然 词
谷建芬 曲
黄倩芳配节奏谱

### 设计意图

把语言引进课堂是奥尔夫的一个伟大创举。中国的语言极具魅力，节奏感极强，尤其是古诗词的平仄关系，使得中国古诗在世界的诗歌平台上独树一帜，字里行间除了具有深远含义外，还极具东方韵味，节奏、韵律极富特点。这节课，运用对古诗词的朗诵，通过速度的变化来做两个声部的多声朗诵。说唱古诗词适合各年龄段儿童，可根据儿童的年龄、兴趣、能力等因素灵活设计，增减声部。

### 活动目标

1. 知识目标：在音乐上锻炼儿童的稳定节拍及节奏，理解音的时值、音的强弱、多声的说唱。

2. 情感目标：通过说唱古诗词和有趣的活动了解、熟悉中国古诗词的韵律美，享受古诗词带来的乐趣。

3. 能力目标：运用不同的节奏加歌唱进行多声部的说唱古诗词，通过多声部的说唱初步感受节奏和声，感受多声部节奏说唱的合作能力专注力。

### 活动重难点

1. 重点：节奏和声及声部的说唱合作

2. 难点：不同速度的多声部说唱古诗词

### 活动准备

1. 经验准备：上节课学会歌唱诗歌《春晓》

2. 物质准备：诗歌谱、沙蛋、三角铁

### 活动过程

**活动一：**

1. 放音乐，复习歌曲版的诗歌《春晓》。

2. 声势融入诗歌《春晓》。

（1）老师带领儿童学习用声势动作"跺脚两次、拍手两次"完成四四拍的稳定拍。

（2）老师带领儿童一起用声势动作拍打稳定拍歌唱诗歌《春晓》。

3. 三个声部的吟诵训练。

（1）二声部的节奏型"Ta Ta Ta Ta|Ta ○ ○ ○|"，先带领儿童拍着声势稳定拍念奥尔夫节奏，再拍着声势稳定拍诵一声部古诗。

（2）三声部的节奏型"T̲T̲ T̲T̲ Ta ○|"，先带领儿童拍着声势稳定拍念奥尔夫节奏，再拍着声势稳定拍诵三声部古诗。

（3）四声部的节奏型"Ta —— Ta|T̲T̲ Ta ○ ○|"，先带领儿童拍着声势稳定拍念奥尔夫节奏，再拍着声势稳定拍诵四声部古诗。

4. 声部合作说唱古诗词。

（1）把儿童分成四组，一组歌唱一声部，二组诵二声部，三组诵三声部，四组诵四声部。

（2）声部合作，采取依次进入的合作训练。在统一的声势稳定拍中，跟着老师的指挥完成诗歌《春晓》的声部合作，按照诗歌的声部顺序依次进入：一声部先完整歌唱诗歌第一遍，待一声部歌唱第二遍时，二声部朗诵加入；一声部歌唱第三遍，二声部朗诵第二遍时，三声部朗诵加入再合作一遍结束。

活动提示
可以引导儿童跟着指挥做强弱变化的歌唱和朗诵。

5. 活动延伸：

做速度变化的声部说唱：四个声部跟着老师的指挥做由慢到快加速歌唱和吟诵，可以是段落的加速，也可以是句子间的加速。

**活动二：**

1. 认识三角铁和沙蛋，听辨两种打击乐的音色。

2. 请儿童实践演奏两种打击乐。

（1）三角铁的节奏型"Ta——"，每小节的第一拍演奏一下。

（2）沙蛋，跟着歌唱轻轻地摇动，模仿小雨沙沙的音效。

（3）把儿童分成两组，一组演奏三角铁，一组演奏沙蛋，在诗歌《春晓》的歌声下演奏两种打击乐。

3. 打击乐融入声部合作。

挑选两位儿童演奏三角铁，四位儿童演奏沙蛋，和三个声部合作完成诗歌《春晓》。

《春晓》声势"拍手、跺脚"
（表演者：张莉）

《春晓》队形

1. 排练湖南童谣《月亮粑粑》的嗓音节奏表演。
2. 寻找具有地域特色的方言童谣设计嗓音节奏活动，编写教案。
3. 从课例锣鼓经中挑选一个课例进行戏曲"亮相"走场的嗓音节奏训练。
4. 挑选一首古诗词编配和声节奏，进行多声吟诵或说唱训练，可加入打击乐。

## 课题四 ▶ 嗓音游戏的综合艺术

### 1 嗓音游戏的多声歌唱

多声歌唱在奥尔夫音乐教育中是非常重要的内容。多声歌唱能帮助儿童一脑多用，在丰富歌曲和声效果和愉悦身心的同时，也让学龄前儿童在没有音准障碍的前提下提前进入到"合唱训练"。通过多声的嗓音的训练，可以培养和锻炼儿童的专注力、合作能力、听觉能力和反应能力。学龄前儿童开始参与和感受这种形式对其真、善、美等良好人格的培养有极大帮助，这就要求奥尔夫音乐老师要多学习和创造多声编配的嗓音训练。常见的多声歌唱教学包括卡农的多声歌唱、声响法的多声歌唱、填充法的多声歌唱、和声法的多声歌唱等。

#### 1）卡农的多声歌唱

卡农（Canon）——原意为"规律"。卡农是一种音乐谱曲技法，复调音乐。卡农的所有声部都模仿一个声部，但不同高度的声部依一定间隔进入，直到最后的一个小节融合在一起或者依次结束，给人一种此起彼落、神圣的意境。在卡农中，最先出现的旋律是导句，以后模仿的是答句。答句分完全模仿和变化模仿两种。

卡农根据各声部高度不同的音程差，可分为同度卡农、五度卡农、四度卡农等；根据间隔的时间长短，可分为一小节卡农、两小节卡农等；此外，还有伴奏卡农、转位卡农、逆行卡农、反行卡农等各种手法。

在奥尔夫教学法中，常见的卡农形式有回声卡农和轮唱卡农。

（1）回声卡农

回声卡农，老师示范一个音型和节奏型。学生间隔一定时间后，紧接着模仿，然后再示范、再模仿。嗓音模仿，可以借助动作、队形、打击乐进行，增加趣味性的同时可以帮助学生结合视觉感知和记忆来辅助听觉感知。

**多声歌唱活动教学课例：回声卡农歌谣《小鸭和青蛙》（4～6岁）**
**（教学设计：黄倩芳）**

### 小鸭和青蛙

1=C $\frac{2}{4}$

童谣
黄倩芳 曲

| 5 5 3 3 | 5 5 3 | 2 2 2 3 | 2 3 1 | X X X 0 ‖ |

小 小 鸭 子　嘎 嘎 叫，　走 起 路 来　摇 一 摇，　嘎　嘎　嘎。
小 小 青 蛙　呱 呱 叫，　走 起 路 来　跳 一 跳，　呱　呱　呱。

#### 设计意图

这个教学活动是嗓音与回声卡农结合的活动，通过不断地尝试和反复进行回声卡农练习，让学生理解和掌握回声卡农的特点，轻松掌握由八分音符、四分音符组合的节奏，强化学生对节奏和旋律的短时快速记忆和模仿能力，强化学生的听觉能力、记忆能力、反应能力和专注能力。回声卡农练习在各年龄段的儿童中都可以进行，但要注意根据学生的年龄、兴趣、能力等因素灵活设计。

#### 活动目标

1. 知识目标：指导儿童通过回声卡农练习，初步理解和掌握回声卡农的特点，学会即兴创编歌词嗓音。

2. 情感目标：引导儿童在回声卡农不断的尝试练习中体验其乐趣。

3. 能力目标：指导儿童掌握歌谣中八分、四分音符组合的节奏，锻炼对节奏和音调的短时快速记忆、模仿和创造能力。

#### 活动重难点

1. 重点：创编歌词嗓音

2. 难点：回声卡农

#### 活动准备

1. 物质准备：歌谱、木质类打击乐

2. 环境创设：师生围坐成半圆形

#### 活动过程

1. 教师边表演小鸭动作（摇尾巴，嘎嘎叫）或表演青蛙动作（跳一跳，呱呱呱），边按节奏朗诵歌词，学生间隔一小节后做完全模仿，反复至熟读歌词。

2. 教师边表演小鸭动作（摇尾巴，嘎嘎叫）或表演青蛙动作（跳一跳，呱呱呱），边按旋律清唱歌曲，学生间隔一小节后做完全模仿，反复至熟唱歌曲。

3. 教师和学生分别为歌曲创编各种动物歌词嗓音和动作，教师先歌唱自己创编的嗓音和动作，每间隔一小节，每位学生先模仿前面学生的嗓音加动作，再自己创编新的嗓音加动作，依此顺序，一个接一个地进行嗓音歌唱模仿。

如创编新的动物歌词"小小 公鸡 喔喔 叫，走起 路来 摆一 摆，喔 喔 喔"。"小小公鸡喔喔叫，走起路来摆一摆"，伴随二拍子稳定拍的声势（拍手、拍腿等）歌唱，"喔喔喔"做嗓音加公鸡叫的动作。

4. 活动延伸：

嗓音加打击乐的回声卡农：学生为自己创编好的动物歌词嗓音搭配音效接近的木质类打击乐，第一位学生利用打击乐敲击稳定拍歌唱，每间隔一小节，每位学生先模仿前面学生的嗓音加打击乐，再利用打击乐敲击稳定拍歌唱自己创编的歌词嗓音，依此顺序，一个接一个地进行嗓音歌唱模仿。

如"小小小青蛙呱呱叫，走起路来跳一跳"，利用蛙鸣筒敲击二拍子的稳定拍歌唱，"呱呱呱"做蛙鸣筒刮奏模仿青蛙的叫声。

（2）轮唱卡农

轮唱卡农在合唱曲中经常使用，也是奥尔夫音乐教学法中最常用的一种表现形式。一般分为二部、三部、四部轮唱卡农，每个声部同唱一个旋律，一声部起唱，其他声部按照先后相距两拍或一小节出现，形成此起彼落、连绵不断的模仿效果。

**多声歌唱活动教学课例：轮唱卡农歌谣《三只小熊》（5～9岁）**
**（教学设计：黄倩芳）**

### 三只小熊

#### 设计意图

卡农是奥尔夫音乐教学法中常见的一种音乐表现形式，能激发儿童的挑战音乐的兴趣。本节课利用嗓音与轮唱卡农结合的歌曲游戏《三只小熊》，在声势律动的稳定拍中尝试从二声部过渡到三声部的轮唱卡农，让儿童初步理解和掌握各个声部依次进入有规则的模仿带来的乐趣，强化儿童对歌曲节奏和音调的模仿能力，强化儿童的记忆力、专注力和合作能力。这个练习在各年龄段的儿童中都可以进行，但要注意根据学生的年龄、兴趣、能力等因素灵活设计。

#### 活动目标

1. 知识目标：指导儿童通过轮唱形式的卡农练习，初步掌握卡农节奏声部的特点，建立良好的声部和声关系。

2. 情感目标：指导儿童在欢快的《三只小熊》的歌声里，不断尝试声部依次进入形成连绵起伏的歌声效果带来的乐趣。

3. 能力目标：指导儿童掌握歌谣的轮唱卡农，锻炼儿童对歌曲声部之间的接唱和模仿能力、专注力和合作能力。

**活动重难点**

1. 重点：三声部的轮唱卡农
2. 难点：带上声势律动的轮唱卡农

**活动准备**

1. 经验准备：上节课学会歌唱《三只小熊》
2. 物质准备：歌谱、凳子

**活动过程**

1. 放音乐，复习儿童歌曲《三只小熊》。
2. 带领学生利用声势节奏为歌曲伴奏：声势节奏"Ta Ta Ta ○"，声势动作"跺 跺 拍 ○"。
3. 轮唱卡农训练：

（1）师生合作轮唱卡农：老师带着学生做四拍的声势作为歌曲前奏后，学生歌唱一声部，老师待学生歌唱两小节后，由歌曲首句接进去模仿唱，也叫二部轮唱卡农。接着，学生和教师互换声部再次练习二部轮唱卡农。

*活动提示*

*声势律动一直伴随歌声结束，声部依次进入也依次结束。*

（2）把学生分成两组，在老师的指挥下，伴着声势完成二部轮唱卡农。

（3）三部轮唱卡农：在老师的指挥下，带领学生做四拍的声势作为歌曲前奏，一声部学生歌唱歌曲两小节后，二声部学生由歌曲首句接进去模仿唱，同样三声部学生在第二声部学生歌唱两小节后接唱，声部依次进入依次结束。

*活动提示*

*三部轮唱，可以让全体学生围成一个大圈，采用"声势律动"，就是"跺 跺 拍 ○"的声势采取原地拍手，走圈跺脚往前走圈，让全体学生动起来进行三部轮唱，激发学生的乐趣和培养学生的身体协调能力。*

4. 活动延伸：

三部轮唱卡农，由声部间两小节的接唱缩短为声部间一小节的接唱，伴随歌曲的"跺脚拍手"的声势改成"拍凳子和拍手"。

**2）声响法的多声歌唱**

声响法是运用一个跟歌曲或乐曲主题有关的声音，作为固定节奏型的噪音为歌曲伴奏或者作为带音高的节奏型演唱的多声方法。奥尔夫强调人的喉咙本身就是一件乐器。它不仅可以说话、唱歌，还可以用噪音模仿大自然的各种声响为音乐服务。引导儿童用噪音模仿大自然的声响，可以培养儿童的观察力，加深儿童对听到的大自然声响的感知力，通过探索噪音的表现力，迁移到对儿童想象力和创造力的培养。例如四川民谣《数蛤蟆》运用了蛤蟆的叫声、跑动声、跳水声做了三个不同的固定节奏型分成三个声部为歌曲伴奏；歌曲《小青蛙和小猫咪》中运用小青蛙和小猫咪的叫声编配带音高的节奏型变成旋律歌唱。

（1）声响为歌曲伴奏

多声歌唱活动教学课例：声响为歌曲伴奏《数蛤蟆》（4～8岁）
（教学设计：黄倩芳）

### 数蛤蟆

四川民歌

**设计意图**

　　奥尔夫强调人的喉咙本身就是一件乐器。它不仅可以说话、唱歌，还可以用嗓音模仿大自然的各种声响为音乐服务。引导儿童用嗓音模仿大自然的声响，可以加深儿童对听到的大自然声响的观察力和感知力，再迁移到对儿童想象力和创造力的培养。《数蛤蟆》是一首四川民谣，它选取了生活中一种常见动物"蛤蟆"，表现了它们可爱的形象。歌曲具有一定的"启智性"，帮助儿童熟悉量词的用法，衬词的运用也很有特色，不仅增添了民歌风味，而且使歌曲结构更加完整。民谣《数蛤蟆》的多声歌唱活动中，运用了蛤蟆的叫声、跑动声、跳水声做了三个不同的固定节奏型分成三个声部为歌曲伴奏，在丰富歌曲和声效果和愉悦身心的同时，也让学龄前儿童在无音准障碍的前提下提前进入到"合唱训练"。声响为歌曲伴奏适合各年龄段儿童，但要注意根据儿童的年龄、兴趣、能力等因素灵活设计，增减伴奏声部。

### 活动目标

1. 知识目标：引导儿童通过模仿动物的叫声、跳水声，固定的节奏型为歌曲伴奏，让儿童初步感受多声部歌唱的和声音响。

2. 情感目标：通过嗓音的声响为歌曲伴奏，让幼儿体验多声歌唱的美丽，愉悦身心。

3. 能力目标：培养儿童的观察、听觉、探索、创造和合作等能力。

### 活动重难点

1. 重点：模仿动物叫声和跳水声的声响为歌曲伴奏

2. 难点：创编动物叫声和跳水声的固定节奏型

### 活动准备

1. 经验准备：上节课已经学会歌唱《数蛤蟆》

2. 物质准备：歌谱、蛙鸣筒、双响筒、摇铃

### 活动过程

1. 提问导入：

师：一只 蛤蟆 | 几张 嘴 | 几只 眼睛 | 几条 腿 | 乒乓 乒乓 | 跳下 水 | ？

生：一只 蛤蟆 | 一张 嘴 | 两只 眼睛 | 四条 腿 | 乒乓 乒乓 | 跳下 水 |

师：看来问题已经难不倒你们了，那你们能不能把两只蛤蟆也唱一唱呀？

生：两只 蛤蟆 | 两张 嘴 | 四只 眼睛 | 八条 腿 | 乒乓 乒乓 | 跳下 水 |

师：这么难的问题都被你们通过了，小蛤蟆们甘拜下风。小蛤蟆们想请小朋友们帮忙，用声音为它们的歌曲伴奏，我们一起找一找用什么声音伴奏比较好听？

2. 声响的固定节奏型创编。

师：蛤蟆会发出什么声音呢？

生：蛤蟆的叫声"呱呱"、蛤蟆的跑动声"乒乓乒乓"、蛤蟆的跳水声"哗"。

师：蛤蟆的叫声、跑动声、跳水声都非常好听，我这里有"♫、♩、♪"三种节奏，请小朋友们分别为三种声音搭配适合的节奏。

（1）蛤蟆的叫声：呱呱 呱 |

（2）蛤蟆的跑动声：乒 乓 |

（3）蛤蟆的跳水声：哗 － |

3. 三种声响的固定节奏型为歌曲伴奏。

（1）二声部的"合唱训练"：把学生分成两组，第一组拍着四二拍的稳定拍（声势：拍手、拍腿）演唱歌曲，第二组拍腿说"蛤蟆的叫声：呱呱 呱 |"为歌曲伴奏。

（2）三声部的"合唱训练"：把学生分成三组，第一组拍着四二拍的稳定拍演唱歌曲，第二组拍腿说"蛤蟆的叫声：呱呱 呱 |"；第三组左右踏脚说"蛤蟆的跑动声：乒 乓 |"。

（3）四声部的"合唱训练"：把学生分成四组，第一组拍着四二拍的稳定拍演唱歌曲，第二组拍腿说"蛤蟆的叫声：呱呱 呱 |"；第三组左右踏脚说"蛤蟆的跑动声：乒 乓 |"；第四组做出跳水动作说"蛤蟆的跳水声：哗 － |"。

4. 活动延伸：打击乐模仿三种蛤蟆的声响为歌曲伴奏

师：请小朋友们从三种打击乐中挑选适合的打击乐分别模仿蛤蟆的三种声响为歌曲伴奏。

生：蛙鸣筒刮奏"呱呱 呱 |"，木鱼敲奏"乒 乒 |"，摇铃摇晃"哔 － |"。

学生分成四组，利用打击乐和噪音结合完成歌曲的多声的"合唱和合奏"训练。

*活动提示*

*声响为歌曲伴奏，需要根据儿童的年龄、兴趣、能力等因素由浅入深、增减难度，幼儿多声歌唱活动以二声部或三声部为宜。民谣《数蛤蟆》的第一声部是风趣的主旋律，要带着欢快、幽默的情绪歌唱，第二、第三、第四声部是说声响，属于伴奏声部，要有节奏地轻声说。*

（2）声响的多声歌唱

## 小青蛙和小猫咪

段晓军 词曲

（3）填充法的多声歌唱

两个以上的声部，在第一声部的长音或者休止时，其他声部做一声部的填充。填充的声部，做声响插花或者做句子的呼应。

## 一只鸟仔

台湾民歌
郑志峰 词
黄倩芳 改编

## 3）和声法的多声歌唱

两个以上的多声部旋律按照和声的编配规律组合在一起，每个声部横向是独立的旋律，纵向又构成有音响层次的和声关系的音乐。

多声歌唱活动教学课例：和声法的多声歌唱《吹号角》（5～9岁）
（教学设计：黄倩芳）

### 吹号角

黄倩芳 词曲

吹　吹　吹起小号角，吹出一首小朋友的歌

### 设计意图

奥尔夫音乐教育体系的歌唱活动借鉴了柯达伊教学法，在吸取精华的同时加入自己的理念，比如以游戏的方式进行噪音、发声练习、多声部的歌唱等。多声部的歌唱可以培养儿童的合作能力、记忆力、专注力和一脑多用等方面的能力。儿童的歌唱活动要由易到难，层层递进，多声部的歌唱，可以先从节奏的多声部过渡到旋律的多声部，可以从卡农歌唱到和声的歌唱等方式。多声部"合唱训练"适合各年龄段儿童，可根据儿童的年龄、兴趣、能力等因素灵活设计。

### 活动目标

1. 知识目标：通过多声歌唱，对儿童进行呼吸、发声和音准的练习，在歌唱过程中感受多声部歌唱的和声音响层次的美。

2. 情感目标：通过多声歌唱，让学会儿童用心歌唱，体验多声音乐带来的快乐。

3. 能力目标：通过多声歌唱，培养儿童的记忆力、一脑多用、专注力和合作能力。

### 活动重难点

1. 重点：分声部歌唱时对音准的把握

2. 难点：儿童在进行多声部合作时容易跑音，可分声部练习或从简单的一个音训练再过渡到和声的多声歌唱

### 活动准备

1. 物质准备：多媒体、吹号角 、歌谱、音砖 、三角铁 △、木鱼 

2. 环境创设：围成圆圈坐

### 活动过程

1. 导入："呜——"小朋友们，你们猜猜是什么乐器发出的声音？（出示吹号角图片）

生：号角。

师：老师给小朋友们演唱一首《吹号角》，请小朋友闭上眼睛，仔细聆听歌曲中号角一共发出了几种不同的声音。

生：……

2. 出示三个声部的号角声音的卡片，并歌唱。

（1）老师带领学生演唱一声部，感受唱名"sol"的音高和带连线的两个二分音符的时值，练习四拍的长音发声。唱长音"呜"时，模仿吹气球往肚子吹气，唱完四拍再换气再循环歌唱。

（2）老师带领学生演唱二声部，感受唱名"mi"的音高和二分音符的时值，练习二拍"呜"

的发声。

（3）老师带领学生演唱三声部，感受唱名"do"的音高和四分音符的时值，练习一拍的短音发声。唱短音"呜"时，模仿小狗喘气，小肚子往里快速跳动发声。

3. 三个声部依次进入歌唱：将学生分成三组，老师演唱完歌曲后，第一组学生演唱第一声部，待第一声部演唱完后，第二声部和第三声部依次进入歌唱。

4. 三声部同步歌唱：老师带领学生做着"吹号角"的动作演唱第一段歌曲后，三组学生合作歌唱第二段的三个声部。

5. 打击乐伴奏：老师请三位小朋友分别演奏三个唱名"sol、mi、do"的音砖。老师歌唱第一段歌曲时，三个音砖同时敲击形成波尔动音型为歌曲伴奏；三组学生合唱第二段三个声部的"呜"时，三位小朋友各自演奏自己声部的音高和节奏，帮助声部找音准。

6. 活动延伸：

老师在演唱歌曲过程中，依次加入三角铁和木鱼等小打击乐器为歌曲伴奏，丰富音乐音响效果。

**活动提示**

多声歌唱活动，要注意分声部练习的音准训练，多声合唱的声部间要互相倾听，做到和声流畅和音色的统一和谐。

## 2 综合性嗓音游戏

### 1）综合性嗓音游戏的重要性

游戏是幼儿的天性，音乐游戏更是这样，教育部颁布的《3~6岁儿童学习与发展指南》中关于幼儿园艺术领域教育目标：

①喜欢欣赏多种多样的艺术形式和作品。

②喜欢参加艺术活动，并能大胆表现自己的情感和体验。

③能用自己喜欢的方式进行艺术表现。

对儿童来说，嗓音、动作、音乐是统一的整体，儿童的歌唱和朗诵往往伴随着动作和音乐，三者缺一不可。嗓音综合游戏是指借用嗓音进行的一个综合的音乐活动，可以创设情境，运用嗓音创编故事和音乐小品等，还可以为绘本故事配音，模仿故事中的各种声响。这种综合性的嗓音活动可以充分发挥孩子们的创造力，培养孩子们对声音的分辨能力和听觉能力。因此，嗓音游戏是一个综合性很强的音乐游戏。

### 2）综合性嗓音游戏的种类

按照形式的不同，综合性嗓音游戏可分为歌唱游戏和节奏朗诵游戏两种。歌唱游戏是指歌曲演唱的表演活动，融音乐、动作、舞蹈、语言为一体的综合艺术表演形式；节奏朗诵游戏是指一种艺术语言与音乐、游戏融合的综合游戏。

（1）歌唱游戏

奥尔夫说过："心中的喜悦，是儿童生长最重要的因素，而唱歌、跳舞、奏乐是启发孩子智慧的一种源泉。"强调歌唱活动要融入舞蹈、动作、乐器演奏等综合手段让儿童从自己的内心出发去愉悦地唱、奏、舞，在音乐体验中培养儿童的想象力和感受力，这也是奥尔夫"原本性音乐"教育的重要特点。歌唱游戏分为角色表演唱和歌表演。

角色表演唱和歌表演都是根据歌词内容和音乐情绪设计动作，边歌唱边表演。两者的区别在于，角色表演游戏是分角色进行表演和歌唱，歌表演是全体一起边表演边歌唱。

歌唱游戏教学课例：角色表演唱游戏《小青蛙找老婆》（4～8岁）
（教学设计：黄倩芳）

## 小青蛙找老婆

词曲 佚名

池 塘 边 有 只 青 蛙 它 在 找 老 婆， 它

看 见 一 只 X X 它 就 这 么 说， 呱 呱 呱 呱 请 你

嫁 给 我。 我 不 是 一 只 青 蛙 请 你 看 明 白， 我
我 不 是 一 只 青 蛙 请 你 看 明 白， 我
我 不 是 一 只 青 蛙 请 你 看 明 白， 我
我 就 是 一 只 青 蛙 请 你 看 明 白， 我

只 是 一 只 乌 龟 跟 你 配 不 来， 啊 不， 啊 不， 跟 你 配 不 来。
只 是 一 只 猫 咪 跟 你 配 不 来， 啊 不， 啊 不， 跟 你 配 不 来。
只 是 一 只 公 鸡 跟 你 配 不 来， 啊 不， 啊 不， 跟 你 配 不 来。
愿 意 嫁 给 青 蛙 先 生 做 老 婆， 呱 呱， 呱 呱， 我 们 多 快 活。

### 设计意图

　　音乐是一种心灵和情感的交流，奥尔夫强调要在音乐教育中培养孩子主动地"从自己的内心出发"，大胆表现自己的情感和体验。歌曲《小青蛙找老婆》，旋律优美、内容诙谐幽默，简短的歌词蕴含着充满童趣的小故事。内容的生动有趣和不同角色的音乐表现，是歌唱表演游戏的绝佳教材。本次活动通过模仿不同动物的肢体动作，创设情境，运用角色表演的手段，让儿童体验歌唱表演游戏带来的乐趣，主动地去感受音乐和表现音乐，学习同类动物相配的知识。歌唱表演游戏适合各年龄段儿童，可根据儿童的年龄、兴趣、能力等因素灵活设计，增减表演难度。

### 活动目标

　　1. 知识目标：帮助幼儿在稳定拍的基础上学唱歌曲并模仿歌曲中不同动物的对话语气，了解同类动物才可以配对的常识。

　　2. 情感目标：鼓励幼儿用心体验音乐，在歌唱的角色表演中体验歌曲的幽默风格带来的乐趣。

　　3. 能力目标：指导幼儿通过模仿不同动物的肢体动作，创设情境，运用角色表演的手段，融入新娘嫁娶的打击乐伴奏，培养幼儿的分工合作能力、创造力和表现力。

### 活动重点

　　1. 歌唱家：培养幼儿有节奏的歌唱

　　2. 欣赏家：走圈律动感应旋律的高低与风趣

3. 角色扮演家：青蛙新郎 🐸、青蛙新娘 🐸、青蛙媒婆 🐸、乌龟 🐢、公鸡 🐔、猫咪 🐱

4. 演奏家：以 🥁、🔔、🎐、🥢、🍚 组成乐团迎亲

### 活动准备

1. 经验准备：课前布置幼儿熟悉迎亲的几种传统打击乐和传统迎亲仪式

2. 物质准备：多媒体、歌谱、动物头饰、节奏卡、迎亲的几种小打击乐、地垫

### 活动过程

1. 律动导入：老师带领幼儿们听着音乐、开着小汽车，有节奏地踏着欢快的脚步绕着地垫围成的圆圈踏步一圈，席地而坐。

师："呱呱"，是哪位动物宝宝来到我们的池塘边？（老师扮演 🐸）

幼儿：青蛙。

2. 听音乐，说一说歌曲剧情。

（1）听第一段音乐，说一说青蛙和谁对话。

师：让我们一起听一听青蛙来到池塘边准备做什么？它在和谁说话？说了什么？（放第一段音乐，让幼儿带着问题倾听）

幼儿：青蛙在池塘边找老婆，它在和乌龟对话。青蛙说："呱呱，请你嫁给我。"乌龟说："我不是一只青蛙，请你看明白，我只是一只乌龟，跟你配不来。"

（2）听第二段音乐，说一说青蛙和谁对话。

（3）听第三段音乐，说一说青蛙和谁对话。

（4）听第四段音乐，说一说青蛙是否找到自己心仪的新娘。

师：青蛙继续绕着池塘走啊走，这时它遇见了谁呢？

幼儿：它遇见了青蛙，青蛙姑娘愿意嫁给青蛙先生做老婆。

师：为什么只有青蛙姑娘愿意嫁给青蛙先生呢？

幼儿：……

师小结：青蛙先后遇见了乌龟、猫咪、公鸡，可是它们都不愿意嫁给它，原来它们长得和青蛙不一样，不是同类，只有青蛙姑娘和青蛙先生是同类，所以青蛙姑娘愿意嫁给它，并过上幸福的生活。

3. 老师带领幼儿建立稳定拍"拍手、拍腿"轻声朗诵歌词。

4. 采用听唱法，老师带领幼儿建立稳定拍"拍手、拍腿"演唱歌曲。

5. 角色动作演练：让幼儿根据每个动物角色的特点即兴创编适合的动作，并带领大家练习。

6. 角色表演唱游戏：

（1）歌唱规则：池塘边有只青蛙……嫁给我，全体学生齐唱；乌龟、公鸡、猫咪等三个角色歌唱的歌词，由角色表演者演唱。

（2）表演游戏规则：乌龟、公鸡、猫咪、青蛙新娘等角色带上头饰站在围成圆圈的地垫上，音乐的前奏和间奏响起时，媒婆领着青蛙绕着池塘走一圈，待有语词的音乐响起，媒婆领着青蛙新郎找老婆，青蛙新郎途中遇上乌龟、猫咪、公鸡等动物时，动物们需要边歌唱边用各自的动作语言和青蛙对话，最后青蛙找到了心仪的青蛙新娘。青蛙新郎和青蛙新娘来个热情拥抱，快乐地跳起舞来。

7. 活动延伸：乐团迎亲

（1）认识中国传统迎亲的打击乐"鼓、锣、钹"，了解中国传统的迎亲文化。

（2）乐团演奏：邀请五位学生组成乐团演奏，演奏按照四四拍的节奏分成两个声部，一声部的鼓、锣、钹等打击乐的伴奏节奏为"×－－－"，二声部的木鱼、铃鼓等打击乐的伴奏节奏为"××××"。

（3）表演模式：乌龟、公鸡、猫咪、青蛙新娘等角色围成圆圈，乐团在圆圈外排着迎亲的队伍有节奏地为歌曲伴奏，媒婆领着青蛙新郎找老婆，青蛙新郎途中遇上了乌龟、公鸡、猫咪，最终找到了青蛙新娘，媒婆帮新娘盖上红头巾，青蛙新郎在乐团的敲锣打鼓的欢呼声中迎娶了青蛙新娘。

👍 乐团的演奏乐谱

《小青蛙找老婆》

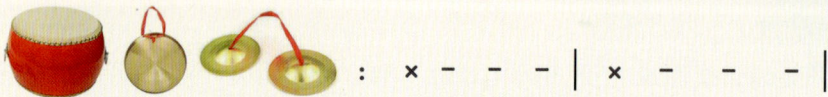

乐团演奏乐谱

《小青蛙找老婆》

歌唱游戏

### 歌唱游戏体验课例：歌表演《玩具国》（3～5岁）
### （教学设计：张玲玉）

#### 玩具国

1=♭E  2/4

小快板　快乐地

词曲 佚名

#### 活动目标

1. 知识目标：引导幼儿学会运用稳定拍听唱歌曲，并用声音和动作表现"小狗开汽车"，认识玩具乐器"小喇叭"。

2. 情感目标：鼓励幼儿边唱边表演音乐，在歌表演中体验歌曲的欢快有趣。

3. 能力目标：指导幼儿创编歌词动作，通过边歌唱边表演的形式表现音乐，培养幼儿的节奏感、音乐感、想象力、创造力和表现力。

#### 活动重难点

1. 歌唱家：以欢快的情绪歌唱

2. 欣赏家：聆听音乐

3. 科学家：探索玩具国的玩具种类特征

4. 表演家：用声音、动作表现"小狗开汽车"

#### 活动准备

1. 经验准备：幼儿有一定的歌唱和表演创编基础

2. 物质准备：音乐、多媒体、歌谱、小喇叭玩具、小狗手偶

#### 活动过程

1. 出示玩具小喇叭和手偶小狗游戏导入。

（1）老师拿着小狗手偶（模仿小狗）：大家好，我是小狗汪汪，很高兴认识你们。

老师拿着小狗手偶（模仿小狗）：你们看我的手里拿着什么？（喇叭）你们会吹喇叭吗？你们想不想听听喇叭的声音？

（2）老师邀请小朋友吹喇叭，和孩子一起用"吹喇叭"的动作手势发出"嘀嗒嗒嘀嗒嗒"的

声音。

2. 欣赏歌曲。

（1）欣赏音乐，初步熟悉歌曲，感受音乐的欢快风趣。

师：嘀嗒嗒，嘀嗒嗒，是谁在吹喇叭？听到这首歌曲，小朋友的心情是怎样的？

（2）循环播放歌曲，老师带领幼儿模仿小狗汪汪开汽车。

师：小狗汪汪开汽车是怎么开的呢？小朋友把小手伸出来，抓住方向盘，我们和小狗汪汪一起开汽车。

（3）老师边唱歌曲，再次带领幼儿开着汽车，"嘟嘟嘟"出发去玩啦。（感受音乐的欢快）

3. 采用听唱法，分乐节边做动作边学唱歌词。

（1）老师带领幼儿轻声朗诵歌词，并引导幼儿创编歌词的表演动作。

（2）学唱歌词"嘀嗒嗒，嘀嗒嗒，我来吹喇叭"。

师：双手握圆上下动，嘀嘀嗒，吹喇叭。

（3）学唱歌词"娃娃也出来走走走"。

师：小脚踏步，走走走。

（4）学唱歌词"小狗汪汪开汽车，嘟嘟嘟"。

师：小手抓好方向盘，开汽车咯，嘟嘟嘟。

（5）学唱歌词"这样开开，那样开开，啦啦啦"。

师：往左边开开，这样开开，再往右边开开，那样开开，啦啦啦。

（6）老师演唱歌曲，提示幼儿边做动作边唱。

4. 采用听唱法，学唱歌曲。

（1）老师带领幼儿利用"拍手、拍腿"建立稳定拍清唱歌曲。

（2）听音乐，拍稳定拍歌唱歌曲。

5. 歌表演（边唱边演）。

（1）引导学生结合歌词进行歌表演。

歌词"嘀嗒嗒，嘀嗒嗒，我来吹喇叭"：做出在右吹喇叭的动作

歌词"娃娃也出来走走走"：做出踏步走的动作

歌词"小狗汪汪开汽车，嘟嘟嘟"：做出开车的动作

歌词"这样开开，那样开开，啦啦啦"：身体往左边和右边转动开汽车

（2）邀请若干位小朋友扮演小狗司机，带领全体幼儿听音乐歌表演。

（2）节奏朗诵游戏

奥尔夫对学校音乐教育最大的贡献就是将语言引进音乐教学。奥尔夫主张的音乐教育是"原本的音乐绝不是单独存在的音乐，它是和动作、舞蹈、语言紧密结合在一起的"，强调音乐教育的综合性。在本单元的课题二和课题三中，我们讲到了语词、语句的节奏朗诵课例，儿歌、童谣、锣鼓经、古诗词的节奏朗诵课例，而节奏朗诵游戏是在节奏朗诵的基础上融入了肢体动作、舞蹈、乐器演奏等音乐要素，通过加入故事情节和游戏的形式，让儿童参与到他们熟悉的生活中的语言词句、童谣等朗诵中，用各种语气、语调、声响去诠释节奏朗诵的综合游戏，发挥儿童的创造性。

节奏朗诵游戏按照内容分为节奏念白游戏、童谣故事表演、小品朗诵三种综合性游戏。

①节奏念白游戏。

**节奏念白游戏教学课例：角色念白游戏《快点起床三部曲》（4～8岁）**

**（教学设计：黄倩芳）**

**《快点起床三部曲》**

A段：
妈妈：　快点起床　快点起床｜　上学　　　0　｜X2
宝宝：　　0　　　　0　　｜　0　　　我不要啦｜

B段：
妈妈：　洗洗　　　脸　｜刷刷　　　牙　｜X2
宝宝：我不喜欢　去上学校｜我不喜欢　去上学校｜

A段：
妈妈：　快点起床　快点起床｜　上学　　　0　｜X2
宝宝：　　0　　　　0　　｜　0　　　我不要啦‖

**全曲合奏**　　A–B–A再现三段体（采用念词+拍奏肢体乐器）

**活动目标**

1. 知识目标：利用儿童每天早上都要经历的《快点起床三部曲》，帮助儿童初步感受ABA再现三段体的节奏念白游戏。

2. 情感目标：通过幽默风趣的《快点起床三部曲》勾起儿童爱睡懒觉不情愿被妈妈叫醒的回忆，调动学习乐趣。

3. 能力目标：初步学会利用噪音和肢体乐器结合完成两个声部的节奏念白游戏。

**活动重点**

1. 朗诵家：踩着四二拍的节奏念白

2. 角色扮演家：妈妈🧑‍🦰、宝宝🧒

3. 演奏家：声势律动，如"快点起床"——做双手拍腿的动作，"我不要啦"——做跺脚的动作，"洗洗 脸 刷刷 牙"—— 做洗脸刷牙的动作

**活动准备**

1. 经验准备：儿童已经认识十六分音符、八分音符和四分音符

2. 物质准备：多媒体、PPT课件、节奏卡

**活动过程**

1. 提问导入：小朋友们，你们每天早上是自己起床还是妈妈叫你起床？妈妈是怎么叫你起床的？

幼儿：妈妈叫我"快点起床"。

师：妈妈叫你起床上学，你会生气吗？生气了会跟妈妈说什么？

幼儿们：我不要啦，我不想去上学校。

师：起床后，你们会做什么呢？

幼儿们：刷牙、洗脸。

师小结：小朋友们每天早上都要重复起床、刷牙、洗脸的工作，有时睡懒觉会被妈妈残忍的叫醒而生气，会和妈妈吵架，今天我们就来玩一个"快点起床"的吵架游戏，首先，小朋友们要根据妈妈和宝宝对话的语词找出适合的节奏进行拼接。

2. 拼节奏游戏。

出示三种节奏型卡片"××××、××、×"。

（1）拼接第一段节奏念白。

师：早上宝宝睡懒觉，妈妈大声说"<u>快点起床</u> <u>快点起床</u> <u>上学</u>"（老师边做快速拍腿动作边说），宝宝说"<u>我不要啦</u>"。请小朋友们帮助妈妈和宝宝对话的语词找到适合的节奏进行拼接。

活动提示

老师引导幼儿拼接好节奏后，带领幼儿用快速拍腿的动作说妈妈的话，再用跺脚和生气的语气说"我不要啦"。

（2）拼接第二段节奏念白。

师：妈妈说"<u>洗洗 脸</u>，<u>刷刷 牙</u>"，宝宝说"<u>我不喜欢 去上学校</u>，<u>我不喜欢 去上学校</u>"。

活动提示

老师引导幼儿拼接好节奏后，带领幼儿用刷牙、洗脸的动作说妈妈的话，再用摇手、跺脚和抗拒的语气说宝宝的话

3. 分角色训练第一段和第二段的节奏念白。

（1）师生合作完成第一段的节奏念白＋肢体乐器：老师扮演妈妈，学生扮演宝宝，再角色互换。

（2）师生同步进行第二段两个声部的节奏念白＋肢体乐器：老师扮演妈妈，学生扮演宝宝，再角色互换。

活动提示

两个声部的同步合作，老师先给四拍的稳定拍"拍手、拍腿"后，两个声部在统一的节奏下同时进入，有节奏的念白和声势律动，注意对话的语气和音量。

4. 分角色念白游戏《快点起床三部曲》。

游戏规则：《快点起床三部曲》分成三段，第三段重复第一段，每段念白两次。分角色排成两纵队，妈妈和宝宝开战。第一段的对话，认真倾听对方说的话再接话，不能抢话，带上表情、说话的语气，有节奏的声势律动和念白；第二段是同步进行的对话，双方情绪都比较激动，但不要大声对话，念白的语气和声势律动都要夸张。

（1）师生合作完成 ABA 再现三段体的《快点起床三部曲》。

（2）学生分角色念白＋肢体乐器完成《快点起床三部曲》。

5. 小结：今天我们完成了非常有趣的《快点起床三部曲》，你们发现了吗，第三段和第一段是一样的，我们把它叫作重复，也有一个好听的名字叫"再现三段体"。同时，这个游戏告诉我们会和妈妈吵架的宝宝是不对的，我们要做一个爱妈妈、懂事的好孩子。

念白游戏《快点起床三部曲》
（表演者：赖伟玲、隆秋红、柯凤花、高承婷、陈丹妮、黄梦芬、林芳婷、杨雅婷）

②童谣故事表演。

童谣故事的特点是没有旁白和对话交流，而是根据童谣设计故事情境，分成童谣朗诵、角色表演、乐队演奏三组不同的表演形式，再把三种表演形式"三合一"去演绎童谣故事。

---

**童谣故事表演教学课例：童谣＋角色表演＋乐队演奏《上山打老虎》（5～9岁）**
**（教学设计：黄倩芳）**

### 上山打老虎

$1 = C \dfrac{3}{4}$

| X | X | X | X | X | | X | X | X | X | X | | X | X | X | X | X | | X | X | X | X | X |
|---|---|---|---|---|---|---|---|---|---|---|---|---|---|---|---|---|---|---|---|---|---|---|
| 一 | 二 | 三 | 四 | 五 | | 上 | 山 | 打 | 老 | 虎， | | 老 | 虎 | 打 | 不 | 到， | | 打 | 到 | 小 | 松 | 鼠。 |

| X | X | X | X | X | | X | X | X | X | X | | X | X | X | X | X | | X | X | X | X | X |
|---|---|---|---|---|---|---|---|---|---|---|---|---|---|---|---|---|---|---|---|---|---|---|
| 打 | 到 | 小 | 松 | 鼠， | | 让 | 我 | 数 | 一 | 数， | | 一 | 二 | 三 | 四 | 五， | | 五 | 只 | 小 | 松 | 鼠。 |

**设计意图**

《上山打老虎》活动的主旨是学习运用童谣创编故事，运用嗓音"演故事"。通过童谣朗诵、角色表演、乐队演奏的合作，帮助儿童更深入地挖掘童谣隐藏的故事意境，愉悦身心，培养儿童的分工合作能力、表演能力和创造力。童谣故事表演游戏适合各年龄段儿童，可根据儿童的年龄、兴趣、能力等因素灵活设计，增减表演难度。

**活动目标**

1. 知识目标：利用儿童熟悉的地方童谣开展嗓音的综合游戏，帮助儿童初步感受有故事情节的童谣游戏。

2. 情感目标：通过幽默风趣的童谣游戏《上山打老虎》，让儿童感受嗓音游戏的魅力，愉悦身心。

3. 能力目标：初步学会利用嗓音、肢体表演、乐器演奏结合完成童谣游戏，培养儿童的分工合作能力和创造力。

**活动重点**

1. 朗诵家：踩着四三拍的节奏朗诵童谣

2. 角色扮演家：猎人 🧑‍🌾 、老虎 🐯 、五只小松鼠 🐿️🐿️🐿️🐿️🐿️

3. 演奏家：以 🥁 、 🪘 、 🔔 、 🪄 、 🪘 组成乐团配乐

**活动准备**

1. 经验准备：课前儿童已经掌握几种小打击乐的敲奏

2. 物质准备：多媒体、打击乐、头饰

**活动过程**

1. 声势律动导入：老师带领学生拍手、拍腿朗诵《上山打老虎》。

师：小朋友们，刚才我们朗诵儿歌出现了哪些特别的动物？

生：老虎、五只小松鼠。

师：还有一位角色是童谣语词中没有出现的，一二三四五，谁上山打老虎？

生：猎人。

师：这首童谣有个好听的名字叫《上山打老虎》，让我们再一次拍着稳定拍朗诵。

老师带领学生拍着四三拍的稳定拍（拍手、拍腿），风趣地朗诵《上山打老虎》。

2. 老师引导学生为童谣创编故事。

故事意境：老虎在山上的丛林中"嗷"的一声出场了，猎人闻声上山打猎，在丛林中追着老虎跑，结果没追上，让老虎逃跑了。这时，五只小松鼠在丛林中游走撞到了猎人，猎人打着了五只小松鼠高兴地数起来，突然老虎跳出来，猎人慌乱中开了枪。

3. 童谣故事表演。

童谣故事表演模式：鼓声响起，🐯 伸出锋利的爪子，在山上的丛林 🌳 中"嗷"的一声出场拉开故事剧情序幕，乐队演奏打击乐，朗诵组拍着四三拍的稳定拍风趣地朗诵童谣。猎人拿着枪（做出贼眉鼠眼的表情和动作）在朗诵的节奏声中出场，在丛林中追着老虎跑，结果没追上，让老虎逃跑了。这时，五只小松鼠（搭起小火车队形"咕咕叫"）在丛林中蹦跳地游走撞到了猎人，猎人逮着了五只小松鼠，高兴地敲打着松鼠的小脑袋，"一二三四五"偷着乐地数起来（模仿打地鼠），突然老虎跳出来（鼓声响起），猎人慌乱中开了枪。

（1）乐队演奏组训练：邀请若干位学生组成乐团演奏，演奏按照四三拍的节奏分成三个声部，一声部的锣、碰铃等打击乐的伴奏节奏为"× — —"，二声部的木鱼、铃鼓等打击乐的伴奏节奏为"× × × × ×"，三声部的鼓的伴奏节奏为"× × ×"。

（2）童谣朗诵组训练：朗诵组拍着四三拍的稳定拍（拍手、拍腿）风趣地朗诵《上山打老虎》。

（3）角色表演组训练：邀请七位小朋友带上头饰进行角色表演训练，一位小朋友扮演老虎，一位小朋友扮演扮演猎人，五位小朋友扮演五只小松鼠。

（4）三组合作完成童谣《上山打老虎》的故事表演。

活动提示

在进行童谣《上山打老虎》的故事表演前，需要把小朋友分成乐队演奏组、童谣朗诵组、角色表演组，并安排在三个不同的区域训练，每组安排一位组长指挥组员按照故事剧情排演，老师在三组训练期间进行巡回指导。

童谣故事表演《上山打老虎》

（表演者：柯炜翔、高承婷、林丽明、赖伟华、杨雅婷、李媛媛、陈菲芳）

③小品朗诵。

老师出题，由学生（个人或小组）编一个带有一定情节和长度的小品，里面有人物、有叙述、有对话，这些小品可将独说、重说、合说融进去，还可以加上动作、打击乐伴奏、表演等。和戏剧表演的区别在于语言节奏化，规模小，融入声响和多种形式的语言节奏朗诵。

---

**小品朗诵教学课例：童谣小品《小熊过桥》（5～9岁）**

**（教学设计：黄倩芳）**

### 小熊过桥

小竹桥，摇摇摇，有只小熊来过桥。
走不稳，站不牢，走到桥上心乱跳。
头上乌鸦哇哇叫，桥下流水哗哗笑。
"妈妈，妈妈你快来，快把小熊抱过桥！"
河里鲤鱼跳出水，对着小熊大声叫：
"小熊，小熊不要怕，眼睛向着前面瞧！"
一二三，向前跑，小熊过桥回头笑，
鲤鱼乐得尾巴摇。


改编成童谣故事：

○小熊：太阳大，白云飘，今天的天气真正好。我是小熊呼噜噜，我想出去玩一玩。get ready！

呼噜噜哼着歌，骑着它的小自行车出门了。它骑着骑着看到了小蟋蟀（沙蛋模仿蟋蟀叫声），用自行车的铃铛（三角铁模仿铃铛声响）和她打了招呼。它又看到了小猴（人声模仿小猴叫声），给他送去了一个飞吻（人声模仿）。

突然，一条大河挡住了它的去路，小熊紧急刹车（人声模仿刹车）从车上下来看了看。

○小熊：竹桥这么小，我呼噜噜这么大，我一定能过去！

○多声部嗓音节奏朗诵：

小竹　桥|摇摇　摇|有只　小熊|来过　桥|
走不　稳|站不　牢|走到　桥上|心乱　跳‖

嗓音伴奏：呼噜　噜

声势伴奏：跺跺　拍

○小熊：哎呀，哎呀。（在桥上左右摇晃，蛙鸣筒模仿心跳声）

嗓音节奏朗诵：头上　乌鸦|哇哇　叫|桥下　流水|哗哗　笑|（人声模仿乌鸦叫）

○小熊："妈妈，妈妈你快来，快把呼噜噜抱过桥！"

○这时，河里鲤鱼跳出水（扑通声），对着小熊大声叫："小熊，小熊不要怕，眼睛向着前面瞧！"

小熊听到鲤鱼的鼓励，大胆勇敢地往前走。

○多声部嗓音节奏朗诵：

小竹　桥|摇摇　摇|有只　小熊|来过　桥‖

嗓音伴奏：呼噜　噜

声势伴奏：跺 跺 拍

这时，一阵大风刮过（塑料板模仿风声）。呼噜噜停下了脚步，它害怕极了。

○小熊："哎呀，哎呀。"（在桥上左右摇晃，蛙鸣筒模仿心跳声）

○鲤鱼："小熊，小熊不要怕，眼睛向着前面瞧！"

○小熊："不怕不怕，我不怕，我呼噜噜可以的！"

○鲤鱼："一二三，向前跑！"

○多声部嗓音节奏朗诵：

小 竹 桥|摇摇 摇|有只 小 熊|来过 桥‖

嗓音伴奏：呼 噜 噜

声势伴奏：跺 跺 拍

打击乐伴奏：

蛙鸣筒 🎷 ：× ×；三角铁 △ ：× −；沙蛋 ● ：× × ×

○小熊："耶！鲤鱼鲤鱼我做到了，我做到了，谢谢你的鼓励。"

小熊过桥回头笑，鲤鱼乐得尾巴摇。

### 设计意图

童谣小品《小熊过桥》是由童谣《小熊过桥》改编的嗓音故事，活动的主旨是学习运用嗓音"讲述故事"。小品朗诵大都选自生活场景，是嗓音造型课程中的最后一个类型，也是形势较复杂、难度较大的一种课型，它对学生在声音的感受力、表现力和感染力等方面提出了较高的挑战。为此，老师在引导学生朗诵前，应先引导学生思考如何通过嗓音的高低、轻重等变化来表现不同的角色和情节，然后再让学生进行嗓音表现。在小熊过桥的过程中穿插各种声响和多声部嗓音的节奏朗诵，帮助学生树立良好的声音形象，建立自信，培养他们仔细观察生活的能力、学习的兴趣、创造性的思维和在音乐方面的素质，如节奏感、多声部合作等。小品朗诵适合各年龄段儿童，可根据儿童的年龄、兴趣、能力等因素灵活设计，增减表演难度。

### 活动目标

1. 知识目标：指导儿童学习运用嗓音"讲述故事"，学会运用嗓音变化表现角色的对话和内心情绪。

2. 情感目标：指导儿童体验童谣故事成功地改编成节奏朗诵小品的乐趣。

3. 能力目标：培养儿童学会运用嗓音或者乐器模拟童谣故事情节音效，学会改编多声嗓音节奏朗诵，提高合作表演能力。

### 活动重难点

1. 重点：多声嗓音节奏朗诵

2. 难点：运用嗓音变化表现角色的对话和内心情绪，声响模拟故事情节音效。

### 活动过程

1. 演故事：

倾听老师生动、有表情地表演故事。

2. 提问题：

提问故事内容，帮助学生记住故事角色和情节。

（1）故事里有谁？（小熊"呼噜噜"、鲤鱼、蟋蟀、猴子）

（2）发生了什么事？（小熊骑车出去玩，一条大河挡住了它的去路，竹桥太小，小熊害怕）

（3）结果怎么样？（多亏河里鲤鱼的鼓励，帮助小熊顺利过桥）

3. 多声嗓音节奏朗诵：

引导学生探索，帮助学生顺利地将童谣故事转化为节奏朗诵小品。

（1）引导学生寻找童谣中适合多声朗诵的语句。例如："小 竹　桥|摇摇　摇|有只　小熊|来过　桥|走不　稳|站不　牢|走到　桥上|心乱　跳‖"。

（2）引导学生用名字声响节奏"呼噜　噜"，为挑选的语句朗诵伴奏。

（3）引导学生用声势节奏"跺跺　拍"，为挑选的语句朗诵伴奏。

（4）把学生分成两声部，一声部完成挑选语句，二声部完成声响节奏"呼　噜　噜"，两个声部同时用声势节奏"跺　跺　拍"拍诵多声嗓音节奏。

4. 如何用嗓音变化表现小熊的情绪变化？例如"呼噜噜哼着歌""哎呀，哎呀"等。

5. 引导学生什么地方可以加入一些声响来表现发生的情节？如何用嗓音或者打击乐模拟童谣故事的各种声响？例如，"它骑着骑着看到了小蟋蟀（沙蛋模仿蟋蟀叫声），用自行车的铃铛（三角铁模仿铃铛声响）和她打了招呼。它又看到了小猴（人声模仿小猴叫声），给他送去了一个飞吻（人声模仿）"。

6. 小品朗诵：

（1）将童谣故事中讲述部分的语言转换成有节奏的旁白，由一位学生朗诵。

（2）挑选两位角色表演，分别扮演小熊、鲤鱼，各自承担自己的对话及发出的声音。

（3）其余学生安排多声嗓音节奏朗诵，分配童谣故事情节的各种声响任务。

7. 活动延伸：

排练完成表演"小品朗诵"，在多声嗓音节奏朗诵中，可增加打击乐伴奏，部分情节加入打击乐增强音效，并从中品尝合作表演成功的乐趣。

童谣小品《小熊过桥》

（表演者：张莉、方晓钰、吴敏艳、王歆垚、林鑫美、潘雪坤、洪湘茹、张文凤、郭晓红、陈湘湘、林金凤）

1. 挑选一首儿童歌曲进行回声卡农或轮唱卡农的训练。

2. 挑选一首适合做声响伴奏的儿童歌曲或者利用大自然的声音作为素材设计多声嗓音节奏训练课例。

3. 从歌唱游戏、节奏朗诵游戏挑选一个教学课例进行教学模拟。

4. 寻找自己家乡的方言童谣，编写一篇歌唱游戏的教案。

5. 挑选适合做小品朗诵的童谣改编成童谣故事，设计小品朗诵课例。

# 奥尔夫动作教学

♪ 引言

奥尔夫结合动作的教学受到当时（20世纪初）欧洲的"回归自然"新思潮的影响，新思潮主要关注人和人自身发展。如达尔克罗兹的体态律动的新音乐教育，维格曼倡导的将音乐与语言、动作和舞蹈融为一体的现代舞蹈教学，都给了奥尔夫新的启示，成就了奥尔夫动作节奏教育的创新。

♪ 学习目标

### 知识目标

了解奥尔夫动作教学的由来、教学内容及目的
领悟声势与律动的内涵
了解集体舞的特点，积累丰富的民族舞和国标舞的动作经验
熟悉手指游戏的基本手势及游戏知识

### 技能目标

学习奥尔夫动作训练中声势、律动、舞蹈、手指游戏等的教学方法
掌握四种古典声势的记谱法及演奏，学习声势节奏训练、声势伴奏、声势游戏等三大教学内容及运用
学会运用音乐与噪音、动作、舞蹈融为一体的整体艺术表现音乐元素
锻炼即兴创编声势动作、律动动作和舞蹈动作的能力

### 情感目标

激发学生参与动作训练和动作探索的热情，愉悦身心
培养学生多种感觉器官（如听觉、视觉、运动觉等）协同参与音乐学习的体验乐趣
感受声势、律动、集体舞、手指游戏等肢体动作游戏的综合性与音乐性

♪ 知识概述

♪ 知识点课例体验

♪ 拓展练习

**课题一 ▶ 奥尔夫动作教学的概述**

## 1 动作教学的内涵

### 1）动作教学的由来

肢体动作是儿童与生俱来的本能反应。当胎儿在妈妈腹中时，听到外界动听的声音就会迎合着在妈妈腹中动起来；当刚学会走路的幼儿听到美妙的音乐时，会本能地跟着音乐咿咿呀呀地唱起来、跳起来；当幼儿渐渐长大后，除了身体的律动，还会跟着音乐创编简单的舞蹈动作。这种跟着音乐发自内心表现出来的肢体语言就是音乐与动作、舞蹈融合的本能反应，它们密切结合、相互补充。奥尔夫从儿童成长的特点中发现了音乐与动作、舞蹈、语言原本就是密不可分的一个整体，并尝试把动作教学融入他的原本性音乐教育和教学中。

奥尔夫结合动作的教学受到当时（20世纪初）欧洲的"回归自然"新思潮的影响，新思潮主要关注人的教育。如达尔克罗兹的体态律动的新音乐教育，维格曼倡导的将音乐与语言、动作和舞蹈融为一体的现代舞蹈教学，都给了奥尔夫新的启示，他开始寻求和尝试身体动作和音乐融合的"新的节奏教育"。

### 2）动作教学的内容

动作教学的内容包含声势、律动、集体舞和手指游戏，以大肌肉肢体动作为主，小肌肉精细动作为辅的动作教学，肢体动作在时间和空间中的运动，加上身体的造型活动，和语言、舞蹈连成一个整体，配合游戏和表演，在音乐活动中不断创新，形成新的利用身体和动作创新的教学内容和教学方法。

## 2 动作教学的目的

奥尔夫音乐教育，融音乐、动作、舞蹈、语言为一体的"原本"的音乐教育。动作节奏教学，是指跟着音乐做出相应的肢体动作和舞蹈的反应，从而训练儿童的音乐的节奏感和身心发展的教学方法。

### 1）身心平衡教育

奥尔夫主张的原本的音乐教育提出"节奏第一"的理念，强调在音乐课中，将有节奏的动作融入音乐教育中。奥尔夫的动作训练是全身性的大肌肉运动，有节奏地跟着音乐做大肌肉肢体动作或是结合嗓音节奏做大肌肉肢体动作，将动作与音乐、语言连成一个整体开展音乐教育，在进行生理体能训练的同时又很好地发展了儿童对身心的自我把控能力和对音乐的感知力，从而达到身体与心理的综合平衡教育。

### 2）调动多种器官主动参与

在音乐活动中，律动是儿童在听到音乐后自然流露的动作反应，也就是"音乐"的动作外化。"音乐"的动作外化需要儿童专注的听和辨音乐，充分调动儿童的多种感觉器官协同参与音乐活动，如通过外显的肢体动作（运动觉）、听觉、视觉和言语知觉等多种感觉器官的辅助使儿童主动参与、大胆表现，帮助儿童更好地体验和感知音乐。

### 3）培养音乐感和节奏感

动作是"音乐"的化身，即儿童听到音乐之后，将心中对音乐的感受，通过身体的动作表现出来。如将音乐中的元素：音的长短、音的高低、音的强弱、音的快慢、音的走向、节奏、重音、音色、乐句对比、乐段对比、音乐风格等，均可通过人体乐器（肢体动作）演奏出来。这种结合动作的音乐教学旨在唤醒儿童的本能，培养儿童敏锐的感受力和理解能力，进而培养儿童的音乐感知能力和挖掘与生俱来的节奏感。

### 4）发展创造力和想象力

音乐的创造力是指对听到的音乐发挥想象即兴做出身体动作的反应。儿童的音乐再创造需要经历三个历程，即模仿—体验、探索、创造。如音的高低、音的强弱、音色、乐句对比等音乐元素，用人体乐器演奏时，通过引导儿童进行模仿、体验、探索、创造等历程，充分发挥儿童的个性想象即兴创造出符合音乐表现的动作，进而发展儿童的创造力和想象力。

---

**动作训练课例体验：节奏律动游戏《走跑停》（3 ~ 5 岁）**

**（教学设计：黄倩芳）**

#### 设计意图

雷格纳在美国版的《学校教育》前言中提道：好的音乐和动作训练可以培养孩子们的社会行为，独立性交流和合作意识，感情的发展和描述情感和经历的能力。肢体动作是每个人与生俱来的乐器，在"走跑停"的节奏律动游戏中，运用走步、跑步、木头人造型等肢体动作训练四分音符、八分音符和休止符等节奏。通过加速度感受节奏变化，培养儿童对节奏的反应能力、专注力和对空间的感知能力；通过肢体动作造型和捡手环摇铃感受休止符时值的长短，发展儿童的听辨能力、想象力和创造能力；通过加入"肩碰肩""拍拍手""双人造型"，调动儿童的交流和合作意识。这种以动作游戏呈现的节奏训练很容易调动儿童的学习乐趣，从而收到教学效果。在音乐活动中，可根据儿童的年龄特点适当调整游戏内容增加趣味性，如"抢凳子"和"抱团"等游戏。

#### 活动目标

1. 知识目标：区分四分音符和八分音符的时值，感受休止符时值的长短。
2. 情感目标：通过"走跑停"游戏激发儿童学习节奏的兴趣。
3. 能力目标：培养儿童对节奏的反应能力、专注力和对空间的感知能力，发展儿童的听辨能力、想象力和创造能力，调动儿童的交流和合作意识。

#### 活动重难点

1. 重点：区分不同速度下四分音符和八分音符时值变化
2. 难点：感受休止符时值的长短

#### 活动准备

1. 经验准备：上节课学习了四分音符、八分音符等节奏
2. 物质准备：震动器　　、小堂鼓　　、手环摇铃　　
3. 环境创设：散点放置手环摇铃

#### 活动过程

1. 节奏声势，引出主题：

$1=C\ \dfrac{2}{4}$

| X | X | X | X | X | X | X | X | X | X | X | X |
|---|---|---|---|---|---|---|---|---|---|---|---|
| 苹 | 果 | 苹 | 果 | 梨 | 梨 | Ti | Ti | Ti | Ti | Ta | Ta。 |

师：小朋友们，请伸出你们的小手一起跟我拍腿跺脚，🍎请拍腿，🍐请跺脚。

师：请你跟我这样做。

生：我就跟你这样做。

师：苹果 苹果 | 梨 梨 |（🍎拍腿，🍐跺脚）

生：苹果 苹果 | 梨 梨 |

师：T T T T | Ta Ta |（T T 拍腿，Ta 跺脚）

生：T T T T | Ta Ta |

2. 鼓点节奏和震音器节奏训练。

（1）走动节奏。

$$\frac{2}{4}\ \times\ \times\ |\ \times\ \times\ |\ \cdots\cdots$$

听着四分音符节奏鼓点自由走动

（2）跑动节奏。

$$\frac{2}{4}\ \underline{\times\ \times}\ \underline{\times\ \times}\ |\ \underline{\times\ \times}\ \underline{\times\ \times}\ |\ \cdots\cdots$$

听着八分音符节奏鼓点自由跑动

（3）停止节奏。

$$\frac{2}{4}\ \bigcirc\ \bigcirc\ |\ \cdots\cdots$$

听到震音器震动声音感受四分休止，摆木头人造型，停止动作可以是不同姿势的木头人造型，停止可以是从停止一拍过渡到停止两拍、三拍、四拍等。

3. 走跑停游戏。

师：今天，我们玩一个有趣的木头人游戏"走跑停"，当我们听到走动鼓点时可以自由走动，当我们听到跑动鼓点时可以自由跑动，当我们听到震动器的声响时，告诉木头人不许说话不准动。

（1）游戏规则：学生听辨鼓点节奏做出不同的动作，当老师敲击四分音符节奏的鼓点时在空间自由走动，当老师敲击八分音符节奏的鼓点时在空间自由跑动，当老师敲击震动器时扮演木头人摆造型原地不动（造型可以是趴、蹲、抬腿等动作，教师拍照捕捉精彩画面）。

（2）"跑走停"游戏：听着鼓点节奏变化和震音器的震动声音，在空间自由行走做出有节奏的走动、跑动和原地不动等身体动作。

（3）加入速度变化的"跑走停"游戏：老师可以从慢走鼓点逐渐变快走鼓点，从慢跑鼓点逐渐变快跑鼓点，震音器震动停止可以从停止四拍逐渐递减成停止一拍。

（4）捡手环摇铃游戏：当听到走动鼓点时，绕着手环摇铃布置的队形走动；当听到跑动鼓点时，绕着手环摇铃布置的队形跑动；当听到震动器声音时，捡起身边的手环摇铃摆肢体动作造型；当听到跑动鼓点时，跟着鼓点节奏摇动手环摇铃绕着手环摇铃布置的队形跑动；当听到震动器声音时，继续捡起身边的手环摇铃摆肢体动作造型……

活动提示

　　游戏中，不断循环"走跑"的加速变化的鼓点节奏和递减停止拍子的时值，培养学生的听辨能力和立即反应能力，捡到手环摇铃进行"走跑"游戏时，要跟着鼓点节奏摇动或者敲击手环摇铃。游戏结束，检查小朋友捡的手环摇铃谁最多，给予奖励。

　　4. 活动延伸：

　　"走跑停"游戏加入口令的身体碰触：游戏中，在有节奏的走动跑动中加入口令，如"肩碰肩""腰碰腰""拍拍手"等碰撞和拍击的肢体动作，也可以在停止的节奏中加入"抱团"造型（"双人造型""三人造型"等肢体造型），也可以玩"抢凳子"游戏，增添游戏的趣味性。

---

## 歌唱手指游戏体验课例：《两只小鸟》（3～5岁）
### （教学设计：黄倩芳）

**设计意图**

　　俗话说"心灵手巧"，儿童玩手指游戏不仅可以练习手指的灵活能力，还可以锻炼语言能力、反应能力，开发智力。本课借助边唱童谣边做手指游戏的方式，引导幼儿在手指游戏的配合下有节奏地歌唱童谣，激发幼儿的学习热情，帮助幼儿提升歌唱能力、语言能力、反应能力、想象力、节奏感和小肌肉的协调能力。小班的幼儿在表演手指游戏时，不建议歌唱，可只听音乐表演。

**活动目标**

　　1. 知识目标：引导幼儿学会《两只小鸟》手指游戏动作，帮助理解歌词内容。培养幼儿的歌唱能力和小肌肉的运动能力。

　　2. 情感目标：培养幼儿感受歌曲幽默风趣的音乐风格，在游戏中帮助幼儿培养一颗善良的心。

　　3. 能力目标：培养幼儿的模仿能力、反应能力、记忆力和想象力。

**活动重难点**

　　1. 重点：训练手指的反应能力，在游戏中理解歌曲内容

　　2. 难点：幼儿的合作表演

**活动准备**

　　1. 物质准备：小鸟手偶、黄色小丝带、音乐、多媒体

　　2. 环境创设：围成半圆形

**活动过程**

　　1. 手偶剧表演导入：在一个美丽的森林里，住着两只可爱的小鸟，一只小鸟叫东东（老师伸出左手手偶），一只小鸟叫丁丁（老师伸出右手手偶），他们正玩得开心时，肚子发出了咕噜噜的声响，原来是肚子饿了，丁丁和东东决定一起飞到有小虫的树上觅食，再一起回家，于是它们哼着歌儿飞走了，这首歌的歌名叫《两只小鸟》，我们一起听一听。

　　（1）老师利用手指游戏配合歌唱表演童谣《两只小鸟》，引导幼儿观察食指和小指的变化。

　　（2）邀请学生伸出右手的食指念"它叫丁丁"，伸出小指念"它叫东东"，再换左手练习。（给学生们的食指系上丝带，帮助识别食指）

活动提示

教师的表演歌唱手指游戏，歌唱速度和手指的变换速度要慢，让幼儿对歌词和手指变化有一个初步的认知，练习左右手食指和小指是为了下一环节的手指游戏做好准备。

2. 听唱法学唱童谣：教师放慢速度拍着四四拍的稳定拍，一字一句地带领幼儿歌唱童谣。

3. 根据歌曲内容练习手指的变换游戏。

第一句歌词动作：两只小鸟住在小树上（左手握拳，右手伸出食指和小指，双手掌心朝外）

第二句歌词动作：它叫丁丁（食指动一动），它叫东东（小指动一动）

第三句歌词动作：丁丁飞走了（左右手两个拳头对碰的同时，右手食指藏起来，左手食指跑出来）

第四句歌词动作：东东飞走了（左右手两个拳头对碰的同时，右手小指藏起来，左手小指跑出来）

第五句歌词动作：回来吧丁丁（左右手两个拳头对碰的同时，左手食指藏起来，右手食指跑出来）

第六句歌词动作：回来吧东东（左右手两个拳头对碰的同时，左手小指藏起来，右手小指跑出来）

活动提示

练习手指变换游戏时，歌唱速度要放慢，咬字要清晰。动作指导，其中右手食指藏起来，是指右边树上的丁丁飞走了；左手食指跑出来，是指丁丁飞到了左边的树上。

4. 老师带领幼儿边歌唱童谣变表演手指游戏。

5. 活动延伸：两人合作完成歌唱手指游戏

两个小朋友配合完成童谣的手指游戏，两个小朋友同时伸出右手分别扮演一棵小树，右边小树的丁丁和东东飞走了，飞到了左边小树上，又从左边的小树上飞到右边的小树上。

活动提示

两人配合完成手指游戏，需要在学生们能独立完成边唱边表演手指游戏之后再合作表演。

**拓展 练习**

1. 思考奥尔夫动作教学如何和语言、舞蹈结合形成新的教学内容。

2. 查阅资料，深入了解奥尔夫动作教学的具体由来和受到哪些教育家的影响。

3. 排练动作训练课例——"走跑停"的节奏游戏。

## 课题二　　动作游戏——声势

### 1 声势的内涵

#### 1）声势的定义

　　声势是以人的身体作为乐器，通过手、脚等肢体碰触发出声响。在声势活动中，响指、拍手、拍腿、跺脚分别对应四部合唱中的女高、男高、女低、男低等四个声部，被称为"古典声势"动作。在现代的奥尔夫音乐动作教学中，还融入了弹舌、拍胸、拍肩、拍臀、拍头、锤手等声势动作。声势动作操作简单，是人与生俱来的本领，是人类宣泄情感、交流最直接的方式，简单的几个声势动作，配合节奏型的搭配和速度的变化就能演奏出优美的音乐。

#### 2）四部声势的记谱法

　　古典声势的记谱：可以按照四部合唱的声部格式记谱，也可以各自形成独自一行记谱。

　　响指：也称捻指，参照女高音记谱，在第一行记谱，符干朝上代表左手响指，符干朝下代表右手响指。

　　拍手：参照男高音记谱，在第二行记谱，符干朝上或朝下，均表示双手拍手。

　　拍腿：参照女低音记谱，在第三行记谱，符干朝上代表右手拍腿，符干朝下代表左手拍腿，符干同时朝上朝下代表双手拍腿。为增加难度，可用两条线区分左腿和右腿，上边线加符干朝上代表右手拍右腿，下边线加符干朝下代表左手拍左腿，也可以左右手交叉拍奏。

　　跺脚：参照男低音记谱，在第四行记谱，符干朝上代表跺右脚，符干朝下代表跺左脚。

#### 玛丽有只小羊羔二声部

选自李妲娜、修海林、尹爱青编著
《奥尔夫音乐教育思想与实践》声势谱

### 2 声势的教学内容

　　声势包括三大教学内容，分别是声势节奏训练、声势伴奏、主题性声势游戏。节奏训练包括节奏呼应、节奏接龙、节奏应答、节奏即兴回旋等；声势伴奏以固定节奏型的伴奏为主；主题性声势游戏主要是融音乐、动作、语言为一体的综合游戏。

#### 1）节奏呼应

　　节奏呼应也称节奏模仿，是学生模仿老师的声势节奏动作，或是学生的相互模仿。

### 节奏呼应教学课例：《空谷回音》（4～8岁）
### （教学设计：黄倩芳）

黄倩芳编声势谱

谱例1

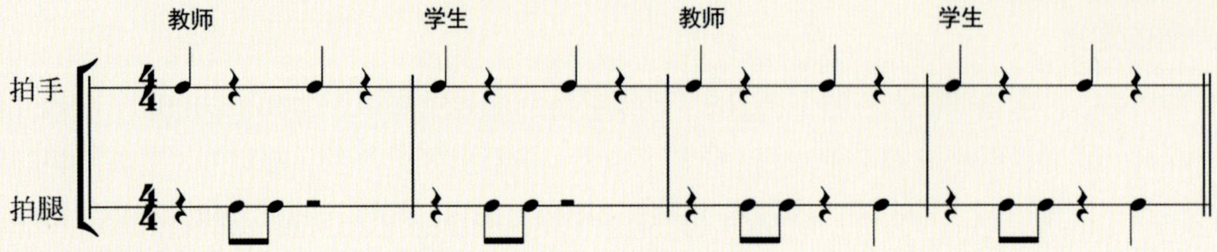

黄倩芳编声势谱

谱例2

黄倩芳编声势谱

谱例3

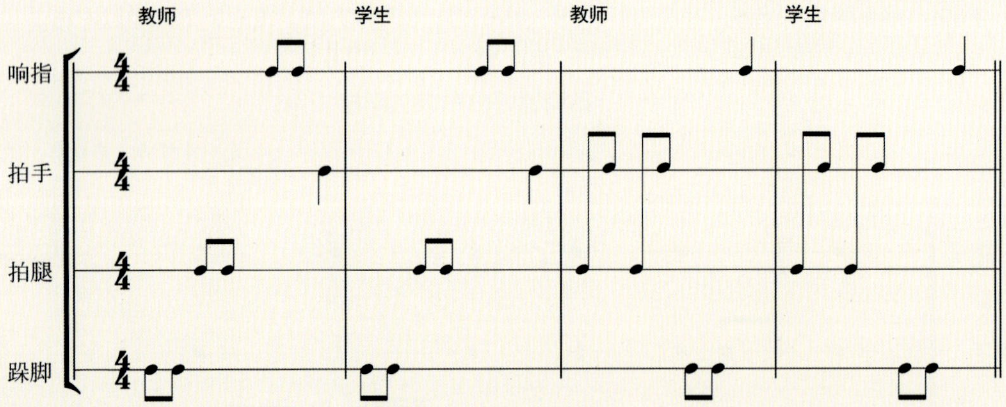

#### 设计意图

声势活动是奥尔夫在动作教学中的伟大创举。节奏模仿《空谷回音》，是通过人体乐器"响指、拍手、拍腿、跺脚"完成多声部的声势训练。引导儿童看声势谱，在建立稳定拍的基础上，通过四个古典声势动作训练四分音符、八分音符和休止符等节奏，采取分层次叠加的游戏方式，先拍手训练基本节奏再加入拍腿、跺脚、响指等动作完成多声部声势训练，这种训练方式能很好地训练儿童的节奏感、专注力、反应能力、身体协调能力和合作能力。声势节奏模仿在各年龄段的儿童中都可进行，但要注意根据儿童的年龄、兴趣、能力等因素灵活设计，适当调整训练内容的难易度。

#### 活动目标

1. 知识目标：指导儿童学会看声势谱，学会运用响指、拍手、拍腿、跺脚等声势动作练习声势节奏。
2. 情感目标：采用分层次叠加的游戏方式开展声势谱的训练，激发儿童学习声势谱的兴趣。
3. 能力目标：培养儿童的节奏感、专注力、反应能力、身体协调能力和合作能力。

### 活动重难点

1. 重点：学会用声势动作演奏声势谱
2. 难点：多声部的声势动作合作

### 活动准备

1. 经验准备：上节课学习了四个古典声势的声势谱
2. 物质准备：声势谱

### 活动过程

1. 声势律动放松：

听音乐，利用"跺 拍 拍 弹 |"四拍的"跺脚、拍腿、拍手、弹舌"等四个声势动作完成歌曲《闪烁的星星》的律动。

2. 练习声势谱例 1：

师：我们来到一个美丽的山谷，我在山谷里拍出"拍 拍腿 拍 嘘 |"（教师拍出谱例 1 第一小节的声势节奏），这时候奇迹出现了，山谷里发出和我拍的节奏一模一样的回音（教师再轻轻地拍一遍刚才的节奏），让我们一起试一试，看谁拍的回音最动听。

（1）教师建立在稳定拍的基础上，用拍手完成两声部的节奏，学生接着模仿，模仿应轻声，像空谷回音。

（2）教师引导学生看谱分清拍手和拍腿的声部节奏，讲解声势谱中分手拍腿的动作要领（双腿并拢正面坐姿，符干朝上右手拍右腿，符干朝下左手拍左腿，上下符干同时出现双手同时拍奏）。

（3）教师加上拍腿动作完成两声部的节奏，学生模仿。

（4）学生分为两组，一组示范，一组模仿，完成谱例 1 的拍手和拍腿的声部合作。

3. 练习声势谱例 2：

（1）教师建立在稳定拍的基础上，用拍手完成三声部的节奏，学生接着模仿，模仿应轻声，像空谷回音。

（2）教师引导学生看谱分清拍手、拍腿、跺脚的声部节奏，讲解声势谱中跺脚的动作要领（双腿并拢正面坐姿，符干朝上跺右腿，符干朝下跺左腿）。

（3）教师加上拍腿和跺脚完成三声部的节奏，学生模仿。

（4）学生分为两组，一组示范，一组模仿，完成谱例 2 的拍手、拍腿、跺脚的声部合作。

4. 练习声势谱例 3：

（1）教师建立在稳定拍的基础上，用拍手完成四声部的节奏，学生接着模仿，模仿应轻声，像空谷回音。

（2）教师引导学生看谱分清拍手、拍腿、跺脚、响指的声部节奏，讲解声势谱中响指的动作要领（拇指和中指摩擦发声，符干朝上右手响指，符干朝下左手响指）。

（3）教师加上拍腿、跺脚、响指完成四声部的节奏，学生模仿。

（4）学生分为两组，一组示范，一组模仿，完成谱例 3 的拍手、拍腿、跺脚、响指的声部合作。

#### 活动提示

声势节奏模仿训练中，可以根据 3~6 岁学龄前儿童的年龄特点适当降低难度，如谱例 2 和谱例 3 中，分手拍腿可改成双手拍奏双腿，响指可改成弹舌。如果一人无法完成三个或者四个声部的声势动作，可把学生分成三到四组分别领一个声部的动作，分声部训练再叠加合作，最终共同合作完成多声部声势训练。

### 2）节奏接龙

节奏接龙，以节奏作为接龙素材，选出一人做龙头，并以固定拍的节奏说奏，下一个人接着说拍节奏，并且像长龙一样往下延续。接龙中每一个参与者都是主角，每个人都能自由发挥自己创造的新节奏。利用声势动作完成节奏接龙游戏能激发学习兴趣和提高教学效率，常见的节奏声势接龙游戏有以下几种：

（1）咬尾接龙

咬尾也称鱼咬尾，以四四拍为稳定拍，教师拍出四拍节奏，学生重复后两拍节奏再即兴拍出两拍节奏，教师继续拍出一组四拍的节奏，换一个学生继续接拍，依此往下接力。

黄倩芳编声势谱

（2）咬头接龙

咬头也称咬龙头，以四四拍为稳定拍，教师拍出四拍节奏，学生重复前两拍节奏再即兴拍出后两拍节奏，教师继续拍出一组四拍的节奏，换一个学生继续接拍，依此往下接力。

黄倩芳编声势谱

（3）卡农接龙

利用声势完成的节奏卡农，也称声势卡农。声势卡农以四四拍为稳定拍，教师按照四拍为一组节奏基石，连续拍奏四个小节或者延长更多小节。学生需要在教师拍第二小节节奏基石的同时，边模仿前一小节边听记第二小节的节奏基石。声势卡农对学生的听、看、记的专注力要求极高，难度较大，建议在大班和小学的儿童中训练。

黄倩芳编声势谱

### 节奏接龙教学课例：咬头与咬尾接龙游戏《击鼓接龙》（5～9岁）
（教学设计：黄倩芳）

#### 设计意图

节奏接龙是声势节奏训练的一种，是节奏教学入门的教法，不急于看谱练习，可先考虑从听觉中把握节奏型的感觉，训练听辨和记忆能力。《击鼓接龙》中的咬头接龙与咬尾接龙游戏，是通过传统的接龙游戏训练儿童的节奏感和创编节奏的能力。在游戏中，先让儿童通过拍手和拍腿等声势动作进行五种基本节奏型的节奏反应训练，为下一步的节奏接龙创编做好准备。接着在咬头接龙与咬尾接龙游戏中设计长龙队形轮流击鼓激发儿童的兴趣，再通过合作、比赛的方式训练儿童的听辨能力、专注力和节奏创编能力。本课例为两个活动内容，2课时。课例中的击鼓接龙游戏在各年龄段的儿童中都可进行，但根据学龄前儿童的年龄特点，可以只选择咬头接龙与咬尾接龙游戏的其中一个游戏，并适当调整训练内容的难易度。

#### 活动目标

1. 知识目标：掌握咬头接龙和咬尾接龙的游戏特点和规则，学会四四拍的节奏创编。
2. 情感目标：采用击鼓接龙的游戏方式进行节奏创编训练，激发儿童学习节奏的兴趣。
3. 能力目标：指导儿童听辨不同的节奏型，并通过声势动作创编节奏，培养儿童的节奏感、专注力、听辨能力、记忆能力、反应能力和合作能力。

#### 活动重难点

1. 重点：合作完成四四拍的咬头接龙和咬尾接龙的节奏接龙
2. 难点：节奏接龙游戏中的节奏创编

#### 活动准备

1. 经验准备：上节课学习了几种基本的节奏型
2. 物质准备：节奏型读法卡片五张、大堂鼓一个

#### 活动过程

1. 节奏反应游戏，引出主题：

节奏型：♩　♫　♬　♪♫　♫♪

读　法：Ta　T T　T r t r　T t r　T r t

师：小朋友们，伸出你们的双手一起跟我拍一拍，我拍手念节奏时你们拍腿念节奏，我拍腿念节奏时你们拍手念节奏，比比赛，看看哪位小朋友的反应能力又快又准确。

（1）教师分别拍手念五个节奏型，学生跟着拍腿念。如老师拍手念"T T"，学生改拍腿念"T T"。

（2）五个节奏型，邀请学生任意组合两个节奏型，老师拍腿念，学生跟着拍手念。如老师拍腿念"T t r T T"，学生改拍手念"T t r T T"。

*活动提示*

*任意组合两拍的节奏型进行拍奏是为了下一环节的接龙游戏的即兴创编节奏做好准备。*

2."击鼓接龙"游戏：

**活动一："击鼓接龙"——咬头接龙**

（1）教师指导学生熟悉"咬头接龙"的游戏规则：

学生排成一条长龙，教师先带领学生跺脚熟悉四拍的稳定拍，接着教师在鼓中敲击一组节奏"♩♩♫♩"，然后在第一个学生的肩上重复一遍这组节奏，再跑到龙尾排队，第一个学生在听完老师的节奏后，在鼓上重复前两拍节奏再即兴奏出后两拍节奏"♩♩♫♫♩"，然后在第二个学生的肩上重复一遍这组节奏，再跑到龙尾排队，依次接龙。

（2）按照游戏规则，每位学生根据老师给的五个节奏型，选出两个节奏型组合成2拍的节奏，开始击鼓接龙游戏。

①学生排成一条龙完成一轮的"咬头接龙"游戏。

②采取比赛的形式，将学生分成两组变成两条龙，接龙节奏准、速度快的那组胜出。

③将学生分成三组或变成三条龙，接龙节奏准、速度快的那组胜出。

**活动二："击鼓接龙"——咬尾接龙**

（1）教师指导学生熟悉"咬尾接龙"的游戏规则：

学生排成一条长龙，教师先带领学生跺脚熟悉四拍的稳定拍，接着教师在鼓中敲击一组节奏"♩♩♫♩"，然后在第一个学生的肩上重复一遍这组节奏，再跑到龙尾排队，第一个学生在听完老师的节奏后，在鼓上重复后两拍节奏再即兴奏出前两拍节奏"♫♩♫♫♩"，然后在第二个学生的肩上重复一遍这组节奏，再跑到龙尾排队，依次接龙。

（2）按照游戏规则，每位学生根据老师给的五个节奏型，选出两个节奏型组合成2拍的节奏，开始击鼓接龙游戏。

①学生排成一条龙完成一轮的"咬尾接龙"游戏。

②采取比赛的形式，将学生分成两组或变成两条龙，接龙节奏准、速度快的那组胜出。

③将学生分成三组或变成三条龙，接龙节奏准、速度快的那组胜出。

*活动提示*

*"咬头接龙"和"咬尾接龙"两个接龙游戏适合大班以上的儿童，可以根据儿童的年龄特点选择其中一个接龙游戏，每次接龙前需要训练两遍稳定拍再开始"击鼓接龙"。*

### 3）节奏应答

节奏应答是教师拍出一个节奏，学生以拍数相同的另一种节奏"回答"。在节奏应答训练中，可借助嗓音辅助声势动作开展应答训练，教师念拍指定拍数的问话语词和节奏，学生需听清指定拍数的问话语词和节奏，然后即兴回答同等拍数的答话语词和节奏，也可以延长拍数做回答的补充句，然后把语词去掉，只用声势动作完成问答节奏。节奏问答活动可以锻炼儿童的观察力、听力、记忆力、思维力、想象力和创造力，建议在4岁以上的儿童中训练。

黄倩芳编声势谱

### 4）节奏的即兴回旋

　　回旋曲式的节奏，是围绕一个主题的节奏乐句不断循环重复，在重复过程中插入不同的节奏乐句。回旋曲式结构为 ABACA……，也就是由一个主部和若干个副部组成。教师先拍主部节奏的乐句（两个小节以上），教师边拍边走到一个学生身边，待教师的主部乐句结束，这位学生要即兴拍出第一个插部的节奏乐句，教师继续边走边拍主部的节奏乐句到另一位学生身边，第二位学生即兴再拍第二个插部的节奏乐句，依次循环进行。考虑即兴回旋的节奏创编的难度，建议在大班和小学的儿童中训练。

### 节奏的回旋曲

选自奥尔夫《学校儿童音乐教材》
第一卷中声势谱

拍掌
个人
跺脚
A
拍掌
全体
拍掌
跺脚
拍掌
全体
拍掌
跺脚
B'
拍掌
个人
跺脚
拍掌
个人
跺脚
A
拍掌
全体
拍掌
跺脚
拍掌
全体
拍掌
跺脚
B"
拍掌
个人
跺脚

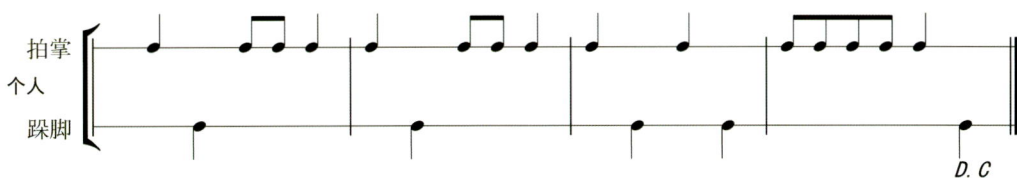

### 5）声势伴奏

声势的伴奏主要以固定节奏型为歌曲伴奏。固定节奏型一般以一个音乐动机或一个小乐句（2～4个小节）不断重复为歌曲伴奏。

**（1）错开式固定节奏型伴奏**

每个声部一个固定节奏型，将若干个固定节奏型按照声势动作的搭配错开放在不同的声部进行声势伴奏。如四二拍的歌曲《王老先生有块地》，每个声部一个固定节奏型，按照"弹舌、拍手、拍腿、跺脚"等声势动作的顺序错开插入固定节奏型。

**声势伴奏教学课例：错开式固定节奏型伴奏《王老先生有块地》（3～6岁）**
**（教学设计：黄倩芳）**

**王老先生有块地**

欧美童谣
黄倩芳编声势谱

**设计意图**

声势动作是最方便最简单的伴奏乐器，伴随每一个人，走到哪都可以随时表演。儿童歌曲《王老先生有块地》幽默风趣，是幼儿园中班的歌曲，考虑学龄前儿童的特点，四声部的声势伴奏采用错开式固定节奏型，按照"弹舌、拍手、拍腿、跺脚"等声势动作的顺序在四个声部中错开插入一个固定节奏型，先让学生单独模仿每个声势动作的固定节奏型，再让学生尝试把四个声势动作的固定节奏型进行组合训练，最后把全体学生分成四组合作完成声势伴奏，这种层层递进的教学模式较容易调动儿童的音乐兴趣，整个活动能够很好地训练儿童的节奏感、听觉、合作、专注力和身体协调能力。小班的儿童可以降低难度，删减两个声部。

**活动目标**

1. 知识目标：教会儿童看懂四声部的声势谱，学会四个声势动作的固定节奏型。
2. 情感目标：引导儿童利用声势动作合作完成儿童歌曲《王老先生有块地》的四部声势伴奏，激发儿童的音乐兴趣和乐感。
3. 能力目标：通过四部声势伴奏，训练儿童的节奏感和听觉、合作、身体协调能力。

**活动重难点**

1. 重点：学会歌曲《王老先生有块地》的错开式固定节奏型伴奏
2. 难点：四个声部的声势合作

**活动准备**

1. 经验准备：上节课学会了歌唱儿童歌曲《王老先生有块地》
2. 物质准备：节奏卡、声势谱、多媒体、音乐

**活动过程**

1. 声势律动放松：教师带领学生听着音乐，拍手拍腿歌唱歌曲《王老先生有块地》走进教室。
2. 训练固定节奏型：

$$\frac{2}{4} \quad \texteighthnote \quad \text{♪♪} \quad | \quad \text{♫♫} \quad \text{♫♫}$$

声势：拍手　弹舌　拍腿　跺脚

师：请你跟我动起来，拍手、弹舌、拍腿、跺脚。

（1）通过听奏法模仿四个声势的固定节奏型。
（2）出示节奏卡，把学生分成四组合作完成四声部声势节奏（四个声势的固定节奏型）

3. 声势伴奏《王老先生有块地》：

（1）拍手拍腿建立四二拍的稳定拍，跟着音乐快乐地歌唱儿童歌曲《王老先生有块地》。
（2）出示声势伴奏谱，让学生分别找出四个声势的固定节奏型。
（3）教师跟着音乐示范，用四个声势动作完成歌曲《王老先生有块地》的固定节奏型的声势伴奏。
（4）教师带领学生分成四组轻声歌唱，分组合作完成四声部固定节奏型的声势伴奏。
（5）教师指挥，带领学生跟着音乐歌唱，进行四声部固定节奏型的声势伴奏。

4. 活动延伸：打击乐为歌曲伴奏

用拍"响板"替换"拍手"，摇"沙蛋"替换"弹舌"，拍"凳子"替换"拍腿"，敲"节奏棒"替换"跺脚"，四种打击乐合作完成儿童歌曲《王老先生有块地》的四声部打击乐伴奏。

**活动提示**

这种错开的固定节奏型的四部声势伴奏适合学龄前儿童（中班和大班），考虑学龄前儿童的年龄特点，可放慢速度歌唱，有利于四个声部的声势伴奏的配合，待学生配合默契后，再跟着音乐进行四声部的声势伴奏。

（2）混声式固定节奏型伴奏

每个声部都是独立的伴奏音型，都由两个或两个以上的固定节奏型按照两个声势动作组合的节奏型，几个声部合作起到混声的和声效果。如歌曲《合拢放开》，好比一个合唱谱，歌曲为领唱旋律，一声部为"女高音"伴奏，二声部为"女低声"伴奏，三声部为"男低声"的伴奏，给人混声合唱的音响效果。

### 势伴奏教学课例：混声式固定节奏型伴奏《合拢放开》（5～8岁）
### （教学设计：黄倩芳）

## 合拢放开

词曲 佚名
黄倩芳编声势谱

歌词：
合拢放开，合拢放开，小手拍一拍，放开合拢，放开合拢，小手放下来。

I 嗓音：喵喵　喵喵

爬呀爬呀，爬呀爬呀，爬到头顶上，耳朵上，肩膀上，膝盖小腿上。

I 嗓音：嘎嘎嘎嘎　嘎嘎嘎嘎　旺旺　旺旺

II 拍手　跺脚

III 拍手　拍腿

**设计意图**

　　固定节奏型是奥尔夫教学法中最具特点的一个手段。大班儿童歌曲《合拢放开》欢快活泼，采取混声式固定节奏型伴奏。混声式声势伴奏是指每个声部都由一人完成两个声势动作的固定节奏型，并融入了噪音"小猫、小鸭、小狗的叫声"，使歌曲增添幽默感。考虑到学龄前儿童的年龄特点，设计把每个声部的固定节奏型制作成节奏卡，运用听奏法模仿每个声部的声势组合，再通过由易到难、层层递进的教学模式充分调动儿童的音乐兴趣，高效率地训练儿童的节奏感、听觉、合作力、专注力、反应能力和身体协调能力。本课例可以根据儿童的年龄特点适当降低声部难度或删减声部。

**活动目标**

　　1. 知识目标：教会儿童看懂混声式声势谱，学会噪音和两个声势组合的固定节奏型。

　　2. 情感目标：声势伴奏融入幽默的噪音伴奏，再通过由易到难、层层递进的教学模式充分调动儿童的音乐兴趣和乐感。

　　3. 能力目标：运用听奏法模仿每个声部的声势组合，并由一人完成两个声势动作的节奏，分小组合作完成三部混声式声势伴奏，训练儿童的节奏感、听觉、合作、反应能力和身体协调能力。

**活动重难点**

　　1. 重点：学会歌曲《合拢放开》的固定节奏型伴奏

　　2. 难点：一人完成两个声势动作及三部混声式声势伴奏

**活动准备**

　　1. 经验准备：上节课学会了歌唱儿童歌曲《合拢放开》

　　2. 物质准备：节奏卡、声势谱、多媒体、音乐

**活动过程**

　　1. 声势律动放松：教师带领学生听着音乐，拍手拍腿歌唱歌曲《合拢放开》，走进教室。

　　2. 训练固定节奏型：

（1）

　　噪音：　喵喵　嘎嘎 嘎嘎　　旺旺

（2）

　　跺脚拍手：跺跺 拍　 跺跺 拍

（3）

　　拍手拍腿：拍 拍拍　拍 拍拍

　　师：请小朋友们跟着老师动起来，小猫叫"喵喵"，小鸭叫"嘎嘎"，小狗叫"旺旺"，跺脚跺脚拍手，拍手拍腿拍腿。

　　训练步骤：第一步，通过听奏法模仿噪音和两个声势组合的固定节奏型，要求噪音节奏配合动物夸张的动作，要求每个声势节奏组合由个人完成；第二步，把学生分成三个小组合作完成三声部的混声式固定节奏型的声势伴奏。

3. 声势伴奏《合拢放开》：

（1）拍手拍腿建立四二拍的稳定拍，跟着音乐快乐地歌唱儿童歌曲《合拢放开》。

（2）出示声势伴奏谱，让学生分别找出两个声势组合和嗓音的固定节奏。

（3）老师带领学生跟着音乐分声部训练每个声部的固定节奏型。

（4）老师带领学生分成三个小组轻声歌唱，分组合作完成三声部的混声固定节奏型的声势伴奏。

（5）老师指挥，带领学生跟着音乐歌唱，进行三声部的混合式的固定节奏型的声势伴奏。

*活动提示*

　　这种混合式固定节奏型的三部声势伴奏适合大班以上的儿童，考虑到这个年龄段的儿童特点，可放慢速度歌唱，有利于混声三部声势伴奏的配合，待学生配合默契后，再跟着音乐进行三部混声的声势伴奏。

声势伴奏《合拢放开》

（表演者：方晓钰、张莉、王歆垚、林鑫美、潘雪坤、洪湘茹、张文凤、郭晓红、陈湘湘、吴敏艳、林金凤）

### 6）主题性声势游戏

　　主题性主题性声势游戏是以儿童生活中的素材作为主题开展的声势游戏，融音乐、动作、语言为一体的综合性游戏，如围绕麦当劳、公园、游乐场、果园、蔬菜园等主题展开多声部的综合性主题声势游戏。

主题性声势游戏教学课例：四声部声势游戏《好吃的麦当劳》(5～9岁)
（教学设计：黄倩芳）

### 好吃的麦当劳

黄倩芳编声势谱

### 设计意图

　　主题性声势游戏是以儿童生活中的素材作为主题开展的声势游戏。四声部声势游戏《好吃的麦当劳》生动有趣，是以小朋友爱吃的麦当劳作为主题开展的主题性声势游戏，深受儿童的欢迎。游戏中，以小朋友爱吃的薯条、汉堡包、可乐、鸡翅等食物作为主题的嗓音节奏，以小朋友看到麦当劳发出"麦当劳、好想吃、好吃、真好吃"等的感叹词作为主题的陪衬语词，还加入惊喜"呀"的语气词，再搭配相应的声势节奏，以四个声部呈现。一声部"拍手＋跺脚"的声势节奏作为稳定拍开始游戏，再加入小朋友看到麦当劳发出"呀"语气词的"拍手＋嗓音"的声部，再加入"薯条、汉堡包、可乐、鸡翅"作为主题的"嗓音＋拍手"的声部，最后加入小朋友吃麦当劳的感叹词"嗓音＋响指"的声部。这种声部间依次进入的游戏模式能降低学习难度，高效率地训练儿童的节奏感、听觉、合作、创造力、专注力和身体协调能力。本课例适合大班以上的儿童，对于学龄前儿童可以适当删减声部，或者简化声部的难度。

### 活动目标

　　1. 知识目标：创编嗓音与声势融合的综合性声势节奏。

　　2. 情感目标：以儿童喜欢吃的麦当劳作为主题开展主题性声势游戏，能让儿童在音乐游戏中充分抒发自己愉悦的情感。

　　3. 能力目标：通过四声部的主题性声势游戏，训练儿童的节奏感、听觉、合作、创造力、专注力和身体协调能力。

### 活动重难点

　　1. 重点：四声部的主题性声势游戏《好吃的麦当劳》

　　2. 难点：创编嗓音与声势融合的节奏型

**活动准备**

1. 物质准备：节奏卡
2. 环境创设：围成方形队形

**活动过程**

1. 谈话导入，引出主题。

师：小朋友们，你们喜欢吃麦当劳吗?

生：喜欢。

师：你们最喜欢麦当劳的什么食物呢?

生：薯条🍟、汉堡包🍔、可乐、鸡翅……

师：看到好吃的麦当劳……

生：呀，好想吃……

师：今天，我们玩一个《好吃的麦当劳》的游戏。

2. 创编第一声部声势的节奏。

拍手：　拍　○　|　拍　○　|

跺脚：　○　跺跺　|　○　跺跺　|

（1）老师采用听奏法带领学生完成第一声部稳定拍的声势节奏"拍 跺跺"。

（2）出示节奏卡，老师带领学生（个人）完成拍手＋跺脚的节奏组合。

3. 创编第二声部"语气词"的节奏（嗓音＋声势）。

嗓音：　○　○呀呀　|　○　○呀呀　|

拍手：拍拍　拍　○　|　拍拍　拍　○　|

（1）老师引导学生发出看到美食之后的惊讶语气，并为语气词"呀"创编"拍手＋嗓音"的节奏"拍拍 拍呀呀"。

（2）出示节奏卡，教师带领学生（个人）完成"嗓音＋响指"的节奏组合。

4. 创编第三声部"麦当劳美食"的节奏（嗓音＋声势）。

嗓音：　薯条　汉堡包　|　可乐　鸡翅　|

拍腿：拍拍　○　|　拍拍　○　|

（1）老师引导学生创编"薯条、汉堡包、可乐、鸡翅"的嗓音节奏，并在念"薯条"和"可乐"的同时，加上拍腿动作"拍拍"。

（2）出示节奏卡，教师带领学生（个人）完成"嗓音＋拍腿"的节奏组合。

5. 创编第四声部"好吃的麦当劳"的节奏（噪音＋声势）。

$\frac{2}{4}$ ♫ ♩ | ♫ ♩ | ♫ ♩ | ♫ ♩ |

噪音：<u>麦当劳</u> ○ | <u>好想吃</u> ○ | <u>好吃</u> ○ | <u>真好吃</u> ○ |

响指：　○ 响 | 　○ 响 | 　○ 响 | 　○ 响 |

（1）老师引导学生为"麦当劳、好想吃、好吃、真好吃"创编"噪音＋响指"的节奏"<u>麦当劳</u> 响 | <u>好想吃</u> 响 | <u>好吃</u> 响 | <u>真好吃</u> 响 |"。

（2）出示节奏卡，老师带领学生（个人）完成"噪音＋响指"的节奏组合。

6. 四声部主题性声势游戏《好吃的麦当劳》。

（1）第一声部和第二声部的声势游戏合作：在老师的指挥下，一声部稳定拍的声势节奏"<u>拍 跺跺</u>"先完成两小节后，二声部"拍手＋噪音"的节奏"<u>拍拍 拍呀呀</u>"进入，一声部继续进行和二声部融合，待老师的手势指令"收"后两个声部同时停止。

（2）第三声部和第四声部的声势游戏合作：在老师的指挥下，三声部的"噪音＋拍腿"的节奏"<u>薯条 汉堡堡</u> | <u>可乐 鸡翅</u> |"先完成两小节后，四声部"噪音＋响指"的节奏"<u>麦当劳</u> 响 | <u>好想吃</u> 响 | <u>好吃</u> 响 | <u>真好吃</u> 响 |"进入，三声部继续进行和四声部融合，待老师的手势指令"收"后两个声部同时停止。

（3）四声部主题性声势游戏：在老师的指挥下，一声部稳定拍的声势节奏"<u>拍 跺跺</u>"先完成两小节后，二声部"拍手＋噪音"的节奏"<u>拍拍 拍呀呀</u>"进入；二声部进行两小节后，三声部的"噪音＋拍腿"的节奏"<u>薯条 汉堡堡</u> | <u>可乐 鸡翅</u> |"进入；三声部进行两小节后，四声部"噪音＋响指"的节奏"<u>麦当劳</u> 响 | <u>好想吃</u> 响 | <u>好吃</u> 响 | <u>真好吃</u> 响 |"进入；四个声部相互融合，待老师的手势指令"收"后四个声部同时停止，也可以参照《好吃的麦当劳》的谱例，一个声部一个声部地结束。

**活动提示**

四声部主题性声势游戏是以儿童生活中的素材作为主题开展的声势游戏，在学龄前儿童中使用，需要降低难度，可以删减一二声部，只保留三声部和四声部合作的声势游戏。

主题性声势游戏《好吃的麦当劳》

1. 以"拍手、拍腿、跺脚、响指"等声势动作结合节奏设计一个"节奏呼应"声势谱。

2. 从"咬尾接龙、咬头接龙、卡农接龙"三种节奏接龙中挑选一种进行节奏接龙训练。

3. 挑选一首儿童歌曲，为歌曲创编声势伴奏谱，并进行音乐活动设计。

4. 以公园、动物园、游乐场、果园等儿童生活中的素材作为主题，设计一个主题性声势游戏。

## 课题三 ▶ 动作游戏——律动

### 1 律动的内涵

律动是以身体作为乐器，把听到的音乐通过身体动作表现出来，也可称为"体态律动"。

律动源于达尔克罗兹的体态律动教学，分为上肢动作和下肢动作两类。上肢动作包括拍手、指挥、转动、挥动、摇摆、弯腰等；下肢动作包括勾脚、点脚、走、跑、爬、蹦、跳等。

律动包括单纯动作、复合动作、移动动作、整体动作、精细动作等。单纯动作是单纯的上肢动作或下肢动作。复合动作是原地的上肢动作和下肢动作的组合。移动动作是上肢动作和移动的下肢动作的组合。整体动作是复合动作和移动动作的组合。精细动作是结合手指、手腕的整体动作。身体的各部位就好比乐队的各声部，透过身体各部位整体的衔接去感应音乐节奏相关联的音的长短、音的高低、音的强弱、音的快慢、重音、节奏、旋律等音乐元素。

### 2 律动的教学内容

律动包括节奏律动训练和综合性律动游戏等两大教学内容，节奏律动训练包括立即反应、模仿、代替、中断卡农、连续卡农 5 种训练方式。综合性律动游戏主要是融音乐、动作、舞蹈为一体的综合游戏。

#### 1）节奏律动训练

（1）立即反应

立即反应是指学生聆听并且立刻反应出来。学生必须专心聆听音乐才能透过聆听辨别出音乐中的提示，比如突然出来的重音，突然变化的音乐、音的强弱或者音的快慢，学生须专心地聆听才能听到其中的变化，或跟着老师做改变。如训练音的高低，当听到高的音时，在高处拍手，当你听到低的音时，在低处拍手。

## "立即反应"律动教学课例：节奏律动游戏《音的高低》（3～6岁）
### （教学设计：黄倩芳）

### 音的高低

1=C  $\frac{4}{4}$                                             黄倩芳 曲

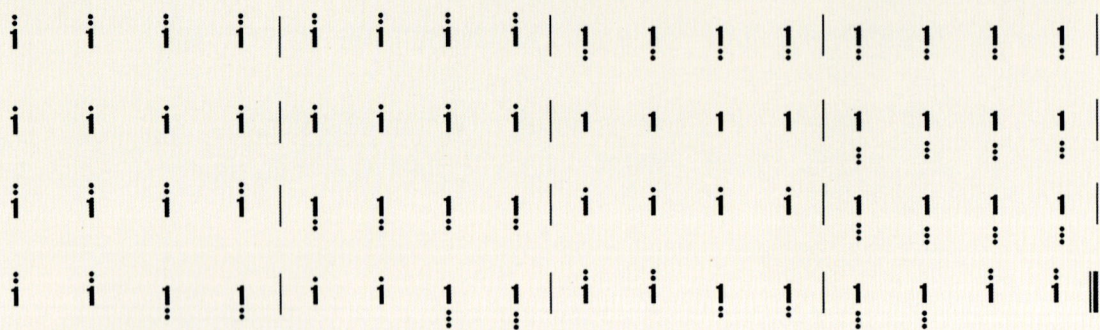

### 设计意图

立即反应主要是训练儿童对音乐的立即感知力，身体动作是儿童与生俱来的本领，儿童可以透过人体乐器把听到的音乐立即表现出来。在训练音的高低的音乐活动中，老师在钢琴上弹奏不同拍数的高音和低音，引导儿童通过节奏律动"踏步和拍手"立即反应音的高低。整个音乐活动需要儿童在行走中有高度集中的专注力去感受音的变化，从而做出的身体律动的变化。这种有趣的在空间行走的律动教学模式在调动儿童兴趣的同时，能最大限度地训练儿童的专注力、听辨能力、反应能力、节奏感、音乐感知力和身体协调能力，适合学龄前儿童的立即反应训练。本课例可根据儿童的年龄特点适当调整难易度。

### 活动目标

1. 知识目标：巩固四分音符的节奏，学会听辨不同拍数的高音和低音。

2. 情感目标：在行走中借助身体律动感知音乐，激发儿童的兴趣和音乐感知力。

3. 能力目标：利用"踏步和拍手"等肢体动作做音的高低的立即反应，训练儿童的专注力、听辨能力、反应能力、节奏感、音乐感知力和身体协调能力。

### 活动重难点

1. 重点：听辨音的高低

2. 难点：行走中听辨不同拍数的音的高低

### 活动准备

1. 经验准备：上节课练习了四分音符的节奏

2. 物质准备：钢琴、响板

### 活动过程

1. 节奏律动放松：跟着老师做即兴的拍手和踏步放松。

2. 音的高低训练。

师：森林里来了一只会唱歌的黄鹂鸟，它的歌声非常动听，高音低音能来去自如。请小朋友们听一听，黄鹂鸟发出的声音是高音还是低音？

（1）老师即兴弹奏不同高音的"do"和不同低音的"do"，学生听到高音说"高"，听到低音时说"低"。

（2）老师即兴弹奏不同高音的"do"和不同低音的"do"，听到高音在头的位置拍手，听到低音在腿的位置拍手。

3. 音的拍数训练。

师：黄鹂鸟唱得很投入，连续发出一连串的高音和低音，请小朋友们拍手数一数高音出现了几次，低音出现了几次？

（1）老师分别弹奏高音八次和低音八次，学生跟着琴声分别在高处和低处拍手八次。

（2）老师分别弹奏高音四次和低音四次，学生跟着琴声分别在高处和低处拍手四次。

（3）老师分别弹奏高音两次和低音两次，学生跟着琴声分别在高处和低处拍手两次。

4. "行走中的音的高低"游戏。

游戏规则：学生散点队形，听着老师的琴声在空间中自由踏步行走，认真听辨老师弹奏不同拍数的高音和低音。当听到不同拍数的高音时，在高处拍出相应拍数的高音；当听到不同拍数的低音时，在低处拍出相应拍数的低音。

5. 活动延伸：利用小打击乐"响板"替换拍手进行"行走中的音的高低"的游戏

（2）模仿

模仿是指学生通过听、看，立即反应出老师演奏内容的细微变化。学生要反应出老师的示范，比如教师可做同一节奏的速度变化（快慢变化）或力度变化（强弱变化），也可做节奏的微小变化。

（3）代替

代替是指以一个音乐要素，代替原始节奏型中的某个部分。如一种大家所熟悉的原始节奏形态，就可以用休止符分别去取代它的第一拍、第二拍、第三拍、第四拍等。这些新的节奏形态，可以用新的动作（如拍头、拍腿）来代替。

**"代替"律动教学课例：节奏律动游戏《移动的休止符》（4～6岁）**
**（教学设计：黄倩芳）**

**设计意图**

节奏律动中的"代替"主要是训练儿童对节奏的反应能力和多种感觉器官（如听觉、视觉、运动觉等）协同参与音乐学习的能力。音乐游戏《移动的休止符》，是以八拍的四分音符（原始节奏形态）作为一个动机，学生听着老师的鼓点在走动中有节奏的拍手，第一组八拍的动机要求在第八拍（此时的休止符为新的节奏形态）摸头，第二组的八拍在第七拍摸头，以此类推。这种模式的教学可以让儿童在快乐的游戏中感受四分休止符和四分音符在不同拍子中替换的节奏效果，帮助儿童建立稳定的节奏感，培养专注力、听辨能力、记忆力、反应能力和身体协调能力，适合学龄前儿童的节奏游戏。

**活动目标**

1. 知识目标：巩固四分音符和四分休止符的节奏，学会四分休止符和四分音符的自有替换。

2. 情感目标：在行走中借助节奏律动感知节奏的变化，帮助儿童在体验中享受音乐艺术的美。

3. 能力目标：利用有节奏的踏步、拍手、摸头等肢体动作做"行走中的休止符"的替代节奏律动游戏，帮助儿童建立稳定的节奏感和多种感官的协同参与，培养专注力、听辨能力、记忆力、反应能力和身体协调能力。

**活动重难点**

1. 重点：学会四分音符和四分休止符节奏的自由替换

2.难点：行走中在不同的拍子替换节奏

**活动准备**

1.经验准备：上节课练习了四分音符和四分休止符的节奏

2.物质准备：小堂鼓、响板、节奏卡片

**活动过程**

1.节奏律动放松：跟着老师做即兴的拍手、摸头和踏步放松。

2.四分休止符与四分音符的替换。

（1）$\frac{4}{4}$ × × × × | × × × × |

师：魔术棒拍拍拍，请小朋友们伸出双手跟着魔术棒拍一拍。

老师带领学生跟着老师的节奏拍手数拍"12345678"，再引导学生用节奏卡拼出刚才拍奏的节奏。

（2）$\frac{4}{4}$ × × × × | × × × O |

师：魔术棒变变变，猜猜魔术棒会变出什么有趣的节奏？（老师把第八拍的四分音符换成四分休止符）

生：第八拍变成了"嘘"（四分休止符）。

师：请小朋友们拍手数到第八拍时轻轻摸一下头。

（3）老师引导学生在第二次重复的八拍中，在第七拍摸头；在第三次重复的八拍中，在第六拍摸头，以此类推。

3.游戏"行走中的休止符"。

游戏规则：学生散点队形，听着老师的鼓声在空间中有节奏地踏步行走，认真听辨老师的鼓声，八拍的节奏重复八次，每一次重复的第一拍鼓声"重音"出现，第一个八拍在第八拍摸头，第二个八拍在第七拍摸头，以此类推。

（1）听着老师的鼓声，在行走中有节奏地拍手数拍"12345678"，重复八次，第一次拍手数拍"12345678"，在第八拍摸头，第二次在第七拍摸头，以此类推。

（2）采取噤声，训练心里节奏。听着老师的鼓声，在行走中心里数拍有节奏的拍手，重复八次，第一个八拍在第八拍摸头，第二个八拍在第七拍摸头，以此类推。

4.活动延伸：利用小打击乐"响板"替换拍手进行"行走中的休止符"的节奏律动游戏

（4）中断卡农

中断卡农是指老师先演奏一个主题，学生立即做出回应。主题的呈现需要有音乐性、张力、乐句或者节奏的变化。老师可以采用钢琴或者是打击乐器的演奏，学生以拍手或者移动脚步来做回应。如老师演奏一个渐强的音型，学生就要用肢体来表现出渐强的音型。

（5）连续卡农

连续卡农也称轮唱卡农。和中断卡农相似，老师演奏一个新的主题，学生做回应，学生在回应的同时，老师又继续演奏出新的主题。即学生在回应刚才听到的主题时也必须同时聆听老师新的主题。因此，如果要顺利完成连续卡农，学生必须要有足够的稳定性和独立性，才能够在同一时间内做到表达和聆听两项要素。连续卡农要做到听、看、记、动，建议在大班和小学的儿童中训练。

**2）综合性律动游戏**

综合性律动游戏主要是融音乐、动作、舞蹈为一体的综合游戏。《奥尔夫音乐教学法》中写道：游戏中，律动的每个身体动作的完成都离不开空间、时间和力度，这三点被称为律动的三要素。时间是音乐里的时值长短，力度是音乐里的强弱，空间有纵向、横向和共享空间，这些空间上的动作，也称为音乐的旋律线。综合性律动游戏能充分调动儿童的听觉、视觉、运动觉、言语知觉等多种感官的主动参与音乐律动的能力，提高儿童的节奏感、音乐感知力、想象力、创造力、团队合作和身体协调能力。

（1）歌曲律动

歌曲律动，是在歌词的基础上设计律动的肢体动作。对于儿童来说，语言是最直接的表达方式，通过为音乐填词的方式更能激发儿童的律动创造力和音乐表现力。如教学课例《问好歌》，以"问好"为主题对歌曲进行歌词改编，创编律动，也可以是对无歌词的旋律进行填词创编律动。

**歌曲律动教学课例：律动创编《问好歌》（3 ~ 6岁）**
**（教学设计：黄倩芳）**

**问好歌**

美国民歌
黄倩芳 填词

欢快地

| 3· | 2 | 1 | 2 | 3 | 3 | 3 | - | 2 | 2 | 2 | - | 3 | 5 | 5 | - |
| 让 | 我 | 们 | 来 | 问 | 声 | 好， | | 问 | 声 | 好， | | 问 | 声 | 好， | |

| 3· | 2 | 1 | 2 | 3 | 3 | 3 | - | 2 | 2 | 3 | 2 | 1 | - | - | - |
| 让 | 我 | 们 | 来 | 问 | 声 | 好， | | 小 | 手 | 拍 | 一 | 拍。 | | | |

**设计意图**

律动是儿童在听到音乐后自然流露的动作反应，简单易学又有趣好玩，是儿童最爱的一种活动。律动创编《问好歌》，通过选择贴近儿童生活中的素材展开语词和律动的创编，可以帮助儿童熟悉自己的一日生活，熟悉自己的语言，熟悉自己的身体，特别是对于学龄前儿童，通过创编律动能很好地挖掘幼儿的想象力、创造力，也能使幼儿的大肌肉和小肌肉得到很好的锻炼。本课例可以根据学龄前儿童的年龄特点适当调整难易度。

**活动目标**

1. 知识目标：巩固四分音符和四分休止符的节奏，学会四分休止符和四分音符的自有替换。
2. 情感目标：在行走中借助节奏律动感知节奏的变化，帮助儿童在体验中享受音乐艺术的美。
3. 能力目标：利用有节奏的踏步、拍手、摸头等肢体动作做"行走中的休止符"的替代节奏律动游戏，帮助儿童建立稳定的节奏感和多种感官的协同参与，培养专注力、听辨能力、记忆力、反应能力和身体协调能力。

**活动重难点**

1. 重点：创编动作，并随着音乐律动
2. 难点：创编和主题语词相关的肢体动作

**活动准备**

1. 物质准备：音乐、多媒体、彩色丝带
2. 环境创设：围成同心圆

**活动过程**

1. 拍手歌唱《问好歌》导入主题。

2.《问好歌》创编语词。

师：小朋友们，你们每天上学见到老师是怎么问好的，见到同学又是怎么问好的？

生：见到老师敬礼、点头，见到同学握手、拥抱……

老师引导学生为《问好歌》创编语词："让我们来敬个礼，敬个礼，敬个礼，让我们来敬个礼，小手拍一拍；让我们来抱一抱，抱一抱，抱一抱，让我们来抱一抱，小手拍一拍；让我们来握握手，握握手，握握手，让我们来握握手，小手拍一拍。"

3. 为《问好歌》创编律动。

（1）引导学生为敬礼、点头、握手创编动作。

（2）听着音乐边唱边律动。小朋友们按照单号、双号分成内圈和外圈，形成同心圆。第一段相互踏步敬礼，第二段相互踏步点头，第三段相互踏步握手，每段的最后一句"小手拍一拍"相互拍拍手。

4. 定主题创编语词和律动。

师：小朋友们，你们每天早上起床都需要做些什么事情？

生：穿衣服、穿袜子、刷牙、洗脸、吃早饭……

师：接下来，我们要创编"起床三部曲"的律动，看看哪位小朋友创编的语词和动作好听又好看。

（1）教师将学生分成两组，每组以"起床三部曲"为主题，创编语词和律动。

（2）分组训练，要求有节奏地歌唱和律动。

（3）分组表演，体验合作的快乐。

5. 活动延伸：交朋友律动游戏"起床三部曲"

游戏规则：师生合作围成同心圆，要求每一段结束间奏时换一个朋友。换朋友时，里圈学生左手举高（左手系丝带），外圈学生向右（往里圈学生举手的方向）迈一步换成新朋友继续第二段的律动，第三段也效仿第二段换朋友律动。

**活动提示**

律动活动中增加换朋友环节，适合在中、大班年龄段的幼儿开展。

律动《问好歌》同心圆队形
（表演者：林晓晓、何丹丹、邓喜燕、王铭艺、吴养栏等）

（2）舞蹈律动

舞蹈律动，又称韵律，是以乐曲或舞曲作为伴奏音乐，肢体动作和舞蹈动作融合的律动游戏。

**舞蹈律动教学课例：韵律游戏《快乐的同伴》（4～6岁）**
**（教学设计：黄倩芳）**

### 快乐的同伴

$1=F$ $\frac{4}{4}$　　　　　　　　　　　　　　　　　　　　　　　　　　佚名 曲

#### 设计意图

爱唱爱跳是学龄前儿童的天性，也是学龄前儿童音乐情感的一种表达方式。奥尔夫音乐教学法始终强调音乐是和动作、语言、舞蹈紧密联系在一起的，要儿童通过肢体动作去感受和理解音乐。韵律《快乐的同伴》是一首单纯旋律的音乐，律动游戏中利用语言编写"动作口令"，让原本复杂的旋律变得通俗易懂，儿童也能从"动作口令"中感受音乐的快乐情绪，想象表现音乐的肢体动作，有效地提高儿童的律动想象力、创造力、音乐感知力和肢体的协调能力。

#### 活动目标

1. 知识目标：引导学生聆听音乐，通过韵律感受和体验音乐的节奏和风格。

2. 情感目标：在韵律中感受节奏的变化和欢快的音乐情绪。

3. 能力目标：利用蹦、跳、蹲、转、扭腰等肢体动作和舞蹈融合，同时在律动中换朋友，帮助儿童建立稳定的节奏感和多种感官的协同参与，培养专注力、听辨能力、想象力、创造力、合作能力和肢体协调能力。

#### 活动重难点

1. 重点：创编动作，并随着音乐律动

2. 难点：律动中换朋友

#### 活动准备

1. 物质准备：音乐、多媒体、彩色丝带

2. 环境创设：围成同心圆

**活动过程**

1. 主题导入：

师：猜猜是什么动物？（老师模仿小熊的动作）

生：小熊。

师：天亮了，新的一天开始了，熊大揉揉眼睛，伸伸懒腰，扭一扭，想邀请小朋友们一起做"熊熊操"。

（1）听音乐，说一说音乐的情绪。（欢快）

（2）听音乐，利用拍手、拍腿的声势动作建立四四拍的稳定拍。

（3）引导学生跟着音乐即兴创编几个小熊蹦、蹲、转、扭腰的动作。

2. 练习"熊熊操"动作口令。

$\frac{4}{4}$ 上 — 下 — | 扭 — 扭 — | 上 — 下 — | 扭 — 扭 — 跺 跺 脚 — |

咕噜 咕噜 咕噜 咕噜 | 蹦　　 两　　 下　 — | 咕噜 咕噜 咕噜 咕噜 | 蹦　 两　　 下　 — |

咕噜 咕噜 咕噜 咕噜 | 蹦　　 两　　 下　 — | 咕噜 咕噜 咕噜 咕噜 | 蹦　 两　　 下　 — |

拍　 — 拍　 — | 拍　 拍　 拍　 — | 拍　 — 拍　 — | 拍　 拍　 拍　 — |

牵 手 转— 圈 | 蹲　 两　 下　 — | 牵 手 转— 圈 | 蹲　 两　 下　 — |

（1）带领学生边念"熊熊操"动作口令边做动作。

（2）围成同心圆，两人面对面边念动作口令边做动作。

　　两人动作要求：第一句"咕噜 咕噜 咕噜 咕噜 | 蹦 两 下 — |"双手往右转圈再双手叉腰蹦两下，第二句往相反方向再做一次；"拍 — 拍 — | 拍 拍 拍 — |"两人跟着节奏双手互拍；"| 牵 手 转— 圈 | 蹲 两 下 — |"两人手牵手转一圈再蹲两下。

3. 交朋友游戏——律动舞蹈《快乐的同伴》。

（1）听着音乐，围成同心圆，双人面对面完成"熊熊操"。

（2）练习换朋友游戏：第一遍"动作口令"完成后，间奏时换朋友，里圈学生左手举高（左手系丝带），外圈学生向右（往里圈学生举手的方向）迈两步换成新朋友继续重复一遍"动作口令"，跟着音乐重复三遍。

韵律《快乐的同伴》"咕噜咕噜"的动作
（表演者：陈惠贞、张雅惠、林珊珊、钟美玲、黄铖彬等）

**舞蹈律动体验课例：韵律《我的舞蹈》（4～6岁）**

**（教学设计：黄倩芳）**

### 设计意图

舞蹈律动也是用动作表现音乐元素和促进学龄前儿童大肌肉群的发展。肢体的拉伸是训练学龄前儿童大肌肉运动很好的训练方式。律动舞蹈《我的舞蹈》是一首四三拍的欧美风格的音乐，通过肢体的拉伸过渡到牵手转圈跳动来表现音乐中的乐段对比、速度对比、音乐情绪等三个音乐元素，通过肢体动作的变化感受和体验音乐元素，有助于帮助儿童训练大肌肉群，有助于提高学龄前儿童的音乐想象力和创造力，适合幼儿园中、大班教学。

### 活动目标

1. 知识目标：引导学生聆听音乐，通过舞蹈律动感受和体验音乐的节奏和风格。

2. 情感目标：在舞蹈律动中感受乐段、速度、音乐情绪等三个音乐元素的变化。

3. 能力目标：利用肢体的拉伸过渡到牵手转圈跳动来表现音乐中的速度、乐段、音乐情绪等三个音乐元素的变化，有助于提高学龄前儿童的音乐想象力和创造力，训练儿童的大肌肉群。

### 活动重难点

1. 重点：随着音乐进行肢体的拉伸和跳动训练

2. 难点：感受速度、乐段、音乐情绪等三个音乐元素的变化

### 活动准备

1. 物质准备：音乐、多媒体、丝带

2. 环境创设：围成同心圆

### 活动过程

1. 主题导入：

师：在一个美丽的清晨，小动物们都跑出来晨练，挑战谁的身体的拉伸能力最强。

（1）听音乐，说一说音乐的情绪。（第一乐段抒情，第二乐段欢快）

（2）听音乐，说一说乐段、速度的变化。（第一乐段节奏拉宽，第二乐段节奏紧凑；第一乐段速度慢、第二乐段速度快）

2. 拉伸训练：即兴创编拉伸动作，如单腿抬起、手的拉伸、腿的拉伸等，每个动作以最慢的速度拉伸。

3. 转圈跳动训练：在跳动中即兴加入手的舞蹈动作。

4. 律动舞蹈《我的舞蹈》：

游戏规则：围成同心圆，里圈同学系丝带，第一乐段两人面对面手牵手进行身体的即兴拉伸，每一次拉伸动作不能重复；第二乐段两人手挽手顺时针和逆时针分别各跳动转圈两次；拉伸动作的音乐时换朋友，里圈学生伸出系丝带的左手原地不动，外圈学生向丝带方向迈步换新朋友继续重复一遍，跟着音乐重复三遍。

（1）第一遍听音乐，训练两人即兴创编拉伸动作的能力。

（2）第二遍听音乐，训练拉伸动作的音乐时换朋友的衔接，巩固同伴之间拉伸动作的默契度。

韵律《我的舞蹈》的"拉伸"动作

拓展
练习

1. 从"立即反应、跟随、代替、中断卡农、连续卡农"五个节奏律动中挑选两个进行节奏律动训练。
2. 尝试韵律游戏《我的舞蹈》的模拟教学。
3. 挑选一首儿童歌曲或者乐曲进行歌曲律动或舞蹈律动（韵律）的创编。

## 课题四　动作游戏——集体舞

集体舞是一种形式多元化、舞步简单、队形变化不复杂的大众性集体表演的舞蹈。集体舞和律动的区别在于舞蹈动作不要求准确地表达音乐元素，更注重舞蹈动作的统一、空间运动（队形变化）和舞伴的交流配合。常见的集体舞有民族性集体舞、邀请舞两种。

### 1  民族性集体舞

民族性集体舞是指各民族独特的民族民间舞蹈。如具有中国本土文化的民族民间舞蹈，国外备受欢迎的非洲舞蹈、苏格兰舞蹈、俄罗斯舞蹈等舞种。可以根据各民族音乐创编简易版的民族舞，培养儿童多元化的音乐情感体验。

#### 1）中国民间舞蹈——竹竿舞

竹竿舞是我国少数民族黎族、壮族、苗族等的传统民间舞蹈，黎语意为"跳柴"，也是具有浓郁的民间体育游戏色彩的舞蹈。持竿者 3~5 对人，位于竹竿的两端，姿势有坐、蹲、站三种，通过有节奏的开合碰撞发出声音。舞者在竹竿有节奏的开合敲打声中不断上跳下踏，脚步动作要敏捷潇洒，还要带上优美的身体律动。当舞者轻巧地跳出竹竿时，持竿者会高声地呼喊"呵嘿！"场面极为热烈。

**民族性集体舞教学课例：竹竿舞《台湾民谣》（4～9岁）**

**（教学设计：黄倩芳）**

### 台湾民谣

$1=C$ $\frac{4}{4}$

台湾山地民歌
词曲作者　佚名

| 1 | 3 | 2 3 2 1 | 5 5 | 5 | 6 5 | 3 5 3 2 | 1 1 1 1 |
|---|---|---------|-----|---|-----|---------|---------|
| 嘿 | 哟 | 依 哟 依 哟 | 哼 嘿 | 哟， | 嘿 哟 | 依 哟 依 哟 | 哼 嘿 哟， |

| 1 | i | 6 i 6 5 | 6 5 | 3 | 1 5 | 3 2 3 2 | 1 1 1 1 |
|---|---|---------|-----|---|-----|---------|---------|
| 嘿 | 哟 | 依 哟 依 哟 | 哼 嘿 | 哟， | 嘿 哟 | 依 哟 依 哟 | 哼 嘿 哟。 |

### 设计意图

　　竹竿舞的脚步动作以跳踏为主。它热情欢快，在歌声和竹竿的开合声中有节奏地跳踏，是一种肢体运动，也是抒发情感最好的表达方式，很符合儿童爱动爱跳的年龄特点。《台湾民谣》是一首台湾地区广为流传的民间童谣。在竹竿舞教学中，通过设计持竿者的"敲打口令"和舞者的"舞步口令"，使舞蹈节奏变得简单明了，儿童也能从两种"口令"中感受音乐情绪的热情豪迈，想象到表现音乐的肢体动作，通过边唱边跳的形式促进儿童对音乐节奏的理解，和谐运动，增强韵律感、创造力、音乐感知力和肢体的协调能力。竹竿舞适合不同年龄段的儿童，可以根据儿童的年龄特点通过速度变化增减难度。

### 活动目标

　　1.知识目标：感受台湾民谣的音乐特点和竹竿舞的动作风格特点。

　　2.情感目标：在舞蹈中感受热情豪迈的音乐情绪。

　　3.能力目标：学跳竹竿舞，感受台湾民谣速度的变化，增强韵律感、创造力、音乐感知力、合作能力和肢体的协调能力。

### 活动重难点

　　1.重点：学习竹竿敲打的节奏、舞者跳踏的节奏

　　2.难点：有节奏地上跳下踏

### 活动准备

　　1.经验准备：上节课学习了歌曲《台湾民谣》

　　2.物质准备：钢琴、音乐、多媒体、8根长绳

### 活动过程

　　1.结合拍手、拍腿、跺脚，边唱边律动《台湾民谣》。

　　2.主题导入：看视频的竹竿舞表演，了解竹竿舞。

　　师：视频中的小朋友表演的是什么舞蹈，用了什么道具，心情是怎么样的？

　　（1）老师引导学生观看视频探索竹竿舞的动作特点。

　　（2）老师简要解说竹竿舞的音乐文化。

　　3.学习竹竿的"敲打"节奏。

　　敲打口令："开 合 开合 开"

　　（1）练习竹竿的敲打节奏：邀请四对小朋友在分别在竹竿的两端，双手握紧竹竿进行四四拍

的"开 合 开合 开"的节奏训练。

（2）哼唱歌儿敲打节奏：哼唱"台湾民谣"有节奏的练习四四拍的敲打节奏。

4. 学习舞步的"跳踏"节奏。

舞步口令："踏 踏 跳跳 跳"

（1）练习舞步的节奏："踏 踏"指右脚起步往前踏一步，再往后踏一步；"跳跳 跳"右脚起步左脚跟着有节奏地跳三次。

（2）哼唱歌儿练舞步：增加舞步的花样，如两人手牵手面对面练习、两人搭肩练习。

5. 舞蹈合成。

（1）合作练习：选出八位学生固定敲打竹竿，其余学生哼唱歌儿依次他入竹竿练习竹竿舞。

（2）听着音乐，让学生尝试两人一组手牵手面对面跳竹竿舞，两人搭肩跳竹竿舞。

6. 活动延伸：挑战在不同音乐速度下的竹竿舞

游戏规则：采用两人合作，可以是手牵手也可以是搭肩跳竹竿舞，第一遍在慢速的音乐下合作完成竹竿舞，第二遍在加快速度的音乐下合作完成竹竿舞。

### 2）苏格兰舞蹈

苏格兰舞蹈的特点是注重舞步和队形的变化，注重空间的运动，舞步以"跳、转"为主，舞步轻盈而快速，旋转时身体笔直，具有体操般的严格要求和准确性。空间有纵向、横向和共享空间，在空间上的舞蹈就是音乐的旋律线。

**民族性集体舞教学课例：苏格兰舞（5～9岁）**
**（教学设计：黄倩芳）**

**设计意图**

苏格兰舞蹈最大的特点是跳和转，很符合儿童爱动爱跳的年龄特点。《苏格兰舞》是一首欢快热情的舞曲，在教学中，利用空间运动，改变行动路线（变换队形），通过设计"舞步口令"，让原本复杂的舞步变得通俗易懂，儿童也能从"舞步口令"中感受音乐的快乐情绪和想象到表现音乐的肢体动作，有效地提高了儿童的舞蹈的创造力、音乐感知力和肢体的协调能力。苏格兰舞适合不同年龄段的儿童，可根据儿童的年龄特点灵活设计，增减难度。

**活动目标**

1. 知识目标：感受 AB 段结构的苏格兰舞蹈的音乐特点及动作风格特点。

2. 情感目标：在舞蹈中感受欢快热烈的音乐情绪。

3. 能力目标：学跳苏格兰风格的集体舞，感受乐段和乐句的变化，培养专注力、听辨能力、创造力、合作能力和肢体协调能力。

**活动重难点**

1. 重点：学习基本舞步，感受乐段和乐句变化

2. 难点：即兴创编跳转舞的动作

**活动准备**

1. 物质准备：音乐、多媒体

2. 环境创设：围成圆形

**活动过程**

1. 主题导入：

师：美丽的苏格兰草原上，一位可爱的牧羊人挥动着他的毛巾呐喊着，和羊儿们热情地狂欢，让我们一起加入他的队伍吧。

（1）听音乐，说一说音乐的情绪。（欢快、热烈、自由）

（2）听音乐，哼唱舞曲旋律，感受 AB 段结构的舞曲特点。

要求：通过哼唱，感受欢快热情的摇摆舞节奏和跳跃的旋律特点，通过练唱，感受音乐元素"乐段和乐句"的变化。

2. 学习三个基本舞步：

（1）迈步踢：1×4 拍，左脚起步前进，舞步口令"左右左踢"；1×4 拍，右脚起步后退，舞步口令"右左右踢"。（前进右脚踢，后退左脚踢）

（2）点迈交叉步：1×8 拍，左脚起步，舞步口令"左前左后，左前左后"；1×8 拍，右脚起步，舞步口令"右前右后，右前右后"。（"左前"指左脚往右脚前面交叉点步后，右脚再往右迈一步；"左后"指左脚往右脚后面交叉点步后，右脚再往右迈一步）

（3）拐步：1×8 拍，右脚起步，舞步口令"右前右前退退退"；1×8 拍，左脚起步，舞步口令"左前左前退退腿"。（"右前"指右脚勾脚往前跨步脚跟着地后，左脚往前跟步；"腿"指跷起双脚尖往后退）

3. 练习 A 段舞步：（四组的 2×8 拍，手牵手围成圆形的队形）

（1）第一组 2×8 拍，左脚起步的"点迈交叉步"。

（2）第二组 2×8 拍，向前四拍和向后四拍的"迈步踢"。

（3）第三组 2×8 拍，右脚起步的"点迈交叉步"。

（4）第四组 2×8 拍，向前四拍和向后四拍的"迈步踢"。

4. 练习 B 段舞步：（四组的 2×8 拍，两横排队形）

（1）第一组（2×8 拍），1×8 拍的左脚起步"拐步"，1×8 拍的右脚起步"拐步"。

（2）第二组（2×8 拍），重复第一组的"拐步"组合。

（3）第三组（2×8 拍），两横排找面对面的同伴，手挽手顺时针跳转一圈。

（4）第四组（2×8 拍），两横排找面对面的同伴，手挽手逆时针跳转一圈。

5. 练习间奏舞蹈：散点队形，即兴发挥自由跳转自己的身体，也可以和同伴配合跳转身体。

6. 集体舞表演：《苏格兰舞》

集体舞表演要点：听音乐，按照舞曲结构 A 段 +B 段 + 间奏 + A 段 + B 段的顺序完整练习舞蹈动作和队形变化。

### 3）非洲舞蹈

非洲舞蹈是随着歌声和鼓声，舞蹈者踩着鼓点节奏自由奔放地跳动，动作开放。特点是有强烈的节奏感和律动性。非洲的男女老幼都能歌善舞，每逢节日、喜事、祭祀都能看到他们跳舞的身影，他们的舞蹈动作都来源于他们的生活，多表现收割、狩猎、战争等活动。在他们的舞蹈中很少看到独舞，都以群舞的形式跟着鼓的节奏舞蹈，有很强的即兴性。如《非洲欢迎你》，音乐富有强烈的节奏感和律动感，是一首表现非洲人能歌善舞、热情好客的舞蹈。音乐是前奏+A+B+C的结构，重复三遍。

## 非洲欢迎你

非洲民谣
词曲作者 佚名

1=C 4/4

（X·X X X 0 0 | X·X X X 0 0 | X·X X X X·X X X | X·X X X X·X X X）|

A
‖: i i  5 6  5 | 3 5  3 5  - | i i  5 6  5 | 3 3  2 1  - :‖

fun-ga a-la- fia a chi a chi,    fun-ga a-la- fia a chi a chi.

B
‖: 3 3  3 2  1 | 3 5  3 5  - | 3 3  3 2  1 | 3 3  2 1  - :‖

欢迎 你朋 友 欢迎 欢迎,    欢迎 你朋 友 欢迎 欢迎。

C
‖: i i  i  5 6 i 6 5 | 3 3  i 2  3 2 1 :‖

《非洲欢迎你》的基本舞蹈动作：

①前奏（鼓点）：围成圆形，跟着鼓点做上肢的肢体动作表演，动作需干净有力。

②A段是描写在农务的非洲黑人用特有的手势语欢迎远方客人的到来。A段共有八个小节，做"听、看、喊、爱心"的手势语欢迎远方客人的到来：

1—2小节：双手附在耳朵上听，再双手向前转手腕

3—4小节：双手放在眼睛上看，再双手向前转手腕

5—6小节：双手放在嘴巴两侧喊，再双手向前转手腕

7—8小节：双手在左胸口比爱心，再双手向前转手腕

③B段歌词是"欢迎你朋友，欢迎欢迎"，队形从圆形变成同心圆，里圈原地不动做拍手拍腿，外圈面朝里圈同伴绕场走圈做拍手拍腿，每次拍手换一个朋友互拍，还可以在唱完一句歌词后加入呼喊声。

④C段，4小节的音乐，队形从同心圆变回圆形做农活的即兴表演，如锄地、播种、收割等动作。

## 2 邀请舞

邀请舞是一种找舞伴并与舞伴对舞的集体舞，可以是华尔兹、伦巴、桑巴等国标舞的简易版集体舞。

### 邀请舞教学课例：邀请舞《圆舞曲》（4～8岁）
### （教学设计：黄倩芳）

#### 圆舞曲

1=D $\frac{3}{4}$

曲作者　佚名

#### 设计意图

邀请舞蹈具有较强的娱乐性，深受儿童的喜爱。《圆舞曲》是一首四三拍具有华尔兹风格的舞曲，在教学中，利用空间运动变换队形，通过设计"舞步口令"，让华尔兹的舞步简易化，儿童也能从"舞步口令"中感受音乐的情绪、乐段的对比和三拍子的节奏感，有助于提高儿童舞步的节奏感、音乐感知力、合作能力和肢体的协调能力。邀请舞适合不同年龄段的儿童，可根据儿童的年龄特点灵活设计，增减难度。

#### 活动目标

1. 知识目标：感受 AB 段结构的圆舞曲的音乐特点及动作风格特点。
2. 情感目标：在舞步中感受轻快优美的音乐情绪。
3. 能力目标：学跳简易版华尔兹风格的集体舞，感受乐段的变化，培养专注力、听辨能力、合作能力和肢体协调能力。

#### 活动重难点

1. 重点：学习简易版华尔兹基本舞步，感受乐段的变化
2. 难点：在三拍子的舞步中变队形、变换同伴

#### 活动准备

1. 物质准备：音乐、多媒体
2. 环境创设：四纵排队形

**活动过程**

1. 主题导入：

老师邀请一位小朋友，跟着音乐跳起三步舞。

师：你们猜，老师刚刚跳的是什么舞蹈啊？

生：交际舞。

师：是华尔兹国标舞，不过我们跳的是简易版的最基本的三步舞。

（1）听音乐，说一说音乐的情绪。（优美、柔和）

（2）听音乐，利用拍手拍腿拍着三拍子的节奏，感受 AB 段结构的舞曲特点。

2. 学习三个基本舞步：

（1）前进中的三步舞：舞步口令"右踏踏，左踏踏"。"右踏踏"是右脚起拍前进，右左右完成三拍，"左踏踏"是左脚起拍前进，左右左，完成三拍。

（2）原地中的三步舞：舞步口令"进踏踏，退踏踏"。"进踏踏"是右脚起拍前进，右左右完成三拍，"退踏踏"是左脚起拍后退，左右左，完成三拍。

（3）转圈：舞步口令"转转转，转一圈"，邀请者伸出左手，被邀人伸出左手，搭在邀请者的左手掌心上，踮起脚尖转一圈。

3. 练习 A 段舞步：（围成同心圆）

（1）两人一组单手牵手，练习原地中的三步舞 + 转圈的组合。

（2）听着 A 段音乐，两人组合完成 A 段舞步。

4. 练习 B 段舞步：（围成同心圆）

（1）两人一组，双手叉腰练习前进中的三步舞 + 自转一圈组合。

（2）听着 B 段音乐，两人组合完成 B 段舞步。

5. 排练邀请舞《圆舞曲》：（音乐结构：A+B+A+B）

（1）第一遍 A 段 +B 段：排成四纵排，女生安排第 2、第 3 纵排，男生安排第 1、第 4 排。A 段，练习原地中的三步舞 + 转圈的组合；B 段，前进中的三步舞 + 自转一圈的组合，前进中变成同心圆（第 2、第 3 拍女生围成同心圆里圈）。

（2）第二遍 A 段 +B 段：同心圆队形，女生里圈，男生外圈。A 段，外圈男生原地不动，伸出左手给女生搭手，女生前两个 6 拍和原配完成原地三步舞组合，后两个 6 拍前进换一个舞伴完成三步舞组合，听"鼓声"指令换三次舞伴；B 段，女生原地不动，男生双手叉腰，完成前进中的三步舞组合，每两个 6 拍换一个舞伴，听"鼓声"指令换三次舞伴，回归原配。

6. 邀请舞表演：学生表演汇报

*活动提示*

*邀请舞《圆舞曲》，可以根据儿童的年龄特点适当调整难易度。如学龄前儿童可以删减四纵排的队形，减少变队形的难度。*

拓展
练习

1. 以小组为单位设计一个邀请舞，可以是简易版的四四拍的伦巴和桑巴舞曲，四三拍的华尔兹舞。

2. 为竹竿舞《跳起来》设计动作，并排练表演。

### 跳起来

黎族民歌
词曲作者　佚名

1=F 4/4

（X　X　XXXX｜X　X　XXX X）｜6　6　6535 2 6｜1 3 2 23 5365 3｜

嘿呀　呀呵嘿嘿呀，嘿呀　呀呵嘿嘿。　跳　跳　跳起　来，　跟我　来呀　一起　跳，

6　6　6535 2 6｜1 3 2 23 1621 6‖：6 1 6　6 56 53·｜3 6 5 6 5 32 6｜

敲　敲　敲一　敲，　跟我　来呀　一起　敲。　月　亮升起　来，　我们　大家　一起　来，

6 1　2·3　1 53 2｜6 2 1 2 1 6 6｜3 2 3·2 6 1 2·3｜1 53 2·3 1 6 6：‖

唱起　来　跳起　来，竹竿　就跳乐开怀，你敲敲　你跳跳　升起　来　赛哩咯。

---

课题五　▶　**动作游戏——手指游戏**

## 1　手指游戏的内涵

### 1）手指游戏的定义及特点

手指游戏是一边有节奏地念诵、歌唱儿歌或者韵律，一边协调双手做动作变化的游戏。

玩手指游戏要抓住节奏、动作这两个要点。节奏是手指游戏中最重要的要素，对于儿童来说，对音乐中节奏的动作体验是非常重要的。儿童天生好动，动作是他们感受音乐，表达感情和思想的重要方式。所以，音乐与动作相结合，是最适合儿童，特别是学龄前儿童的学习音乐的方法之一。

奥尔夫在谈到他主张的音乐教育方式时曾经说过："原本的音乐是什么呢，原本的音乐绝不是单独的音乐，它是和动作、舞蹈、语言紧密结合在一起的。"儿歌欢快明朗，易学易记，朗朗上口，本身富于节奏性。用手指游戏做音乐活动使语言、动作、音乐完美结合起来。

相对于大场地的全身性大肌肉的训练，手指游戏能随时随地做游戏，不受时间、地点和场地的限制。手指游戏动作不仅增加了儿歌的趣味性，同时可以帮助幼儿更快更准确地掌握节奏和节拍，充分感受到节奏的美感和游戏的快乐。

**2）手指游戏的基本手势**

手指游戏的基本手势有 37 种：切指、弹指、分指、勾指、并指、扇指、数指、握爪、交指、跳指、拱指、碰指、立指、走指、顶指、弯指、屈指、扣指、捏指、叠指、轮指、手指轮弯、切掌、捶掌、反交、腕花、碰掌、扭转、反碰、指尖相对、滚动弯曲、拳掌、握拳、捶拳、弯曲拳。

**3）手指游戏的种类**

按照形式的不同，手指游戏分为念诵手指游戏和歌唱手指游戏两种。念诵手指游戏，是指边说儿歌边做手指游戏；歌唱手指游戏，是指边唱儿歌边做手指游戏。

## 2　手指游戏的音乐活动设计

我国《幼儿园教育指导纲要》中强调，幼儿园课程内容的选择应该从幼儿的生活中去发现、去探索，从幼儿感兴趣的事物和所在的家庭、园所、社区的文化中提炼。手指游戏易学、有趣，大自然中的动物和生活中许多有趣的事物都能模拟得栩栩如生，很容易激发幼儿的热情，让幼儿主动参与到探索大自然、探索科学的学习活动中。

**1）手指游戏的音乐活动设计方法及要求**

（1）手指游戏的音乐活动设计方法

①根据儿歌的字面意思设计动作，并按照儿歌的节奏节拍演示动作。

②根据儿歌的节奏节拍，拍奏和做手指动作，为儿歌伴奏。拍奏可以是拍手、拍肩、拍腿、搓手等。

（2）手指游戏的音乐活动设计要求

①为儿歌设计的手指动作要简单易学、生动有趣，能让幼儿快速掌握，激发幼儿的学习热情。

②在指导幼儿做手指动作时，要对应儿歌的节奏节拍，在吟诵或者歌唱中帮助幼儿感受和领悟儿歌的音乐元素。

③对于小班、中班的幼儿，动作的转换不要太快，一般一句或两句转换一个动作。

**2）手指游戏的音乐活动设计的课例**

（1）念诵手指游戏

中国各地流传着许多的儿歌，是世世代代口口相传、儿童喜闻乐见的艺术形式。儿歌、童谣的特点是短小精悍、朗朗上口、易学易记，深受儿童的喜欢。念诵手指游戏，是利用手动作为儿歌伴奏，即边念诵儿歌边做手指动作。

---

**念诵手指游戏教学课例——《小豆芽芽》《旺旺狗和咪咪猫》（3～4岁）**

**（教学设计：彭秀春）**

**小豆芽芽**

$1=C$ $\frac{4}{4}$

小豆 芽芽 ○ ｜ 钻钻 泥巴 ○ ｜ 钻 了 一会 ○ ｜

动 了 一会 ○ ｜ 钻啊 钻啊 使劲 钻 ｜ 露出 两片 小芽 芽 ‖

### 旺旺狗和咪咪猫

**1=C  $\frac{2}{4}$**

| 旺 旺 狗 | 咪 咪 猫 | 伸出 小手 | 摇 一 摇 |
| 旺 旺 狗 | 咪 咪 猫 | 伸出 小手 | 抱 一 抱 |
| 旺 旺 狗 | 咪 咪 猫 | 摇摇 尾巴 | 哈 哈 笑 |
| 好 朋 友 | 好 朋 友 | 拉拉 小手 | 真 好 看 |

#### 设计意图

手指游戏是儿童最喜欢的游戏之一，能使儿歌变得更生动有趣，音韵和谐，能活跃幼儿的身心，锻炼幼儿手指小肌肉的运动，促进幼儿的大脑发育。本课借助边念儿歌边做手指游戏的方式，引导幼儿在手指游戏的配合下有节奏地念诵儿歌学习，能激发幼儿的学习热情，帮助幼儿提升语言的表达能力、思维能力、奏感和小肌肉的协调能力。本课的设计为 2 课时，两个手指游戏内容。

#### 活动一：《小豆芽芽》

##### 活动目标

1. 知识目标：引导幼儿学会《小豆芽芽》手指游戏动作，帮助理解和掌握休止符。培养幼儿的语言能力和小肌肉的运动能力。
2. 情感目标：培养幼儿感受儿歌的韵律美，在游戏中寻找快乐，培养幼儿感受大自然对的美。
3. 能力目标：培养幼儿的模仿能力、记忆力和思维能力。

##### 活动重难点

1. 重点：灵活运用手指做相应的动作感受休止符的时值
2. 难点：能独立完成表演

##### 活动准备

1. 物质准备：小豆芽头饰、休止符节奏卡片
2. 环境创设：围成半圆形

##### 活动过程

1. 课前引入：

老师带上小豆芽的头饰做着手指游戏吟诵儿歌《小豆芽芽》。

师：小朋友们，猜一猜老师刚才表演的是什么植物？

生：小豆芽。

2. 吟诵儿歌，引导幼儿划分节奏节拍：每句一节，四个拍子。如"小"一拍，"豆"一拍，"芽芽"一拍，"休止符"一拍。

3. 根据儿歌内容设计动作。

每句前三拍双手合十，到休止符的地方，双手打开，做小豆发芽的动作。"钻一下"（双手合掌往上钻），"动一下"（双手合掌左右扭动），"钻呀钻呀使劲钻"（双手合掌左右扭动），"钻出两片小芽芽"（双手打开变成两片小芽芽）。

4. 老师带领幼儿表演。

5. 幼儿熟悉儿歌和动作后可以加大难度进行再创编：可加快速度；加入歌唱环节；自由创编其他动作。

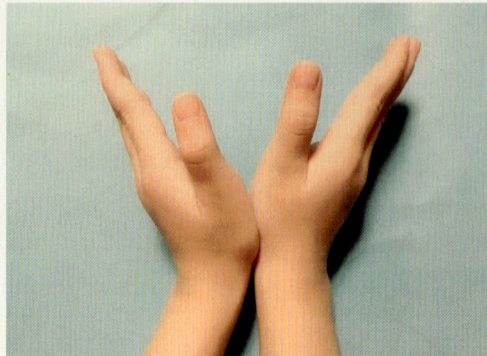

"钻"手势　　　　　　　　　　　　"两片小芽芽"手势

### 活动二：《旺旺狗和咪咪猫》

**活动目标**

1. 知识目标：引导幼儿学会《旺旺狗和咪咪猫》手指游戏动作，帮助理解儿歌内容，掌握音符的时值和特点。培养幼儿的语言能力和小肌肉的运动能力。

2. 情感目标：培养幼儿感受儿歌的韵律美，在游戏中培养幼儿和小动物交朋友的情感。

3. 能力目标：培养幼儿的模仿能力、记忆力和想象能力。

**活动重难点**

1. 重点：灵活运用手指做相应的动作理解儿歌内容，感受音的时值。

2. 难点：表演手指游戏的节奏感。

**活动准备**

1. 物质准备：猫咪头饰、旺旺狗头饰

2. 环境创设：围成半圆形

**活动过程**

1. 故事法导入：

师："喵——""旺旺"，原来是猫猫咪和旺旺狗在玩摇一摇、抱一抱的游戏，他们玩得可开心了，我们也一起加入吧。

2. 吟诵儿歌，引导幼儿划分节奏节拍：

旺旺 / 狗，咪咪 / 猫，

伸出 / 小手 / 摇一摇……

3. 根据内容配动作：

旺旺 / 狗，（两手四指并拢，拇指张开。放到耳边，做煽指的动作）

咪咪 / 猫，（拇指食指做圆状，其余三个手指分开；也可以五指张开，在脸旁做小猫喵喵的动作）

伸出 / 小手 / 摇一摇。（伸出左右手做六形指，小手指勾起来摇一摇）

**活动提示**

动作要与语言协调，充满童趣且适合幼儿肢体动作发展水平。

4. 老师带领幼儿表演。

5. 幼儿熟悉儿歌和动作后可以加大难度进行再创编：可改变节奏的划分方法，可加快速度，自由创编其他动作。

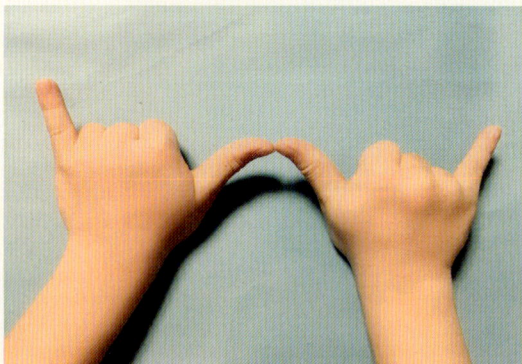

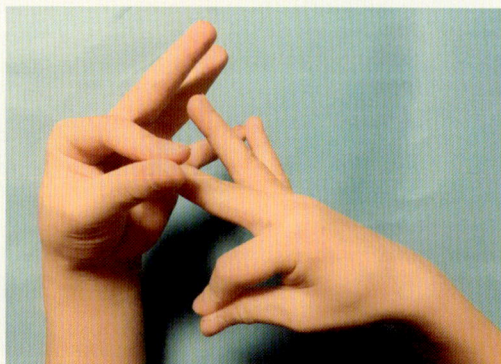

"旺旺狗"手势　　　　　　　　　　　"摇摇尾巴"手势

### 活动分析

1. 手指游戏儿歌的选择：

（1）要选择适合幼儿年龄特点儿歌。

（2）要选择节奏欢快明朗的儿歌。《旺旺狗和咪咪猫》是我们的原创作品，内容是幼儿熟悉的，节奏非常明快。

2. 学会根据儿歌的韵律划分节奏：

这首儿歌是儿歌常见的三三七句式。那么怎么来划分节奏呢。儿歌的节奏又叫节拍或音顿。儿歌的节奏，更多地反映在停顿而构成的节拍上。一般来说，三字句、四字句为两个节拍，五字句、六字句为三个节拍，七字句为四个节拍。不过，也有节拍不固定的儿歌，其节拍可根据内容的需要而灵活运用。这首儿歌我们可以按二二三的节拍来划分。

（2）歌唱手指游戏

带歌谱的儿歌，有较强的音乐感，从歌声中就能感受到音乐情绪的变化和节奏的变化，最能打动儿童的心灵。选择儿童熟悉的具有本土特色的歌谣，可以让儿童对音乐产生共鸣，激发想象力，加入对应的手指游戏进行表演唱，能帮助儿童掌握准确的口语发音，训练复杂的音乐节奏，感知音乐要素，同时也是很好的本土文化的传承。参考本章"第一节奥尔夫肢体动作的概述"中的歌唱手指游戏体验课例《两只小鸟》。

### 两只小鸟

$1 = {}^{\flat}E$　$\frac{4}{4}$　　　　　　　　　　　　　　　　　童谣

| 1 2 3· | 4 | 3 3 2 2 1 | - | 3 4 5· | 6 | 5 5 4 3 | - |
|---|---|---|---|---|---|---|---|
| 两 只 小 | 鸟 | 坐 在 小 树 上， | | 它 叫 丁 | 丁， | 它 叫 东 东， | |

| 5 5 5 6 5 0 | 0 | 5 5 5 6 5 0 | 0 | 5 5 3 5 5· | 4 4 2 1 1· |
|---|---|---|---|---|---|
| 丁 丁 飞 走 了， | | 东 东 飞 走 了， | | 回 来 吧 丁 丁， | 回 来 吧 东 东。 |

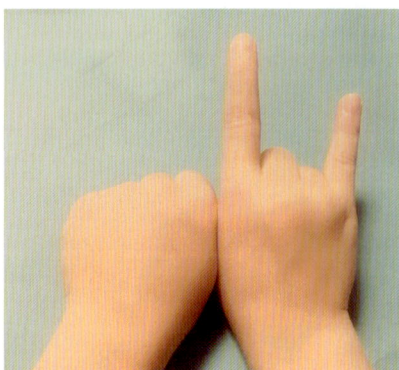

食指"丁丁"，小指"东东"　　　　　　"丁丁飞走了"手势

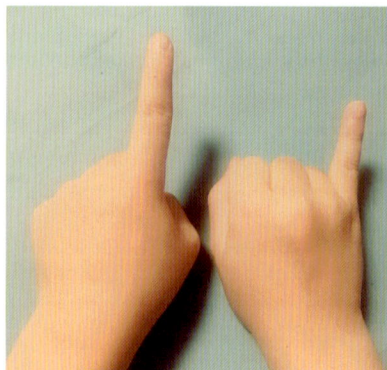

### 3）手指游戏的音乐活动设计总结

设计和组织手指游戏活动时应注意以下几点。

（1）感受

手指游戏就是在儿歌童谣中提取节奏单元，然后再配合一定的动作和舞蹈去加强节奏，从而训练幼儿的节奏感。每节可以是两拍、三拍或四拍。音符时值最初一般是二分或四分音符，到后面可以是八分音符、十六分音符等，让幼儿体验不同节奏节拍的感受。

（2）配合

教师在教学过程中注意语言节奏和动作节奏的统一，避免语言和动作的不协调。但要注意幼儿的个体差异，当有些幼儿手指并不能很准确地做出动作时，教师应及时给予帮助、鼓励和恰当的指导。

（3）创造

要注意以幼儿为本体地位，发挥幼儿的创造性，鼓励幼儿变化节奏和创编动作。

**拓展练习**

1. 请为儿歌《小青蛙》设计手指游戏动作并表演。

**小青蛙**

$\frac{2}{4}$ 中速

小 青蛙 | 宽 嘴巴 | 圆 眼睛 | 穿 花褂 |

砰 砰跳 | 呱 呱呱 | 捉 害虫 | 护 庄稼 ‖

2. 尝试歌唱手指游戏《两只小鸟》的模拟教学。

# 奥尔夫器乐教学

♪ **引言**

　　奥尔夫原本性教育理念提倡"唱、奏、动"都应贴近生活，回归自然，遵循人人参与的原则。以节奏为主的奥尔夫打击乐器简单易奏，音色丰富，深受学生的喜爱。奥尔夫节奏乐器不仅可以丰富歌唱教学，还可以训练学生的节奏感，给学生自由的创作空间，即兴创作自己的音乐并演奏，从而发挥学生对音乐的主动性、创造性和即兴性。

♪ **学习目标**

**知识目标**

了解奥尔夫器乐教学的重要性及在实践教学中的作用
掌握奥尔夫器乐的伴奏编配的相关知识

**技能目标**

学会运用奥尔夫打击乐器去表现各种音乐元素，掌握为歌曲伴奏和表现音乐的技巧
认识常用小打击乐器和音条乐器的种类、音色及演奏技巧
引导学生运用打击乐围绕生活和大自然进行即兴创作，学会乐器间的交流和为音乐配器

**情感目标**

激发学生参与奥尔夫乐器和自制打击乐探索的热情，感受即兴奏乐带来的乐趣
尝试不同乐器的节奏音响变化赋予的美妙音色、节奏感和韵律感
激发学生的创作欲望，在共同奏乐创作中学习、体验集体合作的快乐

♪ **知识概述**

♪ **知识点课例体验**

♪ **拓展练习**

## 课题一    奥尔夫器乐教学的概述

### 1 奥尔夫器乐教学的重要性

奥尔夫教学法中有三个重要的媒介物：第一个是人声（嗓音），第二个是肢体，第三个是乐器。器乐教学是奥尔夫教学法的最终目标，奥尔夫希望通过节奏、嗓音和肢体动作，最终能够展现在乐器的演奏上。奥尔夫要求教师只有在学生掌握了一些音乐的元素和身体的律动后，才能让他们开始使用所谓的奥尔夫乐器。

奥尔夫器乐教学是指运用奥尔夫乐器进行音乐伴奏或者音乐演奏，让儿童作为演奏者参与其中，去体验和感受音乐。

奥尔夫在 1961 年《学校儿童音乐教材》中回顾与展望时说："我摆脱了动作训练只用钢琴的办法（这在当时是普遍的，包括达尔克罗兹音乐教育体系），我追求的却是通过要学生自己奏乐，即通过即兴演奏并设计自己的音乐，以发挥学生的主动性。"在奥尔夫教学法中，不是用钢琴伴奏，而是采用儿童易学易奏的原始打击乐器。它可以是无音高打击乐器，如双响筒、鼓、串铃、碰铃等小打击乐器，或是生活中可以发出声响的打击乐器，如钥匙串、锅碗瓢盆等；也可以是有音高的乐器，如木琴、铝板琴、竖笛等。奥尔夫打击乐按具有节奏性强、音色鲜明、敲奏简单、原始性的特点，能充分满足儿童的好奇心和探索欲望。通过自己奏乐，培养了儿童学习音乐的主动性、创造力和团体合作的能力。

### 2 奥尔夫器乐教学的作用

#### 1）为歌唱活动增色

奥尔夫提倡歌唱作为人声是音乐活动的第一件乐器，但由于儿童生理年龄或者性格爱好的原因，不是所有的孩子都适合或者喜欢歌唱。如 3~6 岁的幼儿，声带还处于非常稚嫩的时期，不适合过多歌唱，变声期的孩子也不适合歌唱，一些性格内向的孩子或许更喜欢作为旁听者。奥尔夫乐器好玩易学，恰恰能满足不同类型孩子的需求，使他们产生兴趣，通过唱歌、奏乐、表演，让孩子们用不同的方式参与到音乐中，不仅克服了歌唱活动的哑症现象，还增添了歌唱的音响效果。

#### 2）培养良好的人格

器乐教学都是集体体验，由于打击乐简单易学，能力弱的孩子也能参与到演奏中。在乐队合奏中，每个声部、每个乐器既是独立的个体，又是一个整体，儿童在演奏中既是主角又是配角，既要把握自己的主奏旋律，又要配合声部或者其他乐器的演奏，这在无形当中培养了儿童分工合作的观念、正确处理人际关系的观念，帮助提高儿童的专注力、自我把控能力、激发内在的激情等良好的人格表现。

#### 3）发展个性和创造性

奥尔夫器乐教学是透过有节奏性或旋律性的打击乐器进行即兴演奏或者合奏。它的演奏技法简单易学，鼓励儿童在单一的和声、固定的节奏型的演奏技法基础上进行灵活性的奏乐。这种即兴奏乐能让儿童直接参与到音乐中，激发儿童对音乐的兴趣，发挥他们的想象力和创造力，这正好符合奥尔夫追求孩子在玩中学、玩中创造音乐、玩中发展个性和创造性的精神。

### 3 奥尔夫乐器的种类及特点

奥尔夫乐器分为无音高打击乐器和有音高打击乐器两大类。无音高打击乐器可细分为皮革类、木质类、金属类、散响类四种；有音高打击乐器是指音条乐器，分为钟琴、金属琴、木琴三种。

### 1）无音高打击乐器的种类及特点

#### （1）皮革类打击乐器

皮革类打击乐器即鼓类，都是由皮革蒙在有共鸣体的圆桶上做成的，常见的鼓类有堂鼓、落地鼓、大小军鼓、棒棒糖鼓、非洲鼓、邦戈鼓等。

皮革类打击乐器的特点：鼓槌或手敲击鼓面中心或者鼓边，其中非洲鼓和邦戈鼓是用双手拍击鼓面，鼓面不同的部位可拍出高、中、低三种音色。音量较大，拍点明显，声音相对低沉浑厚，适合低音声部，在强拍上给人稳定感。

堂鼓

落地大鼓

小军鼓

棒棒糖鼓

非洲鼓

邦戈鼓

#### （2）木质类打击乐器

木质类打击乐器使用木头或竹子制作而成，常见的木质类有单响筒、双响筒、响板、节奏棒、木鱼、响木、蛙鸣筒、红黄蛙鸣筒。

木质类打击乐器的特点：以敲击或者拍击发出声音。声音清脆响亮、短促有力、拍点明显。其中蛙鸣筒是以刮奏发出声音，音色像青蛙的叫声。木质类打击乐器可以敲奏较复杂、速度较快的节奏型，一般用于旋律声部。

单响筒

双响筒

响板

节奏棒

木鱼

响木

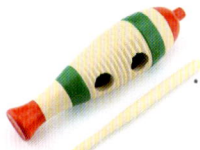
蛙鸣筒

红蓝蛙鸣筒

#### （3）金属类打击乐器

金属类打击乐器使用铜、铝等金属材料制作而成，常见的有三角铁、碰铃、锣、钹、双喇叭、震动器等。

金属类打击乐器的特点：金属类打击乐器通常是通过碰撞或者敲击发出声音，也有转圈发音的，如三角铁。金属类打击乐器的声音响亮有延音、穿透力强，拍点明显，适合做强拍。锣、钹、震动器的音量较大，适合做伴奏中的长音或者作为特殊乐器使用；双喇叭、三角铁和碰铃音量较小，有延音，适合速度慢且单一的节奏型。

三角铁

碰铃

锣

钹

双喇叭

震动器

（4）散响类打击乐器

散响类打击乐器制作材料较复杂，由木、竹、铁、塑料等两种以上的材质制作而成，常见的有串铃、手摇铃、沙锤、沙蛋、铃鼓、手环摇铃、卡巴萨、雨声器响筒等。

散响类打击乐器的特点：散响类演奏方式较为丰富，通常以摇、拍、敲发出声音。声音细碎，音量较小，拍点不明显，适合做弱拍，宜选择速度慢且简单的节奏型。

串铃

手摇铃

沙锤

沙蛋

铃鼓

手环摇铃

卡巴萨

雨声器响筒

### 2）有音高打击乐器的种类及特点

有音高打击乐器即音条乐器，按照材质不同主要可分为钟琴、木琴、金属琴、音砖。还有其他带音高的乐器，如竖笛、尤克里里等。

（1）钟琴

钟琴有传统钟琴和小钟琴两种。

①传统钟琴。

传统钟琴由镀锘金属制作而成，有 13 个金属音条。

传统钟琴的特点：通常用两根琴槌敲击音条发声，声音清脆、明亮，具有童真般的诗意情调，在音条乐器中音区最高，常用于乐队的高声部。由于有较长的延音，不宜演奏节奏复杂的旋律。

②小钟琴。

小钟琴是由我国钟飞翔先生经过改良发明的双排钟琴。为了降低小钟琴的演奏难度，小钟琴设计成 16 个铝片音条，按照三度音程构成双排，每排各八音，左边以低音 sol，右边以低音 la，分别向上构三度音程关系的八个音。

小钟琴的特点：小钟琴的声音清脆悦耳，有共鸣，能够快速演奏各种节奏的旋律，常用于乐队的高声部或旋律声部，它好听易奏，深受幼儿园小朋友和小学生的欢迎。小钟琴的演奏特点，左边的音组由左手握琴槌敲奏，右边的音组由右手握琴槌敲奏，也可以左右手交替敲奏，或者按照三度音程双音敲奏。

叮铛小钟琴

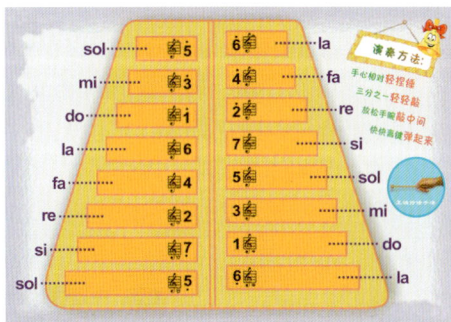

小钟琴演奏图

（2）金属琴

金属琴亦称钢片琴、铝板琴、铁琴。铝板琴较为常用，由带有音箱的 13 个音条按照音高顺序组成，音条比钟琴要大、厚，俗称十三音箱式铝板琴，分为高音、中音、低音等三种十三音箱式铝板琴。

铝板琴的特点：铝板加上木制共鸣箱的材质搭配，它的延音震动较为强烈，音色更为柔和、优美、模糊，具有神秘色彩，不适合演奏节奏复杂或者快速的旋律，可以作为伴奏声部，主要以在 Ⅰ、Ⅳ、Ⅴ级上建立的正三和弦作为固定伴奏音型搭配伴奏，避免乐队音色嘈杂。演奏可以是单槌或双槌敲击、滚奏、刮奏等奏法。

高音十三音箱式铝板琴

中音十三音箱式铝板琴

低音十三音箱式铝板琴

（3）木琴

木琴也称十三音箱式木琴，红木或者檀木材质，由带有音箱的 13 个音条按照音高排序组成，通过敲击音条带动音箱震动发音，分为高音、中音、低音等三种十三音箱式木琴。

木琴的特点：高音木琴，好比抒情男高音，音色明朗而富有诗意，通常作为乐队的旋律声部；中音木琴，好比男中音，音色温和，通常作为乐队的中音声部；低音木琴，好比男低音，音色深沉浑厚，通常作为乐队的低音声部。中音和低音木琴在乐队中以伴奏为主，主要以正三和弦作为固定伴奏音型进行搭配。木琴音色短促清脆，共鸣和混响较短，适合演奏欢快活泼的歌曲。

高音木琴和中音木琴

（4）音砖

音砖，一个音砖一个音，每个音砖都是一个带有小共鸣箱的音条，八个音砖分别代表了一组音阶的八个音，每个音都可以独立敲击。

音砖的特点：音色清脆明亮，演奏简单，便于携带，可以演奏歌曲，也可以作为音乐游戏的乐器，深受儿童的欢迎，特别适合幼儿玩音乐。

音砖

还有两种乐器分别是"按钟"和"八音筒"，和音砖一样也是八个独立的音。"按钟"可以变成带音高的摇铃，也可以变成音阶按钟演奏歌曲；"八音筒"是敲击地板发出砰砰的声响，音色温和，可以玩音高游戏也可奏乐。

八音旋律按钟

八音彩色音筒

音条乐器中，木琴和铝板琴需用特质的橡胶琴槌或者毛线琴槌，木制琴槌会破坏它们的音色。木琴和铝板琴的音条可以自由拆卸和安装，还备有升 F 和降 B 两个音条，方便更换音条转调演奏，更换升 F 的音条可以演奏 D 大调，更换降 B 音条可以演奏 F 大调。儿童在学习音乐初期可以根据自身的音乐能力拆卸个别的音降低演奏难度，如歌曲《玛丽有只小羊羔》，主旋律部分选择高音木琴，只保留"C、D、E"三个音名的音条演奏主旋律；伴奏部分选择低音木琴，只保留 C 的八度音程（双音），两根琴槌每小节敲击一次 C 的八度音程。这种简朴的敲奏好玩、易学，儿童在演奏上不用担心敲错音或声部间的配合难度，只需要跟着老师的指挥，就能即兴完成多声部的乐队合奏。

### 3）其他乐器及特点

#### （1）竖笛

竖笛源于欧洲的木管乐器，分为六孔竖笛和八孔竖笛两种。在奥尔夫编写的《学校儿童音乐教材》中，竖笛作为主要的旋律乐器，排在音条乐器的之后。

竖笛的特点：竖笛的音色优美圆润，易吹易奏，携带方便，转调灵活，适合儿童的音乐启蒙学习。

巴洛克高音竖笛

#### （2）尤克里里

尤克里里即夏威夷小吉他，尤克里里的琴身由桃花芯木、云杉木、相思木等木制做成吉他或菠萝形状，琴弦使用尼龙弦、钛弦等材质。有四根"A、E、C、G"音高的琴弦，统称 C 调和弦，可自如转调。

尤克里里的特点：尤克里里的音色轻快明亮，自带共鸣，音域集中在高音区，适合演奏清新活泼、浪漫的音乐，好听小巧，又能激发节奏潜能的乐器，技法简单，有拨弦、扫弦、击弦等技法，可以演奏旋律，也可和声伴奏。它是老幼皆宜的乐器，被纳入奥尔夫音乐的器乐教学中。

尤克里里

**拓展练习**

1. 练习常见四大类打击乐器的演奏技巧，感受四大类打击乐器的音色和音响效果。

2. 设计一个"演奏颜色"的教学设计，让幼儿分辨颜色演奏乐器。（如：红色卡片——皮革类，黄色卡片——木质类，绿色卡片——散响类，蓝色卡片——金属类）

## 课题二　　奥尔夫器乐的伴奏编配

### 1 无音高打击乐器的伴奏编配

无音高打击乐器是音色独特、鲜明，且易识别、易演奏、便于携带的小型打击乐器。在我们的歌唱教学中，会经常运用小打击乐器为歌曲伴奏，每件小打击乐器都有自己独特的音色和用途，如果使用不当反而会破坏歌曲的歌唱性和音乐性。我们可以根据乐器本身的特点和音响效果进行打击乐的搭配和节奏编配。

| 类别 | 拍点 | 特点 | 对应声势 | 对应声部 | 常见打击乐 |
|---|---|---|---|---|---|
| 皮革类 | 明显 | 音量较大，声音相对低沉浑厚 | 跺脚 | 低声部 | 堂鼓、落地鼓、大小军鼓、棒棒糖鼓、非洲鼓、邦戈鼓等 |
| 木质类 | 明显 | 音量适中，声音清脆响亮，音区适中 | 拍手拍腿 | 旋律声部 | 单响筒、双响筒、响板、节奏棒、木鱼、响木、蛙鸣筒、红黄蛙鸣筒等 |
| 金属类 | 明显 | 声音明亮，有延音，穿透力强，音区较高 | 响指弹舌 | 高音声部 | 三角铁、碰铃、锣、钹、双喇叭、震动器等 |
| 散响类 | 不明显 | 音量相对较小，声音细碎，演奏方式较丰富 | 拍腿 | 中音声部 | 串铃、手摇铃、沙锤、沙蛋、铃鼓、手环摇铃、卡巴萨、雨声器响筒等 |

**1）小打击乐器的音响效果与拍子的强弱搭配**

小打击乐器的音响效果结合四二拍、四三拍、四四拍的强弱规律进行乐器的伴奏搭配。皮革类打击乐器音量大、音色低沉、拍点明显，适合强拍；木质类打击乐器音量适中、音色响亮、拍点明显，适合强拍或次强拍；散响类打击乐器音量小、音色细碎、拍点不明显，适合弱拍；金属类打击乐器有较长的延音，音量过大或者过小，一般作为特殊乐器演奏，不考虑和其他乐器的伴奏搭配。小打击乐器由强到弱的音响排序，如皮革类—木质类—散响类。

（1）小打击乐器的音响效果与四二拍搭配

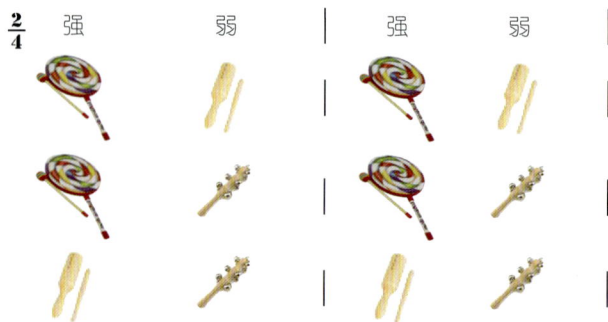

四二拍的拍点是"强弱"，按照皮革类、木质类、散响类的音响效果结合四二拍的强弱关系进行搭配。第一种搭配，皮革类做强拍，木质类做弱拍；第二种搭配，皮革类做强拍，散响类做弱拍；第三种搭配，木质类做强拍，散响类做弱拍。

（2）小打击乐器的音响效果与四三拍搭配

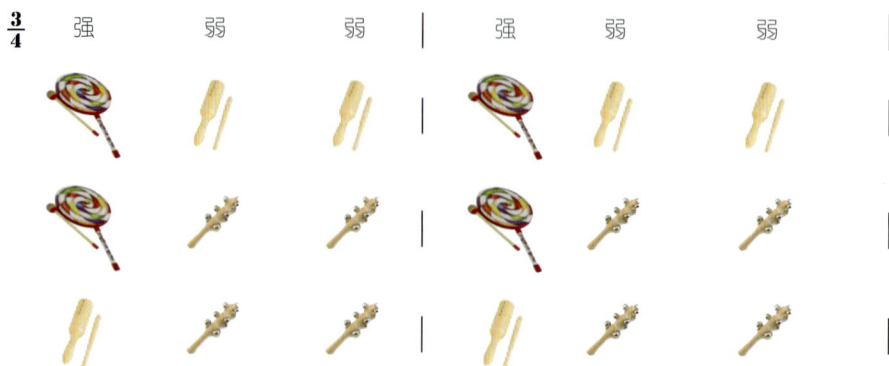

　　四三拍的拍点是"强弱弱"，按照皮革类、木质类、散响类的音响效果结合四三拍的强弱关系进行搭配。第一种搭配，皮革类做强拍，木质类做弱拍；第二种搭配，皮革类做强拍，散响类做弱拍；第三种搭配，木质类做强拍，散响类做弱拍。

　　（3）小打击乐器的音响效果与四三拍搭配

$\dfrac{4}{4}$　强　　　弱　　　次强　　　弱　｜　　强　　　弱　　　次强　　　弱　｜

　　四四拍的拍点是"强弱次强弱"，按照皮革类、木质类、散响类的音响效果结合四四拍的强弱关系进行搭配。皮革类比木质类音响效果强，皮革类做强拍，木质类做次强拍，散响类做弱拍。

### 2）不同音响效果的小打击乐器结合拍子做节奏编配

　　小打击乐器由强到弱的音响效果排序：皮革类—木质类—散响类。不同音响效果的小打击乐根据拍子的强弱规律编配固定节奏型并演奏，这种利用音色、音响、强弱的对比进行搭配创编的伴奏形式，容易营造一个声部演奏出多声部的效果，显得整个伴奏和声更加饱满、灵动。由于它简单易奏、即兴性强、便于指挥，老师的指挥能同时兼顾至少三个乐器，降低学生演奏的难度，非常适合学龄前儿童或者初学者进行乐队的集体合奏。

　　（1）不同音响效果的小打击乐器结合四二拍做节奏编配

　　以（$\dfrac{2}{4}$——皮革、木质）为例

　　1=C　$\dfrac{2}{4}$

　　稳定拍：
　　节奏编配：

　　（2）不同音响效果的小打击乐器结合四三拍做节奏编配

　　以（$\dfrac{3}{4}$——木质、散响）为例

$$1=C \ \frac{3}{4}$$

稳定拍：

节奏编配：

（3）不同音响效果的小打击乐器结合四四拍做节奏编配

以（$\frac{4}{4}$ ——皮革、木质、散响）为例

$$1=C \ \frac{4}{4}$$

稳定拍：

节奏编配：

### 3）单个乐器的伴奏编配

单个乐器的伴奏编配分为稳定拍伴奏、固定节奏型伴奏等两种伴奏编配。

（1）稳定拍伴奏

单个乐器或者任何能发出声音的物体作为稳定拍的强拍，在每小节第一拍的强拍敲奏。（乐器出现在每小节第 1 拍，×——乐器；○——休止）

$\frac{2}{4}$

$\frac{3}{4}$

$\frac{4}{4}$

（2）固定节奏型伴奏

根据拍子的强度规律和乐器的音响效果编配伴奏的固定节奏型。

（以 $\frac{2}{4}$ 🪇 🪵 🪀 为例）

$$1=C \ \frac{2}{4}$$

| × | × | ｜ | × | × | ｜ |
| ×× | × | ｜ | ×× | × | ｜ |
| × | ×× | ｜ | × | ×× | ｜ |
| ×× | ×× | ｜ | ×× | ×× | ｜ |
| ×× | ○ | ｜ | ×× | ○ | ｜ |

### 4）打击乐器的多声部节奏编配

打击乐器的多声部节奏编配主要根据歌曲的音乐风格、拍子与节奏、歌词表达等特点进行配器和编配节奏。先确定主奏乐器和配奏乐器，再搭配适合的节奏。皮革类音色低沉、浑厚，适合搭配深沉、抒情、优美的歌曲，节奏编配以简单的固定节奏型为主；木质类音色清脆、响亮，适合所有风格的歌曲，节奏编配可以选择不同类型的固定节奏型；散响类音色灵动、细碎，适合所有风格的歌曲，节奏编配以加休止符的简单的固定节奏型为主；金属类中的钹和锣音量较大不适合作为伴奏乐器，三角铁和碰铃音量小、有余音，可以根据歌曲的音响搭配，作为特殊乐器使用。

打击乐器的多声部节奏编配教学课例：打击乐合奏《哈巴狗》（4～6岁）
（教学设计：黄倩芳）

#### 哈巴狗

词曲作者 佚名
黄倩芳配伴奏

$$1=C \ \frac{4}{4}$$
小快板　愉快地

| 1 1 | 1 2 | 3 | - | 3 3 | 3 4 | 5 | - | 6 6 | 5 4 | 3 | - | 5 5 | 2 3 | 1 | - | ‖ |

一只哈巴狗，　坐在大门口，　眼睛黑黝黝，　想吃肉骨头。
一只哈巴狗，　吃完肉骨头，　尾巴摇一摇，　向我点点头。

| X | O | X | O | X | O | X | O | X | O | X | O | X | O | X | O | ‖ |
| X | X | O | O | X | X | O | O | X | X | O | O | X | X | O | O | ‖ |
| O | O | X | X | O | O | X | X | O | O | X | X | O | O | X | X | ‖ |
| X | - | - | - | X | - | - | - | X | - | - | - | X | - | - | - | ‖ |

#### 设计意图

奥尔夫小打击乐器简单易奏，灵活轻便，能奏出富有活力的音乐。歌曲《哈巴狗》是一首广为传唱的经典儿童歌曲，音乐欢快活泼，歌曲幽默风趣。本课是作为歌唱教学后的器乐教学，根据幼儿的年龄特点，结合歌曲的风格和四四拍的节奏特点，选择了适合幼儿演奏的棒棒糖鼓、双响筒、摇铃、碰铃等四种打击乐器为歌曲伴奏。棒棒糖鼓模拟小狗有节奏的脚步声，单响筒模拟小狗的旺旺声，摇铃模拟小狗摇尾巴的声音，碰铃是作为特殊乐器模拟小狗带着铃铛的声音。由声势过渡到四种打击乐的合奏为歌曲伴奏，由浅入深，能激发儿童的音乐兴趣，培养分工合作的默契度、听觉能力、节奏感和乐感。演奏可根据儿童的年龄、兴趣、能力等因素灵活设计，删减一到两个声部。

### 活动目标

1. 知识目标：认识四种打击乐器，听辨音色选择适合的固定节奏型。

2. 情感目标：通过声势模拟打击乐再过渡到打击乐的演奏，让幼儿体验打击乐的多声部合奏的音响效果，愉悦身心。

3. 能力目标：培养分工合作的默契度、听觉能力、节奏感和乐感。

### 活动重难点

1. 重点：练习四大类打击乐伴奏的固定节奏型

2. 难点：四种打击乐为歌曲伴奏

### 活动准备

1. 经验准备：上节课已经学会歌唱《哈巴狗》

2. 物质准备：节奏卡片、棒棒糖鼓、单响筒、摇铃、碰铃

### 教学过程

1. 歌唱导入：跟着音乐，边做小狗动作边歌唱"哈巴狗"。

2. 为歌曲挑选适合的打击乐。

师：今天，我们要为哈巴狗选择适合它的打击乐为它伴奏，比如哈巴狗的脚步声、旺旺叫的声音、摇尾巴的声音、脖子的铃铛声。

（脚步声——鼓，旺旺声——单响筒，摇尾巴——摇铃，铃铛声——碰铃）

3. 结合歌曲风格和打击乐的音响选择适合的节奏卡。

（1）棒棒糖鼓：× ○ × ○|

（2）单响筒：× × ○ ○|

（3）摇铃：○ ○ × ×|

（4）碰铃：× － － －|

4. 练习四种乐器的固定节奏型的演奏。

（1）利用声势模拟打击乐为歌曲伴奏，边唱边奏。跺脚模拟鼓的节奏，拍腿模拟单响筒的节奏，拍手模拟摇铃的节奏，响指模拟碰铃的节奏。

*活动提示*

*每个声势节奏都要单独跟着音乐边唱边奏一次。*

（2）分成四小组，以两个小组合作的形式进行音乐演奏。如棒棒糖鼓小组和碰铃小组合作完成歌曲伴奏；单响筒小组和摇铃小组合作完成歌曲伴奏。（没轮到的小组帮忙歌唱）

5. 打击乐合奏歌曲《哈巴狗》。

在老师的指挥下，挑选六位小朋友领唱，四种乐器合作完成歌曲《哈巴狗》伴奏。

*活动提示*

*四种乐器的多声部伴奏，需要根据儿童的年龄、兴趣、能力等因素增减乐器声部、由浅入深，先声势模拟不同乐器的固定节奏型，再替换成乐器演奏，先分组训练再合作。*

## 2 音条乐器的伴奏音型编配

　　音条乐器中，小钟琴、音砖的音色清脆明亮，作为演奏歌曲的旋律声部；高音木琴与高音铝片琴音色清脆有共鸣，即可演奏主旋律，也可作为和伴奏声部；中音木琴和中音铝片琴音色柔美，作为伴奏声部；低音木琴和低音铝板琴，音色低沉浑厚，延音较长，作为低音伴奏声部。

　　伴奏声部的固定音型编配主要以在Ⅰ、Ⅳ、Ⅴ级上建立的正三和弦作为固定伴奏音型伴奏，伴奏可以是半分解和弦、分解和弦，还有三度、纯四、纯五、纯八等音程作为固定伴奏音型。

音条乐器的伴奏编配教学案例：音条乐器合奏《铃儿响叮当》（5～9岁）
（教学设计：黄倩芳）

铃儿响叮当

佚名 词
彼尔彭特 曲
邓映易、胡炳 译配
黄倩芳配伴奏

今晚滑雪真快乐,把滑雪歌儿唱。　叮叮当　叮叮当　铃儿响　叮当,

我们滑　雪多快乐我们坐在雪橇上,　　坐在雪橇上!

小钟琴

高音木琴

中音木琴

低音铝板琴

### 设计意图

　　奥尔夫音条乐器最大的特点是可以拆卸和自由更换,是最好的识谱启蒙乐器。歌曲《铃儿响叮当》是一首脍炙人口的经典圣诞歌曲,歌曲欢快风趣。本课是歌唱课后的带音高的器乐教学,歌曲采用小钟琴、高音木琴、中音木琴、低音铝板琴编配固定节奏型为歌曲伴奏,是多声部的乐器合奏,教学中采用一层层铺地毯的教学方法,每个声部分解训练再合奏,以减轻学生的心理压力,激发学生的学习热情,培养分工合作的默契度、听觉能力、旋律感和音乐感。音条乐器的伴奏乐谱可根据儿童的年龄、兴趣、能力等因素灵活改编或删减声部。

### 活动目标

1. 知识目标：认识四种音条乐器乐器，听辨音色选择适合的伴奏音型。

2. 情感目标：通过边唱边用声势模拟拍奏音条乐器的伴奏音型再过渡到打击乐的演奏，让幼儿体验音条乐器的多声部合奏的音响效果，愉悦身心。

3. 能力目标：培养分工合作的默契度、听觉能力、旋律感和音乐感。

### 活动重难点

1. 重点：练习四种音条乐器的伴奏音型

2. 难点：音条乐器为歌曲伴奏

### 活动准备

1. 经验准备：上节课已经学会歌唱《铃儿响叮当》

2. 物质准备：伴奏音型卡片、小钟琴 10 台、高音木琴两台、中音木琴一台、低音铝板琴一台

### 教学过程

1. 歌唱导入：跟着音乐，边做律动边歌唱《铃儿响叮当》。

2. 认识四种音条乐器。

师：今天，圣诞老人给我们带来了可以发出美妙音乐的礼物，我们一起听一听，猜猜是什么礼物？（认识小钟琴、高音木琴、中音木琴、低音铝板琴的音色及演奏技法）

3. 嗓音和声势模拟四种音条乐器的伴奏。

（1）利用嗓音歌唱小钟琴和高音木琴的旋律。

（2）利用声势模拟中音木琴和低音铝片琴的敲奏：利用分手拍腿，边歌唱主旋律边模拟中音木琴拍奏的分解和弦；利用双手同时拍腿，边歌唱主旋律边模拟低音铝板琴有节奏地拍奏音程。

4. 分组训练四种音条乐器的演奏。

（1）小钟琴组和高音木琴组合作完成歌曲的旋律演奏。

（2）中音木琴组练习Ⅰ、Ⅳ、Ⅴ级的分解和弦，熟悉后配上音乐训练。

（3）低音铝板琴组练习音程的敲奏，熟悉后配上音乐训练。

（4）交换声部练习。没有音条乐器的学生边唱边做声势。

5. 音条乐器合奏《铃儿响叮当》。

在老师的指挥下，挑选 10 位小朋友领唱，用四种音条乐器合作完成歌曲《铃儿响叮当》的伴奏。

### 活动提示

音条乐器的多声部伴奏，需要根据儿童的年龄、兴趣、能力等因素增减乐器声部、由浅入深，没有用上的音条可以拆卸，降低学生的演奏难度。教学中先利用声势模拟敲奏乐器的伴奏音型，再替换成音条乐器演奏，先分组训练再合作。

音条乐器合奏

1. 学生分组排练音条乐器的伴奏编配案例《铃儿响叮当》。

2. 为歌曲《两只老虎》编配三类常用打击乐的伴奏谱，以小组的合作形式演奏，
并设计一篇教学课例。

## 课题三　奥尔夫器乐在实践教学中的应用

奥尔夫教学主张"说、唱、动、奏"的整体艺术教学，而打击乐最擅长的就是奏乐。除了原始性的奥尔夫打击乐器，还可以自制能发出声响的打击乐辅助音乐教学，这种原始性的打击乐器简单易奏，儿童不必掌握过多技巧就可以自然地、主动地去表现音乐、创造音乐，这便是奥尔夫追求原本性的音乐教育理念。

通过奏乐可直接训练音乐感，领悟、表现和理解音乐，并实现用音乐与他人的交流沟通。嗓音教学和肢体动作教学都可以运用打击乐完成从"说唱—动—奏乐"的综合性整体艺术教学。奥尔夫器乐在实践教学中的应用包含了五种教学形式：为节奏朗诵和声势伴奏、为歌曲伴奏、乐器表现音乐元素、器乐即兴创作、器乐合奏。其中"为歌曲伴奏"在本章第二节已经做了详细的案例指导。

### 1 为节奏朗诵和声势伴奏

奥尔夫打击乐是节奏朗诵和声势最好的教学辅助工具。单元3"奥尔夫嗓音教学"的语词、语句、歌谣、锣鼓经、古诗词、故事小品等的节奏朗诵的课例，单元4课题二"动作游戏——声势"的节奏呼应、节奏接龙、节奏问答、节奏的即兴回旋、声势伴奏的课例，都可以替换成打击乐完成节奏伴奏的训练。如嗓音中的各种字词、短句等节奏基石（节奏型）可以用四大类打击乐分别搭配演奏；声势中的"拍手"用木质类或者散响类代替，"拍腿"用木质类代替，"跺脚"用皮革类代替，"响指或弹舌"用金属类代替。

**有节奏朗诵和声势伴奏的教学课例：童谣《风来了　雨来了》（4～8岁）**
**（教学设计：黄倩芳）**

## 风来了　雨来了

山东童谣
黄倩芳 改编

### 设计意图

原本性音乐教育是一种人人必须自己参与的音乐，说、动、奏乐的综合性教学能让每位学生都参与其中。山东童谣《风来了　雨来了》采用"说、动、奏"的综合教学方法，引导儿童在有节奏说童谣的基础上加入人体乐器和小打击乐器，利用动作和乐器模拟童谣中的声音，进行多声部的伴奏，儿童不必掌握过多技巧就可以自然地、主动地去表现音乐、创造音乐。本课的声势和打击乐的多声伴奏可根据儿童的心理年龄特点灵活设计，增减难度。

### 活动目标

1. 知识目标：掌握有节奏地朗诵童谣，帮助儿童探索动作和乐器模拟声音的音效，掌握多声部的声势伴奏和打击乐伴奏。

2. 情感目标：通过幽默风趣的《风来了　雨来了》感受蛤蟆背着鼓在雨中跳水的滑稽画面，培养音乐感。

3. 能力目标：初步学会利用"说、动、奏"综合教学培养儿童的分工合作能力、节奏感、音乐表现力和创造力。

**活动重难点**

1. 重点：探索声势动作和打击乐模拟声音的音效
2. 难点：三个声部的打击乐伴奏

**活动准备**

1. 经验准备：儿童已经学会基本的节奏敲奏
2. 物质准备：蛤蟆手偶、各声部节奏卡、手鼓、串铃、蛙鸣筒

**活动过程**

1. 手偶剧表演导入：老师一只手带着蛤蟆手偶，一只手拿着手鼓拍打蛤蟆的背，有节奏地念着童谣《风来了  雨来了》表演。

师：小朋友们，蛤蟆身上背着什么鼓，发出了什么声音？

生：花花鼓，发出乒乒乓乓的声音。

师：你们还听到了什么声音？

生：风声、雨声。

2. 拍着稳定拍朗诵《风来了  雨来了》。

3. 引导学生利用声势结合嗓音模拟蛤蟆背鼓的走路声、雨滴声、蛤蟆声音。

（1）跺脚模拟蛤蟆背着鼓走路的声音：乒  乓 | 乒  乓 |

（2）拍腿模拟雨水滴到鼓面的声音：滴滴  答答 | 滴滴  答答 |

（3）拍手模拟蛤蟆的声音：呱 − | 呱 − |

4. 学生分成四个声部训练声势和嗓音配合的说奏。其中，三、四声部合作训练说奏。

5. 在老师的指挥下，建立统一的稳定拍，声势与嗓音配合，声部间采取先节奏再语词的顺序依次进入合奏：二声部作为稳定拍节奏先进入四小节，三、四声部合成进入四小节，节奏朗诵童谣进入，完成四个声部的合奏。

6. 伴奏的三个声部利用打击乐替换声势结合嗓音模拟蛤蟆背鼓的走路声、雨滴声、蛤蟆叫声。

（1）拍奏 模拟蛤蟆背着鼓走路的声音：乒  乓 | 乒  乓 |

（2）敲奏 模拟雨水滴到鼓面的声音：滴滴  答答 | 滴滴  答答 |

（3）刮奏 模拟蛤蟆叫声：呱 − | 呱 − |

7. 打击乐结合嗓音的声部合作，采取依次进入的合奏训练。

*活动提示*

*声势和打击乐的分声部训练要在老师的指挥下进行，待声部间的节奏熟悉后，声部间再互换声势或打击乐训练，像搭房子一样一层层往上搭好后再合奏。*

## 2  为歌曲伴奏

为歌曲伴奏可以分为小打击乐器或者自制打击乐为歌曲伴奏，音条乐器为歌曲伴奏，音条乐器和小打击乐器搭配为歌曲伴奏。歌曲伴奏我们已经在本单元课题二"奥尔夫器乐的伴奏编配"中有详细的课例分析。自制打击乐，如皮革类，塑料水桶、塑料脸盆；木质类，凳子、桌子、筷子；散响类，钥匙串、装沙子的瓶子；其他类，杯子、书本、报纸、塑料袋等。

### 3 乐器表现音乐元素

音乐元素中音的长短、音的高低、音的强弱、音的快慢、音色、乐段对比的学习，都可以运用奥尔夫乐器进行训练。

**乐器表现音乐元素教学课例1：听辨音的高低（3～5岁）**

**（教学设计：黄倩芳）**

#### 活动目标

1. 知识目标：引导儿童探索音的高低，建立音高概念。
2. 情感目标：不同颜色的音高变化，激发幼儿学习音乐的兴趣。
3. 能力目标：培养听觉能力、反应能力、颜色的辨别能力和音乐感。

#### 活动重难点

1. 重点：辨别颜色，探索音的高低
2. 难点：分辨音的高低

#### 活动准备

1. 物质准备：八音旋律按钟
2. 环境创设：围成半圈

#### 活动过程

1. 老师取出八个不同音高的按钟，让幼儿听一遍按照音阶排序的八个音高。
2. 辨别音的高低（按钟是按照"红橙黄绿青蓝紫红"对应"1—i"音阶排序）

（1）听辨哪个音跟高：老师取出红色按钟"C"和黄色按钟"E"，让幼儿辨别哪个颜色音更高。

（2）听辨哪个音更低。

#### 活动提示

老师可选择四组不同颜色的按钟让幼儿听辨哪个音更高，四组不同颜色的按钟让幼儿听辨哪个音更低，让幼儿对音的高低对比有一个初步的概念。

乐器表现音乐元素游戏"听辨音的高低"

**乐器表现音乐元素教学课例 2：音的强弱游戏《小矮人与大巨人》（4～6 岁）**

（教学设计：黄倩芳）

### 小矮人与大巨人

1=C 2/4

苏珊 词曲

$（\dot{1}\ 55\ 6\ 5\ \dot{1}\ 55\ ♭6\ 5\ |\ \dot{1}\ 55\ 6\ ♯6\ 7\ \cdot\ |\ 1\ |\ 1\ 1\ 2\ 2\ 3\ 3\ 4\ 4\ |$

　　　　　　　　　　　　　　　　　　　　　　我　变 变 变 变 变 变 变 变

$5\ 5\ 6\ 7\ \dot{1}\ \cdot\ |\ \dot{1}\ |\ \dot{1}\ \dot{1}\ 7\ 7\ 6\ 6\ 5\ 5\ |\ 4\ 4\ 3\ 2\ 1\ \ 0\ |$

变 成 大 巨 人，　我 变 变 变 变 变 变 变 变 成 小 矮 人，

$f\quad p\quad f\quad p$

$\dot{1}\ \dot{1}\ 5\ 5\ \dot{1}\ \dot{1}\ 5\ 5\ |\ X\ X\ X\ X\ X\ X\ X\ X\ |\ 5\ 4\ 3\ 2\ 1\ \ 0\ |$

变 大 变 小 变 大 变 小，　　　　　　　　　　变 到 不 见 了。

#### 活动目标

1. 知识目标：引导儿童探索音的强弱和音的渐强渐弱，建立音的强弱概念。
2. 情感目标：音的强弱变化游戏，帮助幼儿在音乐中寻找快乐。
3. 能力目标：培养听觉能力、反应能力、辨别能力、音乐感和身体的协调能力。

#### 活动重难点

1. 重点：探索音的强弱、音的渐强渐弱
2. 难点：分辨音的强弱、音的渐强渐弱

#### 活动准备

1. 物质准备：响板、音乐、多媒体、渐强渐弱符号卡片、强弱符号卡片
2. 环境创设：围成半圈

#### 活动过程

1. 角色变化导入：我变变变变变变变变，变成大巨人，我变变变变变变变变，变成小矮人，变大变小，变大变小，变到不见了。（老师先蹲着慢慢站起变成大巨人，慢慢蹲下变成小矮人，再快速站起快速蹲下，声音做出渐强渐弱和强弱的变化）

师：小朋友们，老师是怎么变成大巨人和小矮人的，我说话声音有变化吗？

生：……

2. 采用听唱法带领幼儿跟着音乐做变大变小游戏，感受身体动作的变化。（听音乐做两遍）

3. 认识打击乐 ，听辨音的强弱和音的渐强渐弱。

（1）听辨渐强渐弱：老师边说边拍击响板，由小幅度的轻轻拍击响板慢慢变成大幅度的用力拍击响板，让幼儿感受渐强；由大幅度的用力拍击响板慢慢变成大幅度的轻轻拍击响板，让幼儿感受渐弱。

（2）听辨强弱：歌词"变大变小"，"变大"老师用力拍击响板，让幼儿感受强；"变小"老师轻轻拍击响板，让幼儿感受弱。

4. 拍击打击乐 ，体验音的强弱和音的渐强渐弱。

（1）教师带领幼儿边说歌词边练习拍击渐强和渐弱，熟悉后出示渐强和渐弱的卡片，识别渐

强和渐弱的符号。

（2）教师带领幼儿边说歌词边练习拍击渐强和渐弱，熟悉后出示强和弱的卡片，识别强和弱的符号。

5. 音的强弱游戏：老师带领幼儿听着音乐，用"响板"拍击歌声中的渐强和渐弱、强和弱。

**活动提示**

音的强弱游戏，要先学会听辨再体验，最后才是结合音乐训练。大班可以训练识别渐强渐弱、强弱的符号卡片，中班可以只做听辨训练不做识别符号训练。

---

**乐器表现音乐元素教学课例 3：乐段对比游戏《下雨啦》（4～8 岁）**
**（教学设计：黄倩芳）**

### 下雨啦

1=C 4/4　　　　　　　　　　　　　　　　　　　　　　　曲作者　佚名

**活动目标**

1. 知识目标：引导儿童区分两个不同风格的乐段，听辨乐段中出现的乐器音色。
2. 情感目标：通过音乐律动和打击乐的敲奏，培养儿童在音乐中探索、学习的美好情操。
3. 能力目标：培养听觉能力、反应能力、辨别能力、音乐感和身体的协调能力。

**活动重点**

1. 重点：区分两段不同风格音乐、辨别乐器音色
2. 难点：用两种打击乐表现两个不同风格的乐段

**活动准备**

1. 物质准备：音乐，多媒体，🥁、🪘、📿、🪘、☀️和🌧️的卡片，节奏卡片
2. 环境创设：队形围成圆圈

**活动过程**

1. 音乐律动《下雨啦》，感受和体验音乐风格的变化。

师：小朋友们，伸出你们的双手一起跟我拍拍拍。

手牵手围成圆形，听音乐做律动：A 段，前四个小节，跟着老师拍腿"拍　拍　拍拍　拍"；后四个小节，老师问"还可以拍哪里，拍肩膀"，跟着老师拍前面小朋友的肩膀。B 段，老师说"下雨啦，抖起你们的双手走起来"，前四小节，跟着老师上下抖动双手模仿下雨绕圈走动；后四小

节，老师说"雨停啦"，跟着老师原地转动手腕。

　　活动提示

　　AB 段音乐反复循环三遍：第一遍，老师边说边指导学生做律动；第二遍，老师引导学生听音乐，在音乐变化时做提示；第三遍，老师不做提示。

　　2. 听音乐，出示 ☀ 和 🌧 的卡片，区分两段不同风格的音乐。

　　师：请小朋友们竖起小耳朵静静地听音乐，当你们听到音乐有变化的时候，当你们听到 ☀ 的音乐请你们扮演太阳，当你们听到 🌧 的音乐请你们抖动小手。

　　活动提示

　　出示太阳和下雨卡片时，老师需要用故事去描述音乐。☀ 表现花儿在享受阳光的温暖，🌧 表现花儿在雨中快乐地歌唱。

　　3. 出示 🥁 、🪘 、🔔 、🪘 ，倾听四种打击乐的音色，听音乐，寻找和音乐中的打击乐音色对应的打击乐。

　　4. 出示 🪘 和 🔔 的节奏卡片，练习两种打击乐的节奏。

　　（1）非洲鼓的节奏：拍　拍　拍拍　拍 |
　　（2）摇铃的节奏：拍拍　拍拍　拍拍　拍拍 |

　　5. 🪘 和 🔔 跟着音乐演奏不同风格的音乐。

　　非洲鼓配合 A 段音乐有节奏地拍奏；摇铃配合 B 段音乐有节奏地拍奏。

　　活动提示

　　音乐活动中，非洲鼓可以用凳子代替。6~8 岁的儿童，活动中可增加难度，让儿童分别听出 A 段非洲鼓的节奏和 B 段摇铃的节奏，可以出示节奏选择题供儿童选出正确的节奏。

## 4 器乐即兴创作

　　奥尔夫音乐教育最重要的教学特点就是培养儿童的创造性，即即兴创作。即兴创作包含嗓音、动作、奏乐等的即兴创作。奥尔夫说："我追求的都是通过要学生自己奏乐，即通过即兴演奏并设计自己的音乐，以达到学生说的主动性。"用乐器"讲"故事、主题图谱的器乐创作等是比较常见的器乐即兴创作。

### 1）乐器"讲"故事

　　奥尔夫乐器根据故事情节配乐，对故事中出现的自然界和人物内心表现的特殊音响、故事情境创设、角色表演等即兴创作音效。配器特点是脚步动作配木质类，手部动作配散响类，腰部和头部动作配鼓类，特殊音响配特殊乐器。乐器"讲"故事是以旁白、角色表演、奏乐为音乐媒介"讲"故事，具有较强的即兴性和创造性。这也是为哑剧表演做好前期的配音训练。

## 乐器"讲"故事课例：《老奶奶过河》
### （黄倩芳创作）

| 故事 | 配乐 | 特殊音响 |
| --- | --- | --- |
| 晴朗的一天，闹钟响起，老奶奶起床伸了个懒腰，准备出门去走亲戚。 | 高音铝板琴刮奏 3 次，敲击鼓和抖动散响类（伸懒腰和手部动作） | 三角铁快速转圈（闹钟） |
| 刚出门，就被石头绊了一脚，差点摔倒。 | | 钹用力一敲（被石头绊） |
| 老奶奶小心翼翼地一步一步往前慢慢地走着。 | 慢慢地敲击节奏棒（脚步声） | |
| 突然，打雷了，一阵凉风吹来。老奶奶紧张了："糟糕，要下雨了。" | 轻轻地快速敲击三角铁（表现老奶奶紧张的心理） | 钹用力一敲（打雷），抖动塑料板（刮风） |
| 老奶奶快速地跑到附近的亭子躲雨。 | 快速地抖动散响类和敲击节奏棒（手部动作和急促的脚步声） | |
| 雨哗哗哗下得很大。 | | 快速晃动摇铃（大雨） |
| 没一会儿，雨停了，老奶奶想："这雨真神奇。"她开心地哼起歌，继续赶路。 | 抖动散响类和敲击节奏棒（哼歌时手脚的跳动） | 琴槌在铝板琴上随意地跳动（表现老奶奶哼歌的喜悦） |
| 这时，眼前出现了一座独木桥，桥下水流很急，老奶奶吓得直哆嗦。 | 轻轻晃动摇铃（模仿老奶奶的哆嗦） | 琴槌在铝板琴上快速来回滑动（水流声） |
| 老奶奶拎起裤脚，打开双手保持平衡，一步一步地在独木桥上挪动脚步。 | 轻轻地敲击节奏棒（模仿在桥上挪动的脚步声），抖动两下摇铃（拎起裤脚），抖动一下散响类（打开双手） | |
| 走到河的中央，小桥开始晃动，老奶奶吓了一跳，蹲在桥上不敢动。 | 用力敲击一下（模仿蹲的动作） | 摆动铝板琴底座（模仿小桥晃动），钹用力一敲（老奶奶吓了一跳） |
| 这时，一只小黄狗在桥边旺旺大叫，老奶奶吓得快速地跑到河的对岸。 | 快速敲击节奏棒和抖动散响类（模仿快速的脚步声和手部动作） | 人声模仿狗叫声 |
| 老奶奶回头一看，呀，自己尽然顺利地跑到了河的对岸，开心地跳起来。 | 琴槌在铝板琴上随意地跳动（表现老奶奶顺利过桥的喜悦） | 敲击三角铁一下（回头一看的惊讶） |

**2）主题图谱器乐创作**

　　围绕生活或者大自然的主题进行乐器的音乐创作。如生活中的主题"起床三部曲"，闹钟声、妈妈的叫唤声、宝宝闹情绪、穿衣服、刷牙、洗脸等的音响模拟；大自然的主题"暴风雨"，电闪雷鸣、刮风下雨等的音响模拟。乐器图谱分为乐器图片的图谱和乐器符号的图谱。乐器符号，比如皮革类用"○"，木质类用"▽"，金属类用"✹"，散响类用"≈≈≈"。

**主题图谱的器乐创作课例：《开火车》（4 ~ 8 岁）**
**（创作与教学设计：黄倩芳）**

| 声响 | 喇叭声 | 脚步声 | 火车鸣笛声 | 火车跑动声 |
|---|---|---|---|---|
| 乐器 |  |  |  |  |
| 乐器搭配 | 1 | 2 | 3 | 4 |
| A |  |  |  |  |
| B |  |  |  |  |
| A |  |  |  |  |
| B |  |  |  |  |

**活动目标**

1. 知识目标：引导儿童为声响搭配乐器，学会看图谱奏乐，学会主题器乐的即兴创作。

2. 情感目标：通过即兴演奏《开火车》，培养幼儿在生活中探索音乐带来的快乐。

3. 能力目标：培养即兴演奏能力、创造力、反应能力、听觉能力、音乐感和身体的协调能力。

**活动重难点**

1. 重点：学会为声响搭配乐器，看图谱即兴演奏

2. 难点：分组即兴创作和即兴演奏《开火车》

**活动准备**

1. 物质准备：　　、　　、　　、四种乐器卡片、图谱

2. 环境创设：队形围成半圆

**教学过程**

1. 老师出示《开火车》的图谱，邀请学生为四种声响搭配相应的乐器。

2. 老师演示每个乐器模拟的声响：摇动 C 按钟模拟火车的喇叭声，人声"呜"模拟火车鸣叫声，敲击双响筒模拟火车"咔嚓咔嚓"的跑动声，敲鼓模拟乘客上车下车的脚步声。

3. 老师按照图的顺序边讲火车开动的过程"喇叭声——上车的脚步声——火车鸣笛声——火车跑动声"边指挥学生"演奏"一遍。

4. 老师引导学生是否可以对演奏顺序进行调整。如火车跑动到达目的地后，火车鸣笛停车，喇叭声响起，乘客下车。

5. 老师引导学生是否可以两个乐器同时演奏，如火车鸣笛和火车跑动同时敲奏，喇叭声和脚步声同时演奏。

6. 学生按照四个乐器分成四组，按照图谱中的范例 AB 段，老师指挥学生演奏两遍，可以做渐快渐慢的速度变化。

指挥演奏过程：（老师点着图谱边讲边指挥）

A 段：海西号火车开动了，"叮……"（快速摇动按钟），抓紧时间上车咯（有节奏地敲鼓），火车开动了"呜……"（人声），"咔嚓咔嚓……"（双响筒敲奏，速度由慢渐快）。

B 段："呜……咔嚓咔嚓……"（人声和双响筒敲奏同时进行，速度由快变慢），长汀站到了，"叮……咚咚咚咚……"（摇钟和双响筒同时敲奏），"呜……咔嚓咔嚓……"（人声和双响筒敲奏同时进行，速度由快渐慢），龙岩终点站到了，"叮……咚咚咚咚……"（摇钟和双响筒同时敲奏，速度由快渐慢）。

*活动提示*

*老师拿着指挥棒点着图谱指挥，可以培养学生的专注力，学会看图谱。第一遍演奏，老师点着图谱边讲边指挥；第二遍演奏老师噤声指挥，可以培养学生的心理节奏。*

7. 分组即兴演奏。每组自由选出一位小小指挥家，共同对图谱上的空缺 A 段和 B 段，重新调整演奏顺序，进行小组合作的即兴演奏。

*活动提示*

*AB 段模式的指挥演奏，可以根据儿童的年龄特点适当增减难度，年龄小或者能力弱的儿童可以只演奏范例 A 段，即兴创作 A 段；年龄大或者能力强的儿童可以演奏范例 AB 段，即兴创作 AB 段。*

## 5 器乐合奏

器乐合奏，是奥尔夫乐器按照编好的打击乐谱或者乐器图谱进行的合奏。按照表现音乐的方式，可分为打击乐谱的合奏、模拟交响乐曲的合奏、即兴创编的合奏。奥尔夫乐器的演奏形式也极为丰富，分为小打击乐器合奏、音条乐器合奏、小打击乐器与音条乐器合奏、奥尔夫乐器与其他乐器合奏等五种合奏形式。

### 1) 乐谱的器乐合奏

乐谱的器乐合奏，是按照编好的乐器声部谱进行分乐器分声部的合奏。乐谱的器乐合奏有一定的难度，适合大班和小学阶段的儿童。

# 金蛇狂舞

聂耳 编曲
黄倩芳编合奏曲

**1=C** 2/4 3/4
热烈、欢快地

小钟琴、古筝

大堂鼓　（双击鼓）　（敲鼓边）

小钟琴、古筝

中音木琴

低音木琴

大堂鼓　（双击鼓）　（敲鼓边）

锣、钹

小钟琴、古筝

中音木琴

低音木琴

大堂鼓　（双击鼓）

锣、钹

小钟琴、古筝

中音木琴

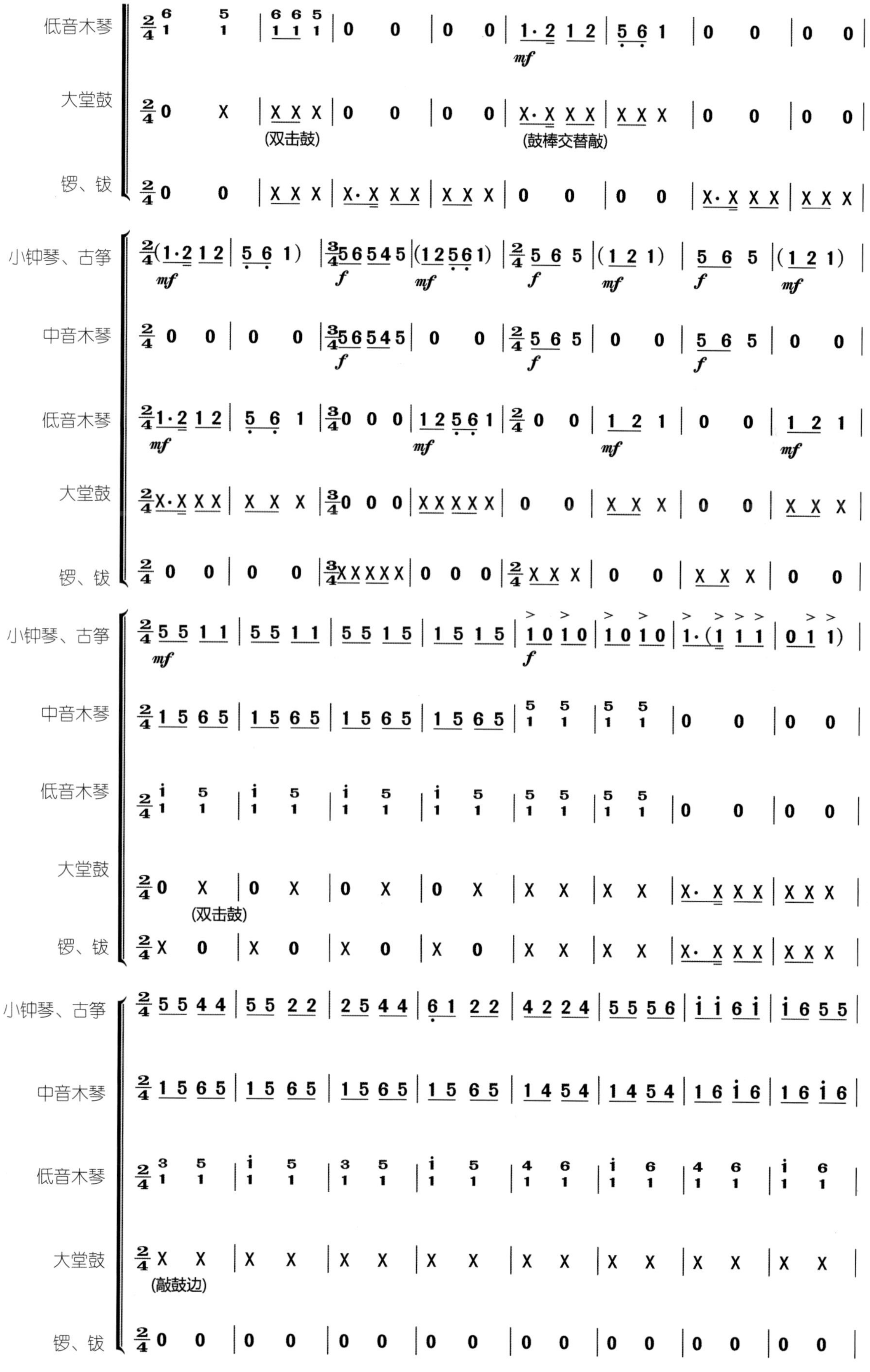
低音木琴
大堂鼓
(双击鼓)
(鼓棒交替敲)
锣、钹
小钟琴、古筝
中音木琴
低音木琴
大堂鼓
锣、钹
小钟琴、古筝
中音木琴
低音木琴
大堂鼓
(双击鼓)
锣、钹
小钟琴、古筝
中音木琴
低音木琴
大堂鼓
(敲鼓边)
锣、钹

器乐合奏《金蛇狂舞》

### 2）交响乐曲的合奏

交响乐曲是一种高雅的音乐艺术，对于普通大众来说，会因为听不懂而不敢碰触。奥尔夫教学法中强调交响乐的欣赏表演应从儿童的开始，小打击乐器音色丰富，可以模拟各种乐器的声响，用画符号图谱的形式把原本复杂的交响乐乐谱变成符号乐谱，挖掘交响乐的音乐元素，弱化复杂的和声织体及乐器搭配，借助小打击乐特有的音色去模拟交响乐中的各种音乐元素，遵循人人参与的原则，让儿童在演奏中感受小打击乐模拟交响乐的惟妙惟肖，领悟交响乐的音乐内涵。

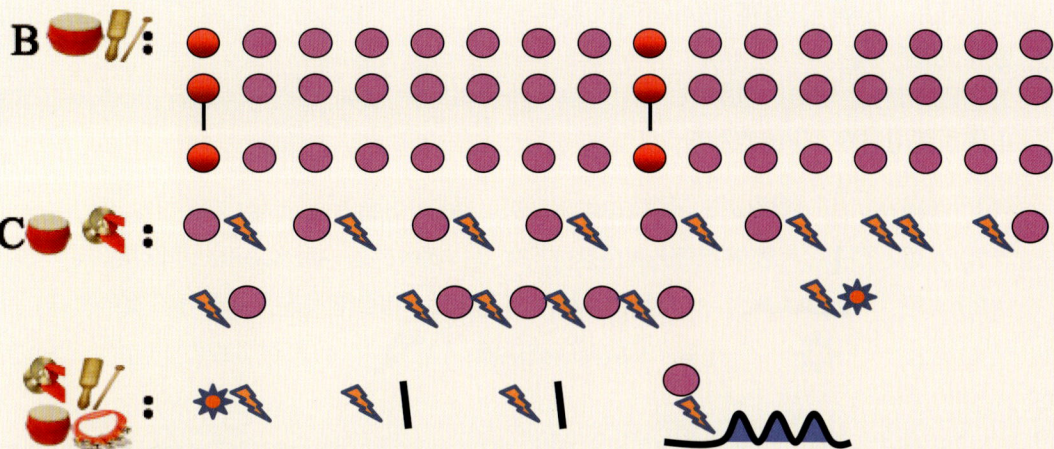

### 设计意图

运用小打击乐器去演奏交响乐，让儿童在参与乐器演奏的体验中真正听懂交响乐，让高雅的交响乐真正走进儿童的世界。交响曲《快乐的郊游》是一首经典名曲，乐曲是奏鸣曲式的结构，本课选用了乐曲式的呈示部作为交响乐演奏的体验，运用讲故事去描绘呈示部（ABC 结构）的音乐表现，引导儿童在听懂音乐的基础上运用形象的符号图谱进行配器演奏。交响乐合奏适合不同年龄阶段的儿童，可根据儿童的年龄特点灵活设计，增减难度。

### 活动目标

1. 知识目标：采用故事去描绘交响乐，引导儿童在听懂音乐的基础上学会看图谱分工合作奏乐。

2. 情感目标：通过体验小打击乐器演奏交响乐，培养学生在探索音乐中寻找乐趣。

3. 能力目标：培养即兴合奏的能力、创造力、反应能力、听觉能力、音乐感和身体的协调能力。

### 活动重点

1. 重点：学会看图谱配器并即兴合奏

2. 难点：跟着音乐看图谱即兴合奏

### 活动准备

1. 物质准备：小堂鼓、钹、单响筒、摇铃、碰铃、符号图谱

2. 环境创设：队形围成半圆

### 教学过程

1. 听音乐感受音乐的情绪和音乐元素。

师：小朋友们，今天我们听一首非常有名的交响乐《快乐的郊游》。请你们在郊游的音乐中找一找你们觉得最特别的声音，并说一说你听完音乐的心情。

生：……

师：这首乐曲描述了小朋友们在老师的带领下去野外郊游的快乐心情，在音乐声中我们听到了喇叭声，听到了五星红旗在风中飘动的声音，听到了口令声，听到了紧张的集合声，这么多不同的声音，我们把它叫作音色。

2. 配乐讲故事（放音乐）：喇叭声响起，老师召集小朋友们快速集合（碰铃响起）准备出发去郊游。开始报数"1、2、3……"（单响筒响起），报数完毕，老师挥动五星红旗发出出发口令

（摇铃响起），同学们排着整齐的队伍有节奏地出发了（鼓声响起），终点到了，同学们紧张地集合（鼓和钹响起）。

3. 老师演示小堂鼓、钹、单响筒、摇铃、碰铃等五种乐器的演奏，并让学生倾听五种乐器的音色。

4. 讲解图谱并演示乐器的敲奏：

（1）A段："▲"代表碰铃，碰铃急促的敲奏，模拟小朋友们紧张集合的声音。

（2）A段："┃"代表单响筒，黑色是强拍敲奏，黄色是弱拍敲奏。模拟列队报数的声音。

（3）A段："◢◣◣"代表摇铃，快速晃动摇铃，模拟老师在风中五星红旗的声音。

（4）A段："✹"代表停，不敲奏任何乐器；"⚡"代表钹，模拟老师的指令"齐步走"。

（5）B段："●"代表鼓，模拟小朋友们列队出发有节奏的脚步声。其中"●"代表重音，"🍡"表示鼓和单响筒同时敲奏。

（6）C段尾声第一部分，"●⚡"代表鼓和钹（× ×），"⚡●"代表钹和鼓（×·×），"⚡●⚡●⚡●"（×××× ××××），"⚡✹"（×○），这组模拟到达郊游的地方，快速集合报数的急促声音。

（7）C段尾声第二部分，"✹⚡┃⚡┃"（○× ×× ××），"⚡◢◣◣"表示三种乐器同时快速演奏强拍收尾，模拟小朋友们准备开始野炊无比兴奋的心情。

活动提示
对5~6岁的幼儿不需要讲解太详细，不需要明白敲的是什么节奏，只需要知道每个符号分别用什么乐器演奏，知道哪些部分速度快一些，哪些部分速度慢一些。对6~8岁的儿童可以讲解详细一些，特殊部分的节奏可以简单了解。

5. 声势合奏：老师把学生分成三组，老师对着图谱指挥，用声势不带音乐的合奏第一遍，用声势带音乐的合奏第二遍。（拍腿代替单响筒，跺脚代替鼓，拍手代替钹，碰铃和摇铃由三位领奏同学单独完成。C段难点重点练习）

6. 小打击乐合奏：老师把学生分成三组，老师对着图谱指挥，用打击乐不带音乐的合奏第一遍，用打击乐带音乐的合奏第二遍，每个声部熟悉后可以互换乐器演奏。（C段难点重点练习）

活动提示
C段尾声乐器合奏由于节奏比较紧凑，难度较大，建议做重点训练，5~6岁的幼儿合奏，C段尾声图谱可做简化降低合奏难度。

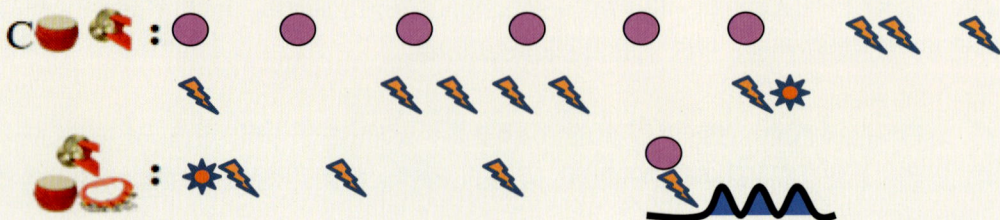

## 3）即兴创编的合奏

围绕一个主题或者一首歌曲进行即兴改编创作，每个声部根据主题或者歌曲风格搭配乐器，每个乐器都是独立的声部，每个声部创作适合的固定音型，乐器合奏的曲式结构通常为 AB 二段体、ABA 三段体及回旋曲式结构。即兴创编的合奏采取每个声部依次进入的合奏形式，这样可以降低即兴合奏的难度。即兴创编的合奏有一定的难度，适合大班和小学阶段的儿童。

**即兴创编的合奏体验课例：自制打击乐合奏《王老先生有块地》（5～9岁）**

### 王老先生有块地

1=C　2/4

欧美童谣
黄倩芳　改编

拓展
练习

1. 排练为节奏朗诵和声势伴奏的课例：童谣《风来了　雨来了》。

2. 以小组为单位，寻找一首有明显 AB 乐段对比乐曲或者歌曲，搭配打击乐表演，并设计教学课例。

3. 以小组为单位，寻找一个有趣的绘本故事，并用乐器为故事配乐。

4. 以小组为单位，选择一首儿童歌曲，并为歌曲创编 AB 二段体的合奏乐谱。

5. 与同学们一起排练打击乐合奏曲《金蛇狂舞》。

# 奥尔夫综合类活动

## ♪ 引言

奥尔夫追求的"整体艺术"的综合性活动，是集音乐、动作、舞蹈、文学、美术的艺术形式与相应的教育、表演行为方式结合，灌输自然、原本的教育理念，形成具有"整体艺术"的综合性课堂活动。综合性的课堂活动包括音乐欣赏、音乐游戏、课堂戏剧等综合类活动，突破单一的歌唱课或器乐课等，借助说、唱、动、奏、画等音乐媒介发挥学生对音乐的二次创作能力，表演和演奏能力，培养学生的综合素质和高尚的艺术情操。

## ♪ 学习目标

### 知识目标

了解奥尔夫"整体艺术"的综合类活动的重要性及其在实践教学中的运用

掌握课堂戏剧的教学模式、教学方法及故事剧本的挑选

认知音乐欣赏、音乐游戏的特点和教学方法

### 技能目标

学会听音乐画图谱的技巧，听音乐进行律动、舞蹈和奏乐的技巧

掌握音乐欣赏、音乐游戏的创编技巧

学会运用音乐媒介创编综合类活动

### 情感目标

激发学生参与音乐元素的探索及用图谱奏乐，感受音乐欣赏带来的审美体验

尝试和参与课堂戏剧二次创作带来的惊喜和魔力，体验集体创作的快乐

感受丰富多样的音乐游戏带来的乐趣

## ♪ 知识概述

## ♪ 知识点课例体验

## ♪ 拓展练习

## 课题一　　奥尔夫综合类活动——音乐欣赏

　　奥尔夫提倡将音乐、动作、舞蹈、语言、乐器等紧密结合的综合性教学作为原本性音乐教育的教学内容。音乐欣赏是对音乐作品的听辨和赏析。具体地说，是对音乐中音的长短、音的高低、音的强弱、音的快慢、音的走向、节奏、重音、音色、乐句对比、乐段对比、音乐风格等音乐元素的辨别能力及节奏感、旋律感等音乐音响的感受能力。音乐欣赏借助说（角色语言、讲故事）、唱（歌唱）、动（律动、舞蹈、表演）、奏（奏乐）、画（图谱、涂鸦、绘画）等音乐媒介完成音乐欣赏的综合性教学。可以充分调动儿童的多种感官（听觉、视觉、运动觉、音乐知觉）主动参与音乐活动。

### 1 图谱与音乐欣赏

　　运用图谱欣赏音乐，结合"动"（律动与舞蹈）、"奏"（奏乐）等音乐媒介呈现音乐。这种综合性的音乐欣赏可以提高儿童的想象力、创造力和表现力。

　　图谱可以分为写实图谱、实物图谱、绘画图谱和动画图谱。根据音乐特点又可以分为有规律的图谱和无规律的图谱。设计音乐图谱应遵循四个原则：符合儿童的年龄阶段差异；具有直观性和简约性特点；与音乐形象及情绪一致；综合运用写实、象征、文字、符号等多种形象种类设计。

#### 1）有规律图谱与音乐欣赏

　　十六空格或者九宫格的有规律图谱，一般由两到三种符号，每个符号代表一种声音（声势、乐器）或节奏型，跟着老师的指挥有规律的一格格地律动和演奏。

---

**有规律图谱与音乐欣赏教学课例：《胡桃夹子 —— 茶舞》（3～6岁）**

**（教学设计：黄倩芳）**

**设计意图**

　　这首欣赏曲，选自柴可夫斯基编写的芭蕾舞剧《胡桃夹子 —— 茶舞》选段。茶舞是一首回旋曲式的谐谑的中国舞曲。短笛奏出尖锐俏皮的上下跳动旋律与清脆跳跃的弦乐（小提琴、中提琴）、带有重音的拨奏对答，仿佛有一群滑稽的小瓷像在跳舞。设计者利用乐曲中的音色、重音、旋律的走向等三个音乐元素，并围绕三个音乐元素结合赋予童趣的音乐情境律动和九宫格图谱展开对作品的欣赏。适合儿童边欣赏、边律动、边奏乐。

**活动目标**

　　1. 知识目标：感受回旋曲式的谐谑的中国舞曲风格，能结合小鸟、小白兔的特征和两种打击乐器的不同音色，辨别音乐中音色、重音、旋律的走向等三种音乐元素。

　　2. 情感目标：通过音乐律动和打击乐的演奏，培养幼儿在音乐中探索、学习的美好情操。

　　3. 能力目标：学会看九宫格图谱，在教师的指挥下进行律动、奏乐。培养专注力、听觉能力、反应能力、辨别能力、音乐感和演奏能力。

**活动重难点**

　　1. 重点：学会看九宫格图谱，用打击乐模拟两种不同的音色

　　2. 难点：辨别两种音色、重音、旋律的走向

**活动准备**

　　1. 物质准备：音乐、多媒体、小鸟和小白兔头饰若干、短笛和大提琴的图片、 🎵 、 🔴 、九宫格图谱

2.环境创设：两纵排坐好

**活动过程**

1.听音乐，请小朋友们寻找音乐中出现的特别声音。

师：竖起你的小耳朵，认真倾听，找一找音乐最特别的声音。

生：脚步声，下降的声音……

2.听音乐，看老师表演。

教师伴随音乐的响起，右手拿着小鸟头饰听着短笛的旋律向上向下飞起来；左手拿着小白兔的头饰听着拨弦的重音蹦跳起来。

**活动提示**

老师在表演过程中，结合头饰的动物特征，用肢体语言给孩子们音乐变化的提示，帮助幼儿对这首乐曲有更深的认识。

3.提问，引出欣赏主题《胡桃夹子——茶舞》。

师：小朋友们，老师的音乐表演好玩吗？你们看到了什么、听到了什么？

生：……

师小结：这首音乐讲的是小鸟和小兔子赛跑的故事。当我们听到"嘣嘣"的音乐，是大提琴拨弦模拟小兔子跳动的脚步声（出示大提琴图片）；当我们听到"向上飞和向下飞"的清脆明亮的音乐，是短笛模拟小鸟飞翔的声音（出示短笛的图片）。最后两种声音交杂在一起，小鸟和小兔子同时到达了终点。

**活动提示**

帮助幼儿回忆刚才老师在音乐表演，感受不同的音色、重音、音的走向。

4.认识图谱。

| ☆ | ▼ | ☆ |
| --- | --- | --- |
| ★ | ▼ | ★ |
| ☆ | ▼ | ☆ |

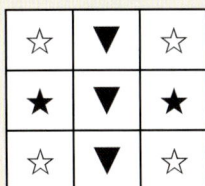

"白色星星"代表小鸟往上飞，"黑色星星"代表小鸟急速下降，"黑色三角"代表兔子的脚步声（重音）。

5.分组分角色表演：把幼儿分成两组，一组扮演小鸟，一组扮演小白兔，在老师的指挥下，边听音乐边看图谱表演律动。两组可以角色互换表演。

**活动提示**

边听音乐边看图谱表演律动，帮助幼儿准确地辨别不同的音乐。

6.出示摇铃和单响筒，邀请幼儿为音乐搭配乐器。

7.教师分别用摇铃和单响筒两种音色的打击乐器分角色演奏《胡桃夹子——茶舞》。

8.分组分角色进行打击乐器演奏。

把幼儿分成两组，一组用摇铃模仿短笛演奏的旋律的上行和旋律的下行的变化，一组用单响筒模仿拨弦乐器演奏的重音节奏，音乐的尾声两种乐器同时演奏。两组可以角色互换演奏。

**2）无规律图谱与音乐欣赏**

无规律的图谱是由无规则的符号、线条进行无规则的排序。老师先规定好每个符号或线条表现的声音（声势、乐器），老师指挥到哪一个符号或线条，所对应的声势或乐器就演奏。

**无规律图谱与音乐欣赏教学课例：《土耳其进行曲》（5～9 岁）**
**（教学设计：黄倩芳）**

曲作者 贝多芬
赛音吉雅编图谱

**设计意图**

《土耳其进行曲》是德国音乐家贝多芬童年的作品，乐曲轻松活泼，进行曲式风格，三部曲式（AB 段＋尾声）结构，描写了土耳其军队在军乐团的演奏声中踏着矫健的步伐前进的情景。设计者给音乐虚构了一个士兵列队到凤凰山挖宝藏的故事，帮助学生形象地理解音乐的节奏变化和乐段变化，使音乐变得生动有趣，结合无规律图谱引导学生听着音乐进行手势律动和打击乐演奏。对于大班的幼儿可以只听 AB 段，不听尾声降低学习难度。

**活动目标**

1. 知识目标：辨别音乐的三种节奏，感受 ABA' 的曲式结构，感受轻快活泼、雄壮有力的进行曲式风格。

2. 情感目标：通过手势律动和打击乐的演奏，培养幼儿感受进行曲式乐曲带来的乐趣。

3. 能力目标：学会看无规律图谱，在教师的指挥下进行律动、奏乐。培养专注力、听觉能力、反应能力、辨别能力、音乐感和演奏能力。

**活动重难点**

1. 重点：学会看无规律图谱，用打击乐模拟不同的节奏型
2. 难点：辨别节奏和乐段变化

**活动准备**

1. 物质准备：音乐、多媒体、　　、　　、　　、无规律图谱
2. 环境创设：围成半圆坐好

**活动过程**

1. 听音乐，初步感受音乐风格和节奏变化。

师：竖起你的小耳朵，认真倾听，找一找音乐最特别的声音，并说出你听完音乐的感受。

生：脚步声，有力量、活泼……

2. 讲故事引出主题。

土耳其国王听说城外的凤凰山藏有宝石，他想着用这些宝石去造福他的子民。于是国王召集军队带上锄头在军乐团的奏乐声中踏着有力整齐的步伐，出发挖宝石。到了凤凰山，士兵们开始挖宝藏。这首乐曲的名字叫《土耳其进行曲》，是德国著名音乐家贝多芬小时候创作的作品。

3. 听、看老师表演 AB 段律动：

A 段：挖 - | 挖 - | 扒 - | 蓝宝石 |，挖 - | 挖 - | 扒 - | 宝石 0 |，

　　　挖 - | 挖 - | 挖挖 | 挖 挖 |　挖 - | 挖 - | 扒 - | 蓝宝石 |，

　　　挖 - | 挖 - | 扒 - | 宝石 0 |，挖 - | 挖 - | 挖挖 | 挖 挖 | 挖 - | 挖 - | 扒 - | 蓝宝 石 ‖

B 段：‖: 扒 - | 扒 - | 扒 - | 挖 挖 | 挖挖 | 挖挖 |，扒 - | 扒 - | 扒 - |

　　　挖挖 | 挖挖 | 挖挖 |，挖 - | 挖 - | 扒 - | 蓝宝 石 |，挖 - | 挖 - | 扒 - | 宝石 0 |，

　　　挖 - | 挖 - | 挖挖 | 挖 挖 | 挖 - | 挖 - | 扒 - | 宝石 0 :‖

**活动提示**

老师在 A 段过渡到 B 段律动时要给一个手势暗语，提醒学生进入到第二段了。

4. 提问：听音乐看老师表演，你听出了几种节奏，你发现哪种节奏连续出现的时转到了第二段。

生：挖、扒、蓝宝石的节奏，连续出现三下扒的节奏时转到了第二段。

**活动提示**

再播放一次音乐，让学生寻找第一段到第二段转换的节奏。

5. 分成三小组合作完成 AB 段的音乐律动。

（1）讲解三个符号图谱分别代表什么动作："挖"括弧表示锄草动作，"扒"的波浪表示抖动双手，"蓝宝石　★★★"三颗星表示拍三下，"宝石 ○ ★"一颗星表示拍手一下。

（2）根据三个符号动作把学生分成三组，听音乐，看着老师指挥图谱，合作完成乐曲律动。（小组间可互换动作表演）

6. 三小组合作完成 C 尾声的音乐律动。（小组间可互换动作表演）

> 活动提示
>
> 提示学生"大星星"代表强拍，"小星星"代表弱拍，指挥学生做出"强弱"的音乐变化。

7. 打击乐替换律动合奏乐曲：单响筒替换锄草动作，摇铃替换双手抖动，棒棒糖鼓替换拍手。（小组间可互换乐器演奏）

> 活动提示
>
> 老师先带着学生熟悉三种乐器的演奏，再开始三个小组合奏。

8. 提问总结：今天，小朋友们都表现得特别棒，合作完成了《土耳其进行曲》的律动表演和合奏，考考你们，这首乐曲一共分为几段？出现了哪三种节奏？（AB 段 + 尾声，挖、扒、宝石发光的节奏）

## ② 美术与音乐欣赏

儿童的美术作品可以说是天马行空，既抽象又充满想象，是大人无法超越的，涂鸦更是儿童与生俱来的本领。通过"动"（律动与角色表演）、"画"（涂鸦与绘画）等音乐媒介欣赏音乐和体验音乐，把听到、看到、想到的内心音乐和内心情感用自己的笔把它勾画出来，可以挖掘儿童绘画的潜力，培养儿童的想象力、创造力、表现力和对艺术的热爱。

**绘画与音乐欣赏教学课例：《加速度圆舞曲》（3 ~ 6 岁）**

**（教学设计：黄倩芳）**

### 设计意图

《加速度圆舞曲》是约翰·施特劳斯的作品，ABA 单三段曲式结构。A 段音乐由弱渐强、由慢渐快的"加速"，B 段音乐轻松活泼，尾声重复 A 段。设计者利用带有握棒的纱巾由慢渐快地转圈让幼儿体验"加速"的音乐，B 段模仿兔子轻快的跳动感受轻快活泼的音乐，最后用画图谱的方式在画本上呈现音乐。形象生动的游戏化的教学让幼儿感受由弱渐强、由慢渐快两个音乐元素，能激发幼儿的兴趣，发挥幼儿想象力、创造力，培养音乐感和艺术情操。小班的欣赏可以删减绘画环节。

### 活动目标

1. 知识目标：感受和体验节奏的渐强、速度的渐快等两种音乐元素，了解 ABA 的曲式结构特点。

2. 情感目标：用游戏化的律动和画图谱感受、体验音乐，培养幼儿快乐的艺术情操。

3. 能力目标：培养专注力、听觉能力、反应能力、想象力、创造力、音乐感和表现力。

### 活动重难点

1. 重点：体验由弱渐强、由慢渐快两种音乐元素，游戏化律动

2. 难点：画图谱表现音乐

### 活动准备

1. 物质准备：音乐、多媒体、带棒的纱巾 、纱巾、兔子手偶、A4 纸、水彩笔、黑板

2. 环境创设：围成半圆坐好

**活动过程**

1. 手偶表演导入：

小兔子来到了小猫咪家，看到了五彩斑斓的纱巾，非常喜欢，于是呢？它动了歪脑筋："如果我把这些纱巾都缠在身上，我不就可以把它们都带走了吗？"小兔子左看右看，趁小猫咪不在家，快速地把纱巾缠在自己的身上。瞬间金光闪闪五颜六色，小兔子变成美丽的花蝴蝶。"糟糕，我动不了了，谁来救救我啊？"兔子哭起来。

师：兔子为什么哭呢，原来速度太快了，所有的纱巾都在它身上打结了，动不了了。我们一起想想办法救救这个贪心的小兔子。

2. 听音乐，听辨渐强、渐快两种音乐元素，感受 ABA 曲式结构。

（1）听音乐，看老师用带棒的纱巾玩纱巾游戏和律动。

（2）提问：听完、看完老师的纱巾游戏，老师是以什么样的速度转动纱巾的，又是怎样解开纱巾的？

生：速度越来越快，反方向慢慢转一圈又转一圈就解开了。

（3）第二次听音乐，听辨渐强、渐快两种音乐元素，感受 ABA 三段体。

*活动提示*

*第二次听音乐，老师用手势对着空气画图谱的方式提示渐强、渐快，进入 B 段时老师学兔子跳，告诉幼儿已经进入到第二段了，最后回到 A 段。*

3. 带领幼儿听音乐玩纱巾游戏和律动：

A 段，由弱渐强、由慢渐快地转动带棒的纱巾，身体可以跟着动起来，再反方向跟着音乐画大圈转四次；B 段，跟着音乐模仿小兔"左跳跳、右跳跳"的律动；尾声重复 A 段。

4. 跟着音乐画图谱：

（1）听音乐，看老师画图谱。

（2）带领幼儿用水彩笔跟着音乐对着空气画图谱。

（3）指导幼儿听着音乐在 A4 纸上画图谱。

*活动提示*

*每人一张 A4 纸、一支水彩笔，A 段涂鸦式的画圆圈要由小越画越大，在跟着音乐画四个"○"；B 段跟着音乐节奏画"┃"。A4 纸正面画完可以反面再画一遍。*

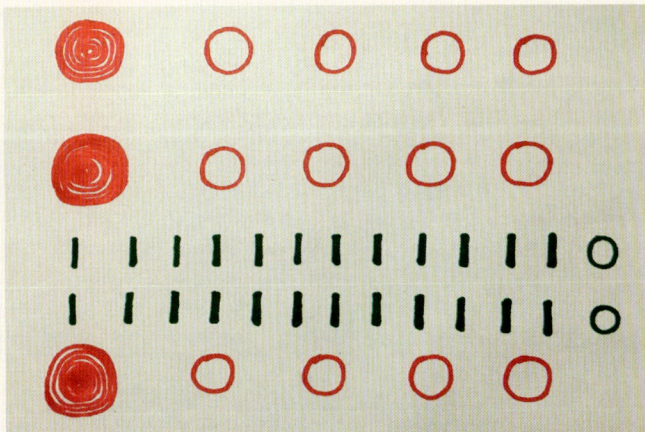

《加速度圆舞曲》图谱

### 3 人体动作与音乐赏析

跟着音乐动起来、跳起来是儿童的本能反应，也是儿童与生俱来的本领。如当胎儿在妈妈腹中时，听到外界动听的声乐会无意识地在妈妈腹中动起来；当刚学会走路的幼儿听到美妙的音乐时，会本能地跟着音乐咿咿呀呀地有节奏地唱起来、跳起来。通过音乐媒介"动"，即人体动作（律动与舞蹈）欣赏音乐和体验音乐，帮助儿童通过身体动作感知音乐、想象音乐和创造音乐。

---

**人体动作与音乐欣赏教学课例：《天鹅》（4～8岁）**
**（教学设计：黄倩芳）**

**设计意图**

《天鹅》是法国作曲家圣桑《动物狂欢节》组曲的一段，单三部曲式（ABA），由钢琴和大提琴相互呼应演奏，通过优美动听的旋律勾画出高贵优雅的白天鹅在湖面上孤独地尽显优美舞姿的唯美画面。设计者通过钢琴和大提琴的图片跟着音乐交替移动，把儿童带入音乐的意境中，感受钢琴缓缓的水波声，感受大提琴演绎天鹅的优美纤细的舞姿，感受两种音色交织演奏的旋律线条美。通过模仿乐器演奏感受音乐元素的"两种音色"，通过天鹅舞蹈感受天鹅的美，通过绘画表达儿童对音乐的内心情感。教学内容包括律动、舞蹈两个环节，可以根据儿童的年龄或能力特点适当删减一个环节（律动或舞蹈）。

**活动目标**

1. 知识目标：辨别钢琴和大提琴两种音色表现的旋律线条美。

2. 情感目标：通过律动感受钢琴和大提琴的旋律美，通过舞蹈感受舞姿带来的意境美。

3. 能力目标：学会看着钢琴和大提琴的图片律动，学会天鹅舞蹈。培养专注力、听觉能力、反应能力、辨别能力、音乐感和演奏能力。

**活动重难点**

1. 重点：辨别两种音色，模仿乐器演奏

2. 难点：听音乐表演天鹅舞蹈

**活动准备**

1. 物质准备：音乐、多媒体、钢琴和大提琴图片、天鹅简易图、松紧带、小花伞

2. 环境创设：围成半圆坐好

**活动过程**

1. 听音乐，初步感受音乐风格和音色。

师：今天，和小朋友们分享一首《天鹅》（出示天鹅在湖面的图片），请认真倾听，音乐中听到了什么声音，天鹅在做什么？

生：波浪声、天鹅在湖面划水……

师：天鹅在湖面划水的动作是慢的还是快的，你觉得天鹅美吗？

生：慢的，很美。

师小结：这是一首优美又略带忧伤的音乐，此时的天鹅虽然很美，但她非常的孤独。

2. 创设故事意境，听辨音色。

听音乐，辨别钢琴模仿绵延不断的水波声，大提琴模仿天鹅在湖面上飞舞的声音。

师：高贵优雅的白天鹅从睡梦中苏醒，脸上带着一丝忧伤。它伸了伸脖子，轻轻地拍打羽毛，

慢慢地起身，踮起脚尖，挥动着翅膀，在湖面上尽情地展示它的优美舞姿。音乐中出现了两种声音，一种是水波声，一种是天鹅在湖面上飞舞的声音，请小朋友们再一次听音乐，钢琴和大提琴分别模仿了谁的声音。（出示钢琴和大提琴图片）

3. 原地律动表演：模仿乐器演奏。

老师左右手各拿着钢琴图片和大提琴图片指挥幼儿跟着音乐感受八六拍的节奏做律动。

活动提示

把幼儿分成两组，一组幼儿拿着松紧带拉长缩短模仿大提琴的演奏；一组幼儿双手在凳子上模仿弹钢琴。两组幼儿听着音乐，在老师图片的指挥下缓慢自由地表现两种乐器的弹奏：当钢琴图片出现，钢琴组模仿缓慢的水波声；当大提琴图片出现，大提琴组模仿优美的天鹅来回拉弦；当两组图片同时出现，两组乐器同时演奏。最后，音乐渐弱时，两组乐器也轻轻地渐弱结束。

4. 舞蹈表演《天鹅》。

（1）学习天鹅的舞姿。

师：你们知道天鹅在湖面上会表演哪些优美的动作？

生：伸脖子、挥动翅膀、转圈……

（2）围成大圈，舞蹈表演《天鹅》。

A段舞姿：四个乐句。第一句，围成小圆圈蹲着原地转伞；第二句，原地双手慢慢打开；第三句，慢慢起身转伞；第四句，慢慢打开双手，脚步慢慢往后退六拍变成大圆圈。

B段舞姿：四个乐句。第一句，双手转伞，慢慢往里前进六拍扭动身躯；第二句，打开双手，慢慢往后退六拍扭动身躯；第三、四句，大圈原地左右交替洗羽毛各六拍，洗四次。

A'段舞姿：四个乐句。第一句，双手转伞，慢慢往里前进六拍转一圈；第二句，打开双手，慢慢往后退六拍转一圈；第三句，左右手上下挥动伞走圈；第四句，慢慢往里前进六拍变小圈蹲下，跟着水波声开伞、合伞。

5. 教师引导学生分组表演舞蹈《天鹅》。

舞蹈《天鹅》
（表演者：张莉、吴敏艳、郭晓红、张文凤、张怡萱）

## 4 音乐故事与音乐欣赏

儿童在婴幼儿时期，睡觉前都要嚷着听爸爸妈妈讲故事才能进入梦乡，绘本、童话、漫画等故事已经成为儿童生活的一部分。有故事的音乐更能吸引儿童的注意力，利用故事连接音乐中的每一个角色、每一个音色、每一个特殊音响，结合"说"（角色语言）、"动"（角色表演）、奏（奏乐）、画（图谱）等音乐媒介，把抽象的音乐变得通俗易懂，幽默风趣，也能让儿童快速理解乐曲的内在情感，激发儿童的想象力和二次创作的欲望。

音乐故事与音乐欣赏教学课例：《狮王进行曲》（4～8岁）
（教学设计：黄倩芳）

### 狮王进行曲

圣桑 作曲
黄倩芳编图谱

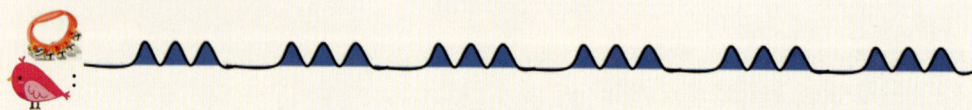

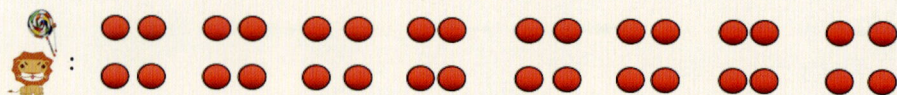

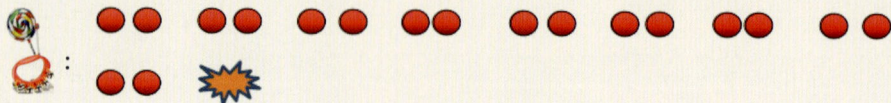

### 设计意图

《狮王进行曲》是法国作曲家圣桑《动物狂欢节》组曲的第一首，ABC 曲式结构。A 段，音乐，管弦乐加钢琴营造紧张的气氛，管弦乐模仿通讯员小鸟在森林里召集动物们开会，紧接着钢琴的连续断奏模仿小狗士兵的走步声。B 段，主题旋律，在管弦乐的背景音乐下，钢琴模仿狮子王连吼了四声"嗷呜"，狮王、狮后、小狮王等一家三口闪亮登场。C 段，在钢琴的颤音和管弦乐的合奏下，营造紧张的气氛，动物们瑟瑟发抖地听着狮王为动物们布置迎接动物狂欢节的任务。设计者通过通讯员小鸟、小狗士兵、狮王、狮后、小狮王等五个角色，利用动物狂欢节筹备会的故事贯穿整个音乐，通过分角色表演和奏乐的形式为音乐故事伴奏，幽默风趣的故事剧情让儿童感受音乐元素"三种音色"，感受乐曲表现的不同的音乐形象，激发儿童听音表演的欲望，发挥儿童的想象力和二次创作的能力。

### 活动目标

1. 知识目标：听辨和感受三种音色，感受乐曲所表现的不同音乐形象，了解 ABC 的曲式结构特点。

2. 情感目标：故事贯穿整个音乐，通过分角色表演和奏乐的形式为音乐故事伴奏，让儿童在体验中感受快乐。

3. 能力目标：培养专注力、听觉能力、想象力、创造力、音乐感和表演能力。

### 活动重难点

1. 重点：听辨音乐元素"三种音色"

2. 难点：分角色表演与奏乐

### 活动准备

1. 物质准备：音乐、多媒体、钢琴图片、小鸟头饰、小狗士兵头饰、狮王头饰、狮后头饰、小狮王头饰、图谱

2. 环境创设：围成半圆坐好

### 活动过程

1. 听音乐，初步感受音乐情绪和音色。

师：老师这里收到了一封神秘来信。因为人类经常去森林游玩，给森林制造了很多垃圾，动物们想召开一场森林大会。让我们一起竖起耳朵，听一听音乐里都有哪些动物的声音。（老师做出倾听的动作）

生：狮王的"嗷呜"……

师：音乐里出现了小鸟的叫声、小狗士兵的走步声、狮王一家的"嗷呜"声。

师：请小朋友们说一说听完音乐后的心情。

生：紧张、害怕……

2. 音乐故事引出主题，老师跟着音乐边说边演。

A 段：为了解决人类给森林制造的垃圾问题，狮王叫来通讯员小鸟通知动物们开会。小鸟飞快地在森林里召唤动物们（放音乐）："出来啦，出来啦，狮王要开森林大会啦……""嘟"的一声，动物们紧急集合，小狗士兵列队走步"当当当当当当……"。

B 段：狮王出场（唱歌）："我就是那森林之王，没有人能比我强，我就是那森林之王，没有人能比我壮。我就是那森林之王，没有人能比我强，我就是那森林之王，没有人能比我壮。"嗷呜——，当　当；嗷呜——，当当；嗷呜——，当当；嗷呜——，当当。

（狮后出场唱歌）："我就是那美丽狮后，没有人能比我美，嗷呜。"

（小狮王出场唱歌）："我就是那小小狮王，大家也要听我说，嗷呜，大家也要听我说，嗷呜。"

C段：动物们听音乐齐声拍腿（表示我们都听你说）。

3. 提问：小鸟出场说了什么话？什么乐器模仿小狗的走步声？狮王出场"嗷呜"了几声？狮王一家说了什么？

活动提示

提问是为了帮助儿童记忆，建议再听一遍音乐，分三段听音乐回忆老师的说演，听辨管弦乐模仿小鸟的叽叽喳喳声，钢琴模仿小狗的脚步声和狮子的"嗷呜"声，感受 ABC 的曲式结构。

4. 分角色看图谱，听音乐表演。

（1）认识符号图谱："＿＿ＡＡＡ"代表小鸟的叫声；"｜"代表小狗的走步声；"●"代表所有动物的歌唱节奏；"✹"代表狮子的"嗷呜"声。

（2）老师指着图谱引导全体学生学习五个角色的表演语言和动作：

A段，小鸟扇动翅膀连续说六次"出来啦，出来啦，狮王要开森林大会啦"；小狗走步声"当当当"边说边跺脚五遍，小狗走步声"当"边说边跺脚七次。

B段，狮王、狮后、小狮王参照老师表演的 B段，说或唱它们每个角色的语言，"嗷呜"要提起老虎爪子号叫。四个"嗷呜——，当 当"，狮王和小狗一起合作。

C段，全体动物们听音乐有节奏地拍腿，最后狮王一家齐声"嗷呜"。

（3）分成五组五个角色听音乐表演。

5. 打击乐替换角色表演合奏乐曲：摇铃替换小鸟叫声和狮子的"嗷呜"声，敲奏单响筒替换小狗拍手，敲棒棒糖鼓替换拍腿。（小组间可互换乐器演奏）

6. 图谱指挥，听音演、奏乐曲。

活动提示

老师选出五位学生进行听音表演（分角色边说唱边演），其他学生分成三组听音奏乐。

7. 思政教育：隆重的深林大会圆满结束，请我们的狮王一家回到座位上。我们回忆一下，刚才的森林大会提出了一个很重要的问题——如何解决森林的垃圾问题。如果小朋友去森林游玩，你会怎么做呢？

活动提示

在音乐活动中融入思政教育是音乐教育的一种教育趋势，帮助儿童在学习音乐本领的同时也学习如何保护我们生活的环境。

1.体验和排练音乐欣赏《狮子王进行曲》的分角色表演与奏乐。

2.为乐曲《钟表店》编写音乐欣赏教案。

　　这首乐曲是奥地利音乐家安德松的代表作，乐曲诙谐幽默，ABA再现三段体曲式结构。用了两个音乐元素，音色（钟表走动的声音、闹铃声）和乐段对比。图谱中，">"代表店小二修理钟表和钟表走动的声音："≈"代表店小二打扫灰尘和钟表抖动的声音；"★"代表钟表闹铃的声音。

## 钟表店

安德松 作曲
黄倩芳编图谱

A 段：

●修理钟表：

\> 　 \> 　 \> 　 \> 　 \> 　 \> 　 \> 　 \> 　 \> 　 \> 　 \> 　 \> 　 \> 　 \> 　 \> 　 \>

\> 　 \> 　 \> 　 \> 　 \> 　 \> 　 \> 　 \> 　 \> 　 \> 　 \> 　 \> 　 \> 　 \> 　 \> 　 \>

●打扫灰尘： ≈ 　 ≈ 　 ≈ 　 ≈ 　 ≈ 　 ≈ 　 ≈ 　 ≈

　　　　　　 ≈ 　 ≈ 　 ≈ 　 ≈ 　 ≈ 　 ≈ 　 ≈

●钟表走动时：

\> 　 \> 　 \> 　 \> 　 \> 　 \> 　 \> 　 \> 　 \> 　 \> 　 \> 　 \> 　 \> 　 \> 　 \> 　 \>

间奏： ★… 　 ★… 　 ★… 　 ★…

B 段店小二和钟表打趣：

★≈ 　 ★≈ 　 ≈ 　 ≈ 　 ≈ 　 ≈

★≈ 　 ★≈ 　 ≈ 　 ≈ 　 ≈ 　 ≈

★≈ 　 ★≈ 　 ≈ 　 ≈ 　 ≈ 　 ≈

★≈ 　 ★≈ 　 ≈ 　 ≈ 　 ≈ 　 ≈

再现 A 段钟表走动：

\> 　 \> 　 \> 　 \> 　 \> 　 \> 　 \> 　 \> 　 \> 　 \> 　 \> 　 \> 　 \> 　 \> 　 \> 　 \>

\> 　 \> 　 \> 　 \> 　 \> 　 \> 　 \> 　 \> 　 \> 　 \> 　 \> 　 \> 　 \> 　 \> 　 \> 　 \>

\> 　 \> 　 ○ ★ ★

| 课题二 | 奥尔夫综合类活动——音乐游戏 |

奥尔夫说过："每个孩子心里都有一颗音乐的种子。"老师的任务就是让每颗种子发芽，而音乐游戏则是促使每颗种子发芽的有效手段。音乐游戏能激发儿童的音乐兴趣，引导儿童在游戏中发现音乐、感受音乐和创造音乐。音乐游戏具有元素性、游戏性、创造性、趣味性等特点。其中最重要的特点是元素性，也就是"音乐性"，把音乐元素融入趣味性的游戏中，引导幼儿模仿和再创造。借助说（角色语言、讲故事）、动（律动、舞蹈、表演）、奏（奏乐）等音乐媒介完成游戏化的综合类活动，发挥学生在音乐游戏中的二次创作能力，培养学生的综合素质和高尚的艺术情操。

音乐游戏包括噪音游戏、动作游戏、器乐游戏、特殊游戏等综合性的音乐游戏。其中噪音游戏在单元 3 课题四"噪音游戏的综合艺术"中做了详细的案例指导；动作游戏包含声势、律动和手指游戏，在单元 4 有详细的案例指导；器乐游戏，在单元 5 课题三"奥尔夫器乐在实践教学中的应用"中的"乐器表现音乐元素"中有详细的案例指导。这里重点做特殊游戏的案例指导，特殊游戏包含纱巾音乐游戏、报纸音乐游戏、杯子音乐游戏、气球音乐游戏、体育音乐游戏等。

## 1 纱巾音乐游戏

纱巾颜色艳丽，轻薄飘逸，是儿童很喜欢用来创作的素材。纱巾千变万化，可以变成花朵、鱼、老鼠等形形色色的物件，也可以动作表演，如拉纱巾、搓纱巾、抛纱巾、甩纱巾、挥纱巾、抖纱巾等。在音乐活动中，可以引导儿童结合音乐的特点探索纱巾的玩法，发挥儿童的音乐创造力。

---

**音乐游戏：纱巾音乐游戏《惊愕交响曲——吓了一跳》（3 ~ 6 岁）**

**（教学设计：黄倩芳）**

**设计意图**

纱巾颜色艳丽，轻薄飘逸，便于儿童创作音乐，深受儿童的喜欢。《吓了一跳》是奥地利的音乐家海顿创作的乐曲《惊愕交响曲》的选段，是变奏曲式结构。开始 A 段音乐重复两遍，第一遍强，第二遍特别轻，中间有定音鼓猛烈的撞击声，模仿惊雷的声音让人吓了一跳。本课只选取了乐曲的前半部分音乐供幼儿欣赏和玩纱巾游戏，借助故事语言和动作（拉、搓、挥、抛、接）等音乐媒介，增加游戏的趣味性和触觉运动，有利于儿童透过纱巾游戏去寻找音乐、创造音乐。本课可根据儿童的年龄特点灵活设计，增减难度。

**活动目标**

1. 知识目标：运用乐曲让儿童感受音乐的重音、音的强和弱，学会纱巾的创新玩法。
2. 情感目标：让儿童通过听音乐玩纱巾游戏，感受高雅的音乐艺术。
3. 能力目标：培养儿童的想象力、创造力、听觉能力、反应能力和感统协调能力。

**活动重难点**

1. 重点：感受音乐的重音、音的强和弱
2. 难点：听音乐玩纱巾游戏

**活动准备**

1. 物质准备：音乐、多媒体、纱巾
2. 环境创设：围成半圆坐好

**活动过程**

1. 老师引导学生探索纱巾的玩法。

师：请小朋友们摸一摸纱巾，帮老师想一想纱巾可以怎么玩。

小结：拉纱巾、搓纱巾、抛纱巾、甩纱巾、挥纱巾、抖纱巾。

2. 引导学生听音乐，说一说听到了什么声音？（老师对特殊音乐做表情提醒）

小结：惊吓的声音，声音的大小。

3. 老师跟着音乐边律动边讲故事。

音乐故事：小老鼠的好朋友小黄鸭被哈巴狗关进了鸟笼，趁哈巴狗睡着，小老鼠准备去鸟笼营救小黄鸭。小老鼠大步朝鸟笼走去（动作：大声走），听到了哈巴狗的呼噜声，便轻轻地从哈巴狗身边走过……（动作：轻声走）。突然哈巴狗打了个喷嚏，小老鼠吓了一大跳（做出吓到的动作和表情），回头一看，哈巴狗又睡着了，小老鼠轻轻地打开鸟笼救出了小黄鸭，小黄鸭感动地和小老鼠拥抱，它们开心地跳起来……（动作：拍手），牵着手从哈巴狗身边走过……（动作：轻声走）。这时，哈巴狗又打了个喷嚏，小老鼠和小黄鸭又吓了一大跳（做出吓到的动作和表情），快速地溜出狗窝（动作：小跑），小黄鸭终于获救了，和小老鼠快乐地跳起了舞（动作：边拍边跳）。

4. 听奏法熟悉音乐，学生跟着老师的音乐故事进行律动表演。

5. 老师讲解《惊愕交响曲——吓了一跳》的由来。

师：小朋友们，你们想知道《惊愕交响曲》的由来吗。奥地利的作曲家海顿发现贵族们来听音乐会只是为了表现自己所谓的高雅品位，每次在乐队演奏时都打瞌睡，海顿知道后非常生气，于是他在指挥乐队演奏的过程中突然用定音鼓模仿惊雷的声音，把打瞌睡的贵族们吓了一大跳，贵族们知道海顿的用意后都不好意思地大笑，后人就把这首乐曲命名为《惊愕交响曲》。

6. 老师引导学生利用纱巾创造音乐。

A段（第一遍）：4×8拍，双手抓住纱巾两端有节奏地拉纱巾（表现小老鼠大胆地走）。

A段（第二遍）：4×8拍，双手轻轻地有节奏地搓纱巾（表现小老鼠轻声地走）。

惊恐声：用力把纱巾抛出去接住（表现哈巴狗的喷嚏声）。

B段（第一遍）：4×8拍，有节奏地左挥纱巾，右挥纱巾，划波浪转圈（表现小黄鸭获救的快乐心情）。

B段（第二遍）：4×8拍，有节奏地轻轻跳着拉纱巾（表现小老鼠和小黄鸭牵着手走）。

惊恐声：再次用力把纱巾抛出接住（表现哈巴狗的喷嚏声）。

A'段：4×8拍，有节奏地边跳边抛接纱巾和用纱巾划波浪（表现小鸟和小老鼠成功出逃后的喜悦，边唱边跳）。

**活动提示**

这个环节建议分段玩纱巾创造音乐，引导学生听音乐选择适合的玩纱巾的动作创造音乐。

7. 纱巾音乐游戏《惊愕交响曲——吓了一跳》：老师带领学生完整地听音乐玩纱巾。

纱巾音乐游戏《惊愕交响曲——吓了一跳》亲子课

## 2　报纸音乐游戏

纸在儿童的眼里就像魔术师变魔术一样变化多端，是儿童用来创作的好素材——折纸、剪纸、撕纸、制作工艺品等。用废旧的报纸玩创作游戏，可以节约用纸。引导儿童探索报纸的玩法，融入音乐，发挥儿童的音乐创造力。

**音乐游戏：报纸音乐游戏《幽默曲——小草发芽》（4～8岁）**
**（教学设计：黄倩芳）**

### 设计意图

报纸能激发儿童的创作灵感，让儿童跟着音乐用报纸创作音乐，是一个很奇妙的创意，能激发儿童的创作欲望。《幽默曲》是捷克的安东·德沃夏克创作的乐曲，是一首四二拍的优雅的小夜曲。复三部曲式，呈示部ABA，两头轻快中间悠扬，展开部C激动惊险，再现部AB，轻快和悠扬中结束。课中跟着音乐进行报纸创作，借助故事语言和动作（撕报纸、抖报纸、拍报纸）等音乐媒介，增加游戏的趣味性，有利于儿童透过报纸游戏去寻找音乐、创造音乐。本课可根据儿童的年龄特点灵活设计，增减难度。

### 活动目标

1. 知识目标：运用乐曲让儿童感受音乐的乐段对比，学会报纸游戏的创新玩法。
2. 情感目标：让儿童通过听音乐玩报纸游戏，感受音乐游戏带来的乐趣。
3. 能力目标：培养儿童的想象力、创造力、听觉能力、反应能力和感统协调能力。

### 活动重难点

1. 重点：感受音乐的乐段对比
2. 难点：听音乐玩报纸游戏

### 活动准备

1. 物质准备：音乐、多媒体、报纸、小提琴图片
2. 环境创设：围成半圆坐好

**活动过程**

1.老师引导学生对报纸的声音进行探索。

师：请小朋友们摸一摸报纸，可以有几种玩法让报纸发出不同的声音。

小结：揉报纸、弹报纸、抖报纸、挥报纸、撕报纸、拍报纸。

2.引导学生听音乐故事（老师跟着音乐边律动边讲故事），探索如何用报纸模仿音乐中的声音。

师表演：春天来了，小草的嫩芽从泥土里钻出来，（音乐响起）A段律动语词"钻钻钻钻……呼口气"（"钻"跟着音乐说12次再呼口气），动作跟着音乐重复4次；B段律动语词"风吹吹（往左挥动双手），草飞飞（往右挥动双手）"，动作跟着音乐重复4次；A段，"钻钻钻钻……呼口气"重复两次；C段律动语词"下雨了（抖动双手模仿下雨），轰隆轰隆（跺脚两次模仿打雷声）"，动作跟着音乐重复8次；A段，"钻钻钻钻……呼口气"重复两次；B段律动语词"风吹吹，草飞飞"，跟着音乐重复4次后摆一个小草发芽的造型。

3.老师简单介绍乐曲，并提问音乐的特点。

师：这是德沃夏克创作的一首描写春天的《幽默曲——小草发芽》，音乐利用小提琴模拟小草发芽。你们听出音乐中出现了几种"声音"？

小结：小草发芽的声音、风声、雨声和打雷声。

4.听奏法熟悉音乐，老师带领学生听音乐律动《幽默曲——小草发芽》。

5.老师引导学生说一说每段音乐的音乐特点：A段小草发芽，轻快的；B段小草嫩芽缓缓跳舞，优美的；C段打雷下雨，激动惊险的。

6.老师引导学生玩报纸，创造音乐中的"声音"。

A段：撕报纸语词"撕撕撕撕（一顿一顿地撕）……撕报纸（撕长条纸）"替换律动语词"钻钻钻钻……呼口气"。

B段：挥报纸语词"左挥挥，右挥挥"替换律动语词"风吹吹，草飞飞"。

C段：抖报纸和拍报纸的语词"下雨了（单手快速抖动报纸），轰隆轰隆（双手拍两次报纸）"。

**活动提示**

这个环节，建议分段玩报纸创造音乐，引导学生听音乐选择适合的报纸的"声音"创造音乐。

7.报纸音乐游戏《幽默曲——小草发芽》：老师带领学生完整地听音乐玩报纸。

## 3 杯子音乐游戏

杯子音乐游戏，是指杯子跟着音乐的节奏律动，透过杯口、杯身、杯底碰撞地面或者手心有节奏地发出不同的声音，营造特殊音响的音乐游戏。杯子游戏可以从最简单的拍节奏过渡到传递游戏再过渡到花样玩法的杯子节奏，就像制作千层饼层层叠加增加难度和趣味性，激发儿童"挑战"的欲望，帮助儿童快速掌握音乐节奏和挖掘对音乐的创造性。

## 音乐游戏：杯子音乐游戏《墨西哥草帽舞》（5～9岁）
### （教学设计：黄倩芳）

### 墨西哥草帽舞

1=F 2/4

佚名 曲

### 设计意图

杯子游戏能让儿童在游戏过程中锻炼小手的精细动作，让头脑变得更活跃，更有创造力。《墨西哥草帽舞》是一首墨西哥民间舞曲，回旋曲式结构，A段和B段循环重复，A段铿锵有力，B段活泼风趣。这是一首乐段分明、节奏感强的舞曲。本课利用原地拍奏杯子和传递杯子的节奏感受A段和B段的音乐特点，借助口令语言和小手玩杯子的动作等音乐媒介，增加游戏的趣味性，引导儿童透过杯子游戏去对比音乐、创造音乐，并锻炼儿童的小手的精细动作。杯子游戏适合不同年龄段的儿童，可根据儿童的年龄特点适当改变速度调整动作难度。

### 活动目标

1. 知识目标：运用乐曲《墨西哥草帽舞》让儿童感受AB段不同的音乐特点，学会花样杯子碰撞的玩法。

2. 情感目标：让儿童通过听音乐进行杯子游戏，感受具有挑战和趣味性的杯子音乐。

3. 能力目标：培养儿童的想象力、创造力、听觉能力、反应能力、团队配合能力及感统协调能力。

### 活动重难点

1. 重点：两个乐段的音乐特点和花样杯子碰撞的玩法

2. 难点：带节奏的杯子传递游戏

### 活动准备

1. 物质准备：音乐、多媒体、塑料杯子

2. 环境创设：围成大圆坐好

**活动过程**

1. 老师引导学生敲一敲、拍一拍杯子，探索可以怎么玩杯子让杯子发出不同的声音。

小结：杯口或杯底碰手心，杯口或杯底碰地面，拍杯身……

2. 老师听着《墨西哥草帽舞》表演杯子游戏的玩法。

师：小朋友们，听和看了老师的杯子表演，猜一猜我碰撞了杯子的哪些部位发出声响？除了杯子的声音你们还听到了什么声音？

小结：杯口和杯身碰手心，杯底和杯口碰地面等四种声音，还有手拍手、手拍地面的声音。

3. 听奏法，循环听乐曲第一段，老师带领学生听着音乐有节奏地拍杯子。

动作口令：拍 拿|放 ○|（要求杯子的杯口朝下放地面，"拍"指拍手，"拿"指右手抓杯底拿起，"放"指杯口朝下放地面）

4. 提问：我们听和玩了第一段的杯子音乐，你们觉得这段的音乐是铿锵有力的还是欢快活泼的？

生：铿锵有力。

5. 训练花样碰撞杯子的玩法。

动作口令：拍 拿|拍 放|换 手|盖 ○|

动作口令要领：要求杯子的杯口朝下放地面，第一个"拍"指拍手，"拿"指右手反向握杯身，第二个"拍"指杯口拍左手掌心，"放"指杯底碰地面，"换"指右手握的杯子换给左手握，"手"指右手掌心拍地面，"盖"指右手握的杯子杯口朝下往右边地面盖杯子。

**活动提示**

花样碰撞杯子的玩法有一定难度，老师要做分解示范，让学生熟练掌握每一个动作要领。对于中班以下的儿童可以删减动作步骤，改成"拿 －|放 －"，是指左手拿起杯子，再放杯子。

6. 听奏法，循环听乐曲第二段，老师带领学生围成一个大圆，听着音乐有节奏地玩杯子传递游戏。

（1）听着音乐的节奏练习花样碰撞杯子的玩法。

（2）听音乐玩杯子传递游戏。

**活动提示**

花样碰撞杯子玩法的最后一步"盖"，指右手握的杯子杯口朝下往右边学生的地面盖杯子，这样右边的学生进行重复动作的"拿"时，就可以从左边拿起杯子，再传递给右边的学生。中班以下的儿童改的传递游戏的节奏"拿 －|放 －"，是指学生左手从左边拿杯子（口令：给自己），放到右边学生的地面上（口令：给别人）。

7. 提问：请小朋友们说一说第二段的音乐情绪和第一段有什么不同？

小结：欢快活泼。

8. 杯子音乐游戏《墨西哥草帽舞》：听着完整版的乐曲玩杯子游戏。

**活动提示**

乐曲AB段循环重复三遍。从A段过渡到B段时，老师要给适当的口令提醒，在B段传递杯子的过程中会出现部分学生反应比较迟钝，造成有些学生很多杯子、有些学生没杯子的现象，在进入A段后要及时调整，比如让杯子比较多的学生把杯子递给没杯子的学生。

杯子传递游戏《墨西哥草帽舞》

## 4 气球音乐游戏

气球游戏是儿童最喜欢玩的游戏之一，有吹气球、夹气球、头顶球、手拍球、踩气球、抛气球等丰富的游戏，这些游戏需要孩子们的互动合作完成，也可以是亲子游戏。在音乐游戏中融入气球，能增加音乐游戏的趣味性，更有利于儿童透过玩气球去寻找音乐、创造音乐。

**音乐游戏：气球游戏《拨弦波尔卡》（3～6岁）**

**（教学设计：黄倩芳）**

#### 设计意图

气球游戏丰富有趣，能激发儿童的音乐探索的欲望。课程中音乐游戏以气球为素材进行探索，让儿童创造各种气球的玩法，寻找玩气球的声音，然后带入乐曲《拨弦波尔卡》。这首乐曲是三部曲式，运用拨弦模仿重音，是一首轻快幽默的小乐曲。音乐游戏中，让儿童寻找"音乐的重音"有节奏地拨动气球的小嘴巴，跟着音乐的起伏抛气球，感受音乐的变化。借助语言"打地鼠"和动作（拍、拨、抛、传）的音乐媒介，增加游戏的趣味性，有利于儿童透过玩气球去寻找音乐、创造音乐。本课可根据儿童的年龄特点灵活设计，增减难度。

#### 活动目标

1. 知识目标：运用乐曲让儿童感受音乐的重音、不同乐段的音乐特点等音乐元素，学会气球的多种玩法。

2. 情感目标：让儿童通过听音乐玩气球感受音乐的神奇，感受音乐带来的情感体验。

3. 能力目标：培养儿童的想象力、创造力、听觉能力、反应能力及肢体动作的敏锐度。

#### 活动重难点

1. 重点：听音乐玩气球

2. 难点：感受重音和音乐的变化

#### 活动准备

1. 物质准备：音乐、多媒体、各种颜色的气球、小提琴图片

2. 环境创设：围成半圆坐好

**活动过程**

1. 吹气球游戏。

（1）老师示范吹气球，引导学生发现气球变大的特点

老师现场吹一个气球扎好，往空中抛气球。

师：小朋友们，你们发现了吗，我是通过什么方法让气球变大和飞起来的？

生：往气球里面吹气让气球变大，抛气球让气球飞起来。

结论：通过气体让气球变大，气体轻让气球飞。

（2）分成若干小组进行吹气球比赛，每组给同样数量的气球，比一比哪组的气球最快吹完。

*活动提示*

*在吹气球过程中，有些学生的肺活量比较弱，吹不起来，老师可以引导组上比较厉害的学生帮忙吹气球，能力弱的学生负责扎气球，培养儿童团队合作的能力。*

2. 听《拨弦波尔卡》第一段音乐，玩气球。

师：有一只好吃懒做的小地鼠，它发现了一个神秘的美食城堡，趁着天黑，它偷偷地爬上了这座城堡。可是城堡里面到处都是陷阱，它一不小心踩到了报警器，一把巨大的胖锤子朝它的头上敲去，发出"砰砰砰"的声响，让我们一起听一听究竟发生了什么事情？（教师跟着音乐模仿小地鼠蹑手蹑脚地走步和拍气球的动作）

（1）听看老师的表演，寻找特别的声音（三个重音）。

提问：音乐中我们听到了什么声音？每次听到声音可以拍几次气球？

生："砰砰砰"的声音，每次听到声音拍三次气球。

师：原来是猫咪警察发现了小地鼠，用它的小胖手"砰砰砰"拍打小地鼠。

小结：乐曲利用小提琴拨弦模仿重音。听到"× × ×"的重音时，我们边说"打地鼠"边拍三次气球。

（2）采用听奏法，听《拨弦波尔卡》第一段音乐，跟着老师听重音，边说"打地鼠"边双手原地拍气球。

*活动提示*

*噪音和动作结合，加入带节奏的语词能让音乐游戏更有趣，降低听音乐的难度，培养幼儿的专注力。*

（3）第二次听音乐，引导学生用其他玩气球的方法听音乐拍重音。

师：小朋友们，除了拍气球，还可以怎么玩气球让气球不仅不会破，还能发出声音。

生：拔气球的小扎口、两个气球碰撞……

*活动提示*

*第二次听音乐，规定听到三个重音才能拍打气球。要求每组设计一个玩法，激发学生的创造力。如一组拔气球的小扎口，一组两人合作让气球碰撞等。*

3. 听《拨弦波尔卡》第二段音乐，玩气球。

师：猫咪警察抓到了小地鼠，非常开心，和同伴们一起狂欢。

（1）采用听奏法，听《拨弦波尔卡》第二段音乐，跟着老师自由地抛气球，也可引导学生相互传球。

（2）提问的方式，引导学生说一说第一段和第二段的音乐变化。

小结：第一段音乐风趣幽默，带有紧张的气氛；第二段音乐比较舒缓、放松。

4. 音乐游戏《拨弦波尔卡》：完整听音乐进行气球游戏。

气球音乐游戏《拨弦波尔卡》亲子课

## 5 体育音乐游戏

跟着音乐动起来跳起来是儿童与生俱来的本领，体育游戏是通过人体动作完成的，同样也和音乐有着天然的联系，结合较强节奏感的音乐进行体育游戏，通过团体配合，增加游戏的趣味性，引导儿童透过体育游戏去探索音乐、创造音乐，并锻炼儿童的本体觉的感觉统合能力。

音乐游戏：体育音乐游戏《德克萨斯的黄玫瑰》（4~8岁）

（教学设计：黄倩芳）

### 德克萨斯的黄玫瑰

美国乐曲
迈克尔·霍利迪 曲

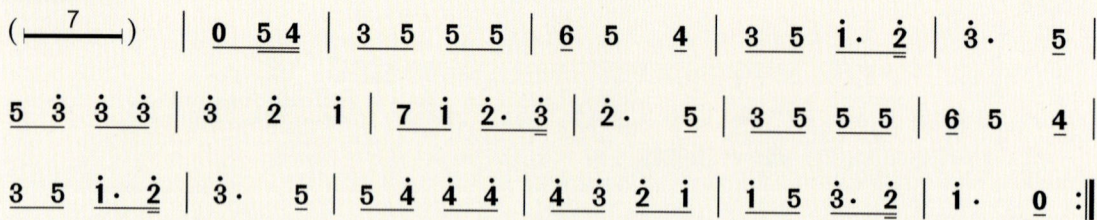

1=C 2/4
进行曲式

（ 7 ）｜ 0 54｜ 3 5 55｜ 6 5 4｜ 3 5 i. 2｜ 3. 5｜

5 3 33｜ 3 2｜ i｜ 7 i 2. 3｜ 2. 5｜ 3 5 55｜ 6 5 4｜

3 5 i. 2｜ 3. 5｜ 5 4 44｜ 4 3 2 i｜ i 5 3. 2｜ i. 0 ：‖

#### 设计意图

《德克萨斯的黄玫瑰》是美国的迈克尔·霍利迪创作的管弦乐曲，曲式是一段体，乐曲对主题旋律循环重复，重复的乐段加入间奏，是一首节奏感极强的进行曲。体育游戏的用意是引导儿童感受进行曲的"节奏"，通过在规定的音乐节奏内完成规定的踏步、跨步、双脚跳、单脚跳、爬、小跑等体育运动，激发儿童的音乐探索欲望。借助故事语言和动作（走、跳、爬、跑）等音乐媒介，增加游戏的趣味性，有利于儿童透过体育游戏去寻找音乐、创造音乐，并锻炼儿童的身体协调能力。本课可根据儿童的年龄特点灵活设计，适当增加动作难度。

**活动目标**

1. 知识目标：运用乐曲让儿童感受进行曲的节奏特点，学会体育游戏的创新玩法。

2. 情感目标：让儿童通过听音乐开展体育游戏，感受音乐探险带来的乐趣。

3. 能力目标：培养儿童的想象力、创造力、听觉能力、反应能力、团队合作能力及感统协调能力。

**活动重难点**

1. 重点：进行曲的节奏

2. 难点：听音乐玩体育游戏

**活动准备**

1. 物质准备：音乐、多媒体

2. 环境创设：围成半圆坐好

**活动过程**

1. 故事情境导入：有一个神秘而美丽的凤凰山，但是山路却十分艰险，熊大带着它的小伙伴们准备挑战这座神秘的凤凰山，他们会遇上哪些艰险的山路呢？（教师跟着音乐表演）

师：小朋友们看了老师的表演，猜猜熊宝宝们都经历了哪些惊险的山路？

生：……

小结：熊宝宝们经历了石头路、小溪、山洞、桥、弯路。

2. 听奏法，老师带领儿童听着音乐有节奏地熟悉动作。

前奏（原地踏步）——4 个八拍跨步走——4 个八拍双脚跳——间奏（原地踏步）——4 个八拍单脚跳——间奏（原地踏步）——4 个八拍爬山洞——4 个八拍钻桥洞——间奏（原地踏步）——小跑走弯路。

3. 提问：我们听着音乐进行了一系列的运动，从运动中你感受到的音乐是怎样的？（可以适当提醒，如有力的）

小结：这是一首美国的著名铜管乐进行曲《德克萨斯的黄玫瑰》，音乐雄壮有力，仿佛一队整齐的士兵踏着有节奏的步伐向我们走来。

4. 引导儿童为跨步、双脚跳、单脚跳、爬、钻、小跑等动作设计人体道具。

跨步走的人体道具：两人双手抱住膝盖，脚尖碰脚尖地面对面坐好。

双脚跳的人体道具：两人双腿并拢伸直，脚碰脚地面对面坐好。

单脚跳的人体道具：两人双腿伸直打开，脚碰脚地面对面坐好。

爬山洞的人体道具：两人面对面蹲着，伸出双手搭山洞

钻桥洞的人体道具：两人面对面站着，伸出双手搭桥洞。

弯路的人体道具：两人站着抱住对方，由若干个"抱团"形成错落的 S 形弯路。

**活动提示**

这一环节主要是通过人体道具培养幼儿的团体合作能力，为了发挥儿童的想象力设计探险的人体道具，老师可以先做一个道具的示范。

5. 人体道具训练：安排 12 人扮演人体道具，听着音乐和老师的指令变换道具。（每一组人体道具要间隔两个人的位置）

6. 体育音乐游戏《德克萨斯的黄玫瑰》：6 人为一组，扮演熊宝宝队伍进山探险，12 人扮演人体道具。

前奏（原地踏步）——走山路（跨步走）——过小溪（4个八拍双脚跳）——间奏（原地踏步）——过小溪（4个八拍单脚跳）——间奏（原地踏步）——爬山洞（4个八拍爬）——钻桥洞（4个八拍开火车钻）——间奏（原地踏步）——走弯路（4个八拍开会车绕弯）——到达终点。

活动提示

如果班级人数多，可以安排两组的熊宝宝队伍、两组的人体道具，并进行角色轮换。老师通过故事语言的引入，每个探险造型都给指令提示，如"爬山洞"。在"钻桥洞"时，可以设计桥塌了的游戏，老师给个"桥塌了"的指令，搭桥洞的学生迅速扣下双手把熊宝宝夹住。

7.活动延伸：引导儿童听音乐，设计双人合作的走、跑、跳、钻、爬等体育游戏动作

体育音乐游戏《德克萨斯的黄玫瑰》

（表演者：徐苏敏、林宏程、张舒菌、卢雪梅、廖怡婷、王随缘、饶建玲、简也茄、詹晓霞、周淑钰、唐燕珍）

拓展
练习

1. 为歌曲《捉泥鳅》创编杯子音乐游戏。
2. 从五种音乐游戏中选择一种进行模拟教学。

## 课题三 ▶ 奥尔夫综合类活动——课堂戏剧

奥尔夫在儿时受到祖父的影响，经常进入祖父的剧场中，观看各种歌剧、舞剧、戏剧等的表演。其中最迷恋的是戏剧——木偶戏，除了手动提线木偶的表演，故事剧情都是通过朗诵、歌唱、音乐、音响来表现，为了营造特殊音响，他发明了如沙粒放到罐子模仿雨声等各种奇奇怪怪的声响来模拟特殊音响，也就是我们现在接触到经过改良的奥尔夫小打击乐器。奥尔夫儿时创作的《卡尔·奥尔夫 100 首故事》也为他在音乐剧中的巨大贡献奠定了基础，奥尔夫创作的是融音乐、舞蹈、戏剧一体的音乐剧，并迁移到了他的音乐课中，突破单一的歌唱课或器乐课的思路，形成在课堂上融说、唱、动、奏及戏剧为一体的教学内容和形式。

随着奥尔夫音乐教育在中国音乐教育界的传播，奥尔夫提倡的作为整体艺术的戏剧表演开始从剧场舞台迁移到学校音乐教育的课堂中，这种集音乐、舞蹈、文学、美术的艺术形式与相应的教育、表演行为方式结合，灌输自然、原本的教育理念，形成了具有"整体艺术"的课堂戏剧。

课堂戏剧是综合性的"整体艺术"，需要导演、编剧、演员、舞台美术、人物造型设计、音响配乐等的通力合作。奥尔夫的课堂戏剧表演在中国经过三十几年的传播，慢慢地吸纳了中国的本土文化，也形成了几种独特的课堂戏剧表演种类，分为哑剧、黑光剧（皮影戏）、光影剧、音乐剧等四种表演类型。课堂戏剧的故事素材主要以绘本故事、童话故事、生活题材的故事为主，故事剧情简短，表演时长约 10 分钟，运用说（角色语言）、唱（歌唱）、动（律动、舞蹈、表演）、奏（奏乐）作为综合类表演艺术的音乐媒介，把故事与语言、动作、舞蹈、美术、音乐、戏剧紧密结合，形成整体的表演艺术。课堂戏剧的配乐主要以奥尔夫打击乐、音乐音响等配乐为主。

### 1 哑剧

哑剧是奥尔夫课堂戏剧的一种，是不用对话和歌唱，而只由动作和表情表达剧情的戏剧，形体动作是哑剧的基本手段，它的准确性和节奏性不仅具有模仿性，还应具有内心的表现力。课堂哑剧，以"原本性"理念出发，在打击乐为故事配乐的基础上增加了角色表演和旁白，利用故事旁白、人体动作、演奏作为综合类活动的音乐媒介，角色表演配上故事旁白，四大类打击乐模拟角色的各种表演动作的音响，特殊音响利用特殊乐器模拟。课堂哑剧的故事素材以绘本故事、童话故事为主，角色表演人数控制在三人，表演时长约三分钟，把故事与音乐、动作、演奏紧密结合，形成整体的表演艺术，属于微小型剧目。哑剧的动作表演和乐器演奏属于二次创作，具有较强的即兴性和创造性。乐器演奏的即兴表演更为突出，它会随着角色的表情和动作的变化而改变，所以每一次的表演和演奏都能呈现不一样的艺术效果。由于哑剧的即兴性较强，在动作配器上也有特定的要求，如：手和腰部的动作用散响类，脚的动作用木质类，头部动作和特殊动作用皮革类，特殊音响用金属类。

## 哑剧教学课例：《猴子下山》（4～8岁）

### 猴子下山

作者　北京小红花图书工作室
黄倩芳配乐和教学设计

| 旁白（故事） | 角色表演与配乐 |
|---|---|
| 有一天，一只小猴下山来。 | （锣响起），🐵挠头跳步走的动作下山（散响类模仿挠头的动作，木质类模仿跳步） |
| 它走到一块玉米地里，看见玉米结得又大又多，非常高兴，就掰了一个，扛着往前走。小猴子扛着玉米，走到一棵桃树下。 | 蹑手蹑脚走到玉米地（木质类），看到🌽挠头跳动（散响类和木质类），双手掰玉米（散响类），双手扛起玉米（散响类）大步往前（木质类跟着脚步一下一下地敲） |
| 它看见满树的桃子又大又红，非常高兴，就扔了玉米爬到树上去摘桃子。 | 抬头看（锣敲一下），看到🍑挠头跳动（散响类和木质类），双手扔🌽（散响类），做出爬树的动作（散响类和木质类），左手捧着衣兜，伸出右手摘桃放桃（散响类跟着摘桃的节奏一下一下地摇） |
| 小猴子捧着几个桃子，走到一片瓜地里。 | 小猴双手捧着桃跳起来（散响类和木质类），大步往前（木质类跟着脚步一下一下地敲） |
| 它看见满地的西瓜又大又圆，非常高兴，就扔了桃子跑过去摘西瓜。 | 低头看（锣敲一下），看到🍉挠头跳动（散响类和木质类），双手扔🍑（散响类），挠着头跑过去（散响类和木质类） |
| 小猴子用力一拔，"哎哟，腰好痛"，疼得它摇头捶背。 | 小猴子蹲下，伸出双手有力拔（散响摇一下），屁股着地四脚朝天（鼓敲一下，木质类快速敲），双手捶背直摇头（散响类和鼓类） |
| 小猴子站了起来，抱起了西瓜。小猴子抱着一个大西瓜往回走。 | 小猴子双手撑地慢慢起身（散响类慢慢摇），双手用力抱起西瓜（散响类摇一下），大步往前走（木质类跟着脚步一下一下地敲） |
| 它看见一只小兔子蹦蹦跳跳的，非常可爱。 | 猴子转身看（锣敲一下），🐰双手竖起耳朵蹲着跳过来（木质类跟着兔子的节奏敲） |

续表

| 旁白（故事） | 角色表演与配乐 |
| --- | --- |
| 它非常高兴，就扔了西瓜去追小兔。 | 看到 🐰 挠头跳动（散响类和木质类），双手扔 🍉（散响类），挠着头跑跳着追兔子（散响类和木质类跟着手脚的节奏敲和摇） |
| 小兔跑进了树林里不见了。小猴子摇摇头，只好空着双手回家去。 | 小猴摇头（鼓类），打开双手做出无奈的动作（散响类），挠头抓背蹑手蹑脚地走了（散响类和木质类跟着手脚的节奏摇和敲）。表演结束（锣响起收尾） |

### 设计意图

《猴子下山》是北京小红花图书工作室创作的童话故事。故事幽默风趣，讲述了一只小猴子下山后，看见了许多自己喜欢的东西，看到新的就扔了旧的，最后什么也没得到，只能两手空空地回家的事。设计者遵循"原本性"的奥尔夫音乐教育理念，利用课堂哑剧的形式，把故事与音乐、语言、动作、演奏紧密结合，形成整体的表演艺术。通过角色表演和为故事配乐进行二次创作，表演和演奏都有较强的即兴性，幽默风趣的故事剧情和表演手法让儿童感受童话故事和音乐融合的美妙和神奇，感受分工合作和即兴创作带来的快乐，激发儿童的演、奏欲望，发挥儿童的想象力和二次创作的能力。哑剧表演可根据儿童的年龄或能力特点设计课时，增减表演和配乐难度。

### 活动目标

1. 知识目标：感受和体验童话故事和音乐融合的艺术美，学会如何跟着旁白即兴表演和即兴演奏。

2. 情感目标：童话故事与音乐、动作、演奏紧密结合的哑剧，让儿童感受整体的表演艺术带来的乐趣。

3. 能力目标：培养专注力、听觉能力、反应能力、想象力、创造力、音乐感和表演能力。

### 活动重难点

1. 重点：为哑剧表演即兴配乐

2. 难点：角色表演与奏乐的分工合作

### 活动准备

1. 物质准备：木质类打击乐、散响类打击乐、鼓、锣

2. 环境创设：围成半圆坐好

### 活动过程

1. 老师边演边讲故事。

2. 提问的方式，引导学生说一说故事内容，老师再小结。

师小结：故事讲述了一只小猴子下山后，看见了许多自己喜欢的东西，看到新的就扔了旧的，最后什么也没得到，只能两手空空地回家。

3. 熟悉四大类打击乐器，请小朋友们各选一个乐器，其中鼓和锣是指定乐器。

4. 练习四大类乐器配乐对应的动作：散响类模拟手上动作的音响，木质类模拟走、跑、跳、爬的音响，鼓类模拟头部动作和屁股落地的音响，锣模拟看的动作和剧目开头收尾的音响。

5. 老师带领学生表演猴子在故事中的表演动作，猴子挠头抓背、摇头、走、跑、跳、爬的动作可以自由发挥。

6. 演、奏童话故事《猴子下山》。

活动提示

挑选两个擅长表演的学生，一个演猴子，一个演兔子；挑选两个特殊乐器锣和鼓的演奏者；其他学生分成两组，一组演奏散响类、一组演奏木质类，老师负责故事旁白和指挥，老师的故事旁白可以补充一些动作表演的旁白，如猴子挠头抓背、走、跑、跳、爬的动作旁白，可以帮助角色表演者更好地即兴发挥。

7. 故事的收获：小朋友们参与了童话故事《猴子下山》的表演，此时的你想对小猴子说些什么呢？

8. 师总结：我们要告诉小猴子，做任何事情都要学会坚持，不能三心二意、半途而废，否则最后只能两手空空。

哑剧《猴子下山》

## 2 光影剧

光影剧的前身是皮影戏。皮影戏是一种以兽皮做成人物的剪影以表演故事的民间戏剧。表演时，艺人们在白布后面边操作人影边进行角色对话，通过白灯把皮影画面呈现给观众，同时利用打击乐和弦乐为剧情配乐。光影剧和皮影戏的区别在于制作剪影更为简单易操作，利用彩色塑料片或者白色卡纸就能制作各种人物或动物的剪影，甚至只需要人的身体动作透过黑光灯投射在白布上形成影子进行表演。课堂光影剧的故事素材主要以童话故事和绘本故事为主，角色表演人数以五人以内为宜，表演时长约五分钟，运用故事旁白、角色语言、美术、动作、演奏、音乐作为综合类活动的音乐媒介，奥尔夫打击乐模拟角色（皮影）的各种表演动作的音响，特殊音响用特殊乐器模拟。把故事与语言、音乐、美术、皮影动作、演奏紧密结合，形成整体的表演艺术，属于微小型剧目。课堂光影剧的过程环节和黑光剧一样，需要经过美术手工、光影角色表演和戏剧配乐三个环节，一般需要安排 2~3 课时完成一个光影剧。光影剧和哑剧一样，在皮影动作配乐上都有特定的配器要求，除了奥尔夫打击乐的配乐，也会加入背景音乐，角色表演和乐器演奏都属于二次创作，具有较强的即兴性和创造性。唯一不同的是，角色表演是儿童通过操作皮影表演或者人体动作的影子表演，不需要任何的表情动作，能让儿童更放松自由地创作。光影剧的表演模式较为丰富，有纯粹的光影剧表演，也有与真人舞台戏剧混搭的表演。

## 光影剧教学课例：《三只小猪》（5～9岁）

### 三只小猪

作者 约契夫·雅各布斯
黄倩芳配乐和教学设计

| 第一幕：旁白与对话（故事） | 哑剧表演与配乐 | 背景音乐 |
| --- | --- | --- |
| 旁白：有三只可爱的小猪，他们都想建一座漂亮的房子。 | 三只 🐷 做出手舞足蹈的动作（散响类、木质类） | 乐曲《走走停停》 |
| 旁白：老大随便用稻草围成了一座房子。 | 老大："哈哈，我有自己的房子了！"旁白：老大乐得活蹦乱跳。老大抱着稻草大步绕一圈围房子（木质类跟着脚步声敲奏），老大双手叉腰张嘴大笑"哈哈"（碰铃快速碰撞），老大乐得活蹦乱跳（散响类、木质类） | 乐曲《走走停停》 |
| 旁白：老二呢，用木头建成了一座房子。老二乐得活蹦乱跳。 | 老二拿着🔨用力钉木头（碰铃跟着钉木头的节奏碰撞），老二乐得活蹦乱跳（散响类、木质类） | 乐曲《走走停停》 |
| 旁白：老三却想用砖瓦砌一座房子，于是它夜以继日地干了起来。哥哥们早就住进新房子了，它还在不辞辛苦地砌墙、粉刷。 | 老三搬着砖艰难地往前走（木质类跟着脚步声敲奏），做出砌砖盖房的动作（高音铝板琴来回随意敲奏表现夜以继日地干活），做出砌砖、刷墙的动作（刮奏高音铝板琴若干次） | 乐曲《走走停停》 |
| 旁白：这样整整过了三个月，老三的新房子也盖好了。它好高兴啊！ | 整整三个月的旁白（从左往右慢慢随意敲奏6个音符，重复两遍）。老三双手在头顶比了一个家表示高兴（散响类） | 乐曲《走走停停》 |
| **第二幕：旁白与对话（故事）** | **光影剧表演与配乐** | **背景音乐** |
| 旁白：一天，三只小猪开心地走在回家的路上，大灰狼躲在后面，对它们打起了坏主意。大灰狼："哇咔咔，猜猜我看到了什么？三只胖嘟嘟的小嫩猪！"大灰狼想："我先吃哪只呢？就先从那只住在草屋里的小猪开始吧！" | 三只 🐷 的皮影在前面走着，🐺的皮影躲在后面跟着（鼓轻轻地敲） | 乐曲《开心的笑》 |

续表

| 第二幕：旁白与对话（故事） | 光影剧表演与配乐 | 背景音乐 |
| --- | --- | --- |
| 旁白：大灰狼来到第一只小猪的草屋前，敲了敲门。<br><br>大灰狼："好心的小猪，快让我进去。"<br><br>老大："这辈子都别想，连猪尾巴上的毛都休想碰！"<br><br>大灰狼："那我就把你的房子吹倒！"<br><br>旁白：大灰狼使劲儿一吹（呼），就把草屋吹到天上了。<br><br>老大："救命啊！"<br><br>旁白：老大一边叫一边跑到了老二的木屋里。 | 🐺 的敲门声（鼓类敲三下）。<br><br>大灰狼用力吹气（用力刮奏高音铝板琴一次），稻草屋吹倒了（木质类扔到地板上）<br><br>老大快速逃跑（钹、木质类快速敲奏，模仿惊恐逃跑） | 乐曲《开心的笑》 |
| 旁白：大灰狼又来敲木屋的门了。<br><br>大灰狼："好心的小猪，快让我进去！"<br><br>两只小猪同声说："这辈子都别想，连猪尾巴上的毛都休想碰！"<br><br>大灰狼："那我就把你的房子吹倒！"<br><br>旁白：大灰狼猛吸了一口气，使劲儿吹了两下（呼呼），木屋也被吹到了天上。<br><br>两只小猪："救命啊！"<br><br>旁白：两只小猪一边喊一边跑到了弟弟的红砖房里。 | 🐺 又敲门（鼓敲三下）<br><br>大灰狼用力吹气（用力刮奏高音铝板琴一次），木屋吹倒了（木质类扔到地板上）<br><br>老大、老二快速逃跑（钹、木质类快速敲奏，模仿惊恐逃跑） | 乐曲《开心的笑》 |
| 大灰狼粗着嗓子叫道："好心的小猪们，快让我进去！"<br><br>三只小猪坚定地说："这辈子都别想，连猪尾巴上的毛都休想碰！"<br><br>大灰狼信心十足地说："那你们就等着瞧吧，我要把你们的房子吹倒！"<br><br>旁白：大灰狼退后几步，猛吸一口气，用尽全身力气吹（呼~呼~），可是红砖房纹丝不动。<br><br>大灰狼气急败坏地说："三只小猪！你们不要得意得太早！我要顺着烟囱爬进去，把你们都吃掉！"<br><br>旁白：大灰狼爬上屋顶，它想从烟囱溜进去。 | 🐺 用力吹气（用力刮奏高音铝板琴一次），大灰狼爬上屋顶（散响类和鼓类） | 乐曲《开心的笑》 |

续表

| 第二幕：旁白与对话（故事） | 光影剧表演与配乐 | 背景音乐 |
|---|---|---|
| 旁白：但是三只小猪很机灵，它们在壁炉里支起一口大锅，里面装满了水，然后把火烧得旺旺的。等大灰狼顺着烟囱爬下来，它就掉到了烧得滚烫的开水里。<br>大灰狼"嗷嗷"地乱叫，它顺着烟囱怎么来又怎么回去了，而且一口气跑出了很远很远。 | 三只🐷支起大锅，火烧得很旺……滚烫的开水（高音铝板琴来回随意敲奏），大灰狼哇哇大叫（钹快速敲奏）<br>一口气跑出了很远（鼓声快速敲奏） | 乐曲《开心的笑》 |
| 三只小猪高兴地跳起舞来，从此过上了幸福的生活。 | | 歌曲 *Hello* |

### 设计意图

　　《三只小猪》是英国约契夫·雅各布斯创作的非常幽默风趣的绘本故事。课堂光影剧通过让儿童参与制作皮影、角色表演、为故事配乐等一环扣一环的活动，让儿童身临其中参与每一个环节，让原本虚拟的童话变成真实，满足了儿童的想象和创造的欲望，这也是奥尔夫所追求的综合性的整体艺术。绘本故事《三只小猪》是真人戏剧与光影剧混搭的戏剧表演，第一幕，讲述了三只小猪盖房子的故事，采用哑剧的模式；第二幕是三只小猪遇上大灰狼的故事，采用光影剧的模式。本课挑选绘本故事的第二幕作为教学内容，安排了手工课（皮影制作）、故事表演、光影剧等三课时。活动的每个环节都是全员参与，分工合作，能激发儿童表演的欲望，发挥儿童的想象力和二次创作的能力。本课为第三课时，完成《三只小猪》第二幕的光影剧表演。光影剧的课时安排可根据儿童的年龄或能力特点设计，增减表演和配乐难度。

### 活动目标

1. 知识目标：理解绘本故事内容，如何操作皮影进行角色表演，为故事配乐。
2. 情感目标：通过团队合作的光影剧表演，让儿童体验团队合作的乐趣。
3. 能力目标：培养专注力、想象力、创造力、表演能力、分工合作能力。

### 活动重难点

1. 重点：光影剧表演
2. 难点：皮影操作、角色对话、配乐

### 活动准备

1. 物质准备：音乐、多媒体、三只小猪的皮影、大灰狼皮影、草屋皮影、木屋皮影、红砖房皮影、单响筒若干个、摇铃若干个、高音铝板琴一台、钹一对、白幕、黑光灯
2. 经验准备：学习了绘本故事《三只小猪》

### 活动过程

1. 回忆故事剧情。
师：哪位小朋友愿意帮助老师回忆一下三只小猪和大灰狼的故事，它们之间发生了什么事情？
生：……

2. 分配任务排练：

（1）安排旁白、猪老大、猪老二、猪老三、大灰狼等五个配音角色。

（2）安排五个学生操作猪老大、猪老二、猪老三、大灰狼、三座房子等皮影表演的学生。

（3）安排配乐组：单响筒配乐一组，摇铃配乐一组，高音铝板琴配乐一人、钹配乐一人、背景音乐播放一人。

活动提示

挑选语言表达能力强和表演能力强的学生安排在表演组，挑选节奏感比较好的学生演奏高音铝板琴和钹，安排比较调皮的学生播放音乐（让这些学生感受到老师对他的重视）。

3. 分成两组排练，老师巡回指导。

（1）配音组与操作皮影表演组合作，选出组长指挥。

（2）配乐组训练：摇铃模拟手上动作的音响；单响筒模拟三只小猪的走、跑、跳的音响，模拟房子倒塌的音响；鼓模拟大野狼的走、跑、爬、撞、敲等的音响，钹模拟惊恐、号叫的音响；高音铝板琴来回随意敲奏模拟滚烫的水的音响，高音铝板琴刮奏模仿大灰狼吹气的音响，背景音乐结合剧情切换播放。

活动提示

五个配音的学生和五个操作皮影表演的学生在皮影戏幕后配合训练；配乐组围成圆圈合作。两组各选出一位组长指挥。

4. 老师指挥，带领表演组和配乐组合成。

活动提示

表演组和配乐组合成时，容易混乱，老师需要把绘本故事分成三个剧情反复训练磨合，如分为老大家、老二家、老三家等三个剧情，老师要训练配音角色和操作皮影表演的学生的默契度，训练配乐组熟悉哪句旁白或哪句特殊句子配什么乐器，并指挥学生配乐。每一部分磨合至少三遍，再完整表演。

5. 光影剧表演汇报：《三只小猪》的第二幕"三只小猪遇上大灰狼"。

光影剧《三只小猪》

## 光影剧体验课例：《三只蝴蝶》（4 ~ 8 岁）

### 三只蝴蝶

作者 陈芬
配乐 黄倩芳

| 第二幕：旁白与对话（故事） | 光影表演与配乐 | 背景音乐 |
|---|---|---|
| 旁白：花园里有三只美丽的蝴蝶，一只是红的，一只是黄的，一只是蓝的。它们天天在花园里一块儿跳舞，一块儿游戏，非常快乐。 | 三只蝴蝶出场，在花园里跳舞、游戏（琴槌在高音铝板琴上来回轻轻地敲奏任意音） | 乐曲 *Let's chuchu* |
| 旁白：有一天，它们正在草地上玩捉迷藏的游戏，突然下起大雨来了。 | 三只蝴蝶在草地上玩游戏下雨了（晃动塑料板模仿大风，雨声响筒模仿大雨） | 乐曲 *toki* |
| 旁白：它们一起飞到红花那里。<br>三只蝴蝶齐声请求："红花姐姐，红花姐姐，大雨把我们的翅膀淋湿了，大雨把我们淋得发冷了，让我们到你的叶子下避避雨吧！"<br>红花说："红蝴蝶的颜色像我，请进来；蓝蝴蝶、黄蝴蝶，别进来！"<br>三只蝴蝶齐声说："我们三个好朋友，相亲相爱不分手，要来一块儿来，要走一块儿走。" | 三只蝴蝶飞到红花那里（摇铃模仿飞）<br>三只蝴蝶围着红花对话 | 乐曲 *toki* |
| 旁白：雨下得更大了。三只蝴蝶一起飞到黄花那里。<br>三只蝴蝶请求："黄花姐姐，黄花姐姐，大雨把我们的翅膀淋湿了，大雨把我们淋得发冷了，让我们到你的叶子下避避雨吧！"<br>黄花说："黄蝴蝶的颜色像我，请进来；红蝴蝶，蓝蝴蝶，别进来！"<br>三只蝴蝶齐声说："我们三个好朋友，相亲相爱不分手，要来一块儿来，要走一块儿走。" | 雨下得更大（晃动塑料板模仿大风，雨声响筒模仿大雨）<br>三只蝴蝶飞到黄花那里（摇铃模仿飞） | 乐曲 *toki* |
| 旁白：三只蝴蝶又一起飞到蓝花那里。<br>三只蝴蝶请求："蓝花姐姐，蓝花姐姐，大雨把我们的翅膀淋湿了，大雨把我们淋得发冷了，让我们到你的叶子下避避雨吧！"<br>蓝花说："蓝蝴蝶的颜色像我，请进来；红蝴蝶、黄蝴蝶，别进来！"<br>三只蝴蝶齐声说："我们三个好朋友，相亲相爱不分手，要来一块儿来，要走一块儿走。"<br>旁白：三只蝴蝶在大雨里飞来飞去，找不着避雨的地方，真着急呀，可是它们谁也不愿意离开自己的朋友。 | 三只蝴蝶飞到蓝花那里（摇铃模仿飞）<br>三只蝴蝶在大雨中飞来飞去（晃动塑料板模仿大风，雨声响筒模仿大雨） | 乐曲 *toki* |

续表

| 第二幕：旁白与对话（故事） | 光影表演与配乐 | 背景音乐 |
|---|---|---|
| 旁白：这时候，太阳从云缝里看见了，连忙把乌云赶走，叫雨别再下了。天晴了，太阳把三只蝴蝶的翅膀晒干，三只蝴蝶迎着太阳，又一块儿在花园里快乐地跳舞、游戏。 | 出场（琴槌在高音铝板琴上刮奏一下）<br>三只蝴蝶把翅膀晒干（摇铃模仿蝴蝶抖动羽毛），三只蝴蝶在花丛中跳舞（琴槌在高音铝板琴上来回轻轻地敲奏任意音） | 乐曲<br>*Let's chuchu* |

光影剧《三只蝴蝶》

### 3 黑光剧

　　黑光剧是利用音乐灯光和特殊服饰营造色彩艳丽、梦幻的意境，给人无限遐想的空间。利用黑光灯投射在荧光制作的服装、道具上，配合舞台效果的所有演员全部着装黑色服饰（因为在黑光灯下只能照射出白色和荧光色的服装和道具），便于辅助舞台演员表演各种天马行空的动作和具有幻化色彩的瞬间艺术。课堂黑光剧的故事素材主要以绘本故事和童话故事为主，角色表演人数不限，表演时长约 5 分钟，运用故事旁白、角色语言、人体动作、美术、音乐作为综合类活动的音乐媒介，把故事与语言、音乐、美术、动作、舞蹈紧密结合，形成整体的表演艺术，属于微小型剧目。黑光剧和光影剧一样，需要经过美术手工、角色表演和戏剧配乐三个环节。黑光剧的配乐可以是奥尔夫打击乐配乐、人声制造音效、音乐音响配乐等。黑光剧最大的优点是画面只能呈现白色或带荧光的服饰和道具，儿童可以没有任何压力地自由表演和创作，是非常适合儿童进行二次创作的课堂戏剧。

### 黑光剧教学课例：《我是彩虹鱼》（5～9岁）

## 我是彩虹鱼

作者 马克斯·菲斯特
黄倩芳配乐和教学设计

| 旁白与角色对话（故事） | 角色表演与配乐 | 背景音乐 |
| --- | --- | --- |
| 旁白：在遥远的蓝色大海深处，住着一条鱼。<br>这可不是一条普通的鱼，它的鳞片像彩虹一样美丽，就是找遍整个大海，也再找不到这么美丽的鱼了。<br>别的鱼都羡慕地睁大了眼睛，叫它彩虹鱼。<br>鱼儿们："来吧，彩虹鱼，来和我们一起玩吧！"<br>旁白：可是，彩虹鱼连看都不看他们一眼，就嗖地游了过去，还骄傲地闪鳞片。 | 闪闪发光的彩虹鱼游向海中央（琴槌在高音铝板琴上来回轻轻地敲奏任意音）<br>鱼儿们睁大眼睛（碰铃碰一下），摇着尾巴围着彩虹鱼说话<br>彩虹鱼"嗖"的一声游过去（高音铝板琴用力刮奏一下） | 乐曲《滴水声　水流声 海浪声》 |
| 一条小黄鱼追了上来："彩虹鱼，等等我！你能把你的闪光鳞片，送给我一片好吗？就一片！求求你了，它们实在是太漂亮了。再说，你还有那么多。"<br>彩虹鱼："你说什么？把我这与众不同的闪光鳞送你一片？别开玩笑了！快给我闪一边去！"<br>小黄鱼吓了一跳："彩虹鱼真是太可怕了，我要把这事告诉我的伙伴们！" | 小黄鱼追过来（琴槌在中音木琴上滑过）<br>彩虹鱼骄傲地摇着尾巴和小黄鱼对话<br>小黄鱼吓一跳（碰铃碰一下） | 乐曲《滴水声　水流声 海浪声》 |
| 旁白：从那以后，再也没有一条鱼搭理彩虹鱼了。<br>只要彩虹鱼一游过来，大家就都把头扭到一边，彩虹鱼变成大海里最孤独一条鱼了。<br>彩虹鱼游啊游，找到了海星姐姐："海星姐姐，我这么漂亮，为什么谁也不喜欢我呢？"<br>海星："这我可不知道。不过，你要是越过珊瑚礁，游进一处深深的洞穴里，就能见到无所不知的章鱼爷爷了，它也许能帮助你。" | 彩虹鱼游过去靠近鱼儿们（琴槌在高音铝板琴上轻轻滑过），所有鱼扭头不理它（碰铃碰一下模仿生气）<br>彩虹鱼游啊游（琴槌在高音铝板琴上来回轻轻地敲奏任意音） | 钢琴曲《雨的印记》 |
| 旁白：于是彩虹鱼游呀游，找到了那个洞穴。<br>彩虹鱼："这里面黑乎乎的，什么也看不见。"<br>旁白：紧接着，章鱼爷爷从里面游了出来。<br>章鱼："我正在等你呢。"<br>章鱼："海浪把你的事情都告诉我了。你可以把你的闪光鳞分给那些小鱼们。这样一来，你就不是最美丽的鱼了，但你却能体会到真正的幸福，如何去获得幸福。"<br>彩虹鱼犹豫了："可是……"<br>旁白：章鱼爷爷把话说完就又消失在漆黑的墨汁里了。 | 彩虹鱼游啊游（琴槌在高音铝板琴上来回轻轻地敲奏任意音）<br>爷爷游了过来（琴槌在中音木琴上刮奏）<br>章鱼低沉的声音和彩虹鱼对话<br>章鱼爷爷消失了（琴槌在中音木琴上刮奏一下） | 钢琴曲《雨的印记》 |

续表

| 旁白与角色对话（故事） | 角色表演与配乐 | 背景音乐 |
|---|---|---|
| 彩虹鱼（内心）："把我这一身闪光鳞分给它们？开什么玩笑！没了闪光鳞，我还怎么能获得幸福呢？"<br><br>旁白：就在这时，原来是小黄鱼又来了。<br><br>小黄鱼请求："彩虹鱼，求求你啦，别生气，你能不能送我一片你的鳞片？只要送给我一片最最小的闪光鳞就行。"<br><br>彩虹鱼："不就是一片最最小、最最小的闪光鳞吗？好吧，反正只送一片，也没有什么舍不得的。"<br><br>旁白：彩虹鱼小心翼翼、小心翼翼地把一片最最小的鳞片，送给了小黄鱼。<br><br>小黄鱼："谢谢！太谢谢了！咕嘟咕嘟……" | 小黄鱼又来了（琴槌在中音木琴上滑过）<br><br>两只鱼摇着尾巴上下游动，对话<br><br>彩虹鱼送鳞片（琴槌在高音铝板琴上轻轻滑）<br><br>小黄鱼"咕嘟咕嘟"（人声模仿） | 钢琴曲《雨的印记》 |
| 旁白：小黄鱼开心地吐出了一串泡泡，它把闪光鳞贴到了自己那黄色的鳞片当中，彩虹鱼看到了，心情也变得好了起来。<br><br>小黄鱼："太好啦太好啦！我也有亮闪闪的鳞片啦！我要告诉我的小伙伴去！"<br><br>旁白：小黄鱼贴着闪光鳞在海里这么一直游，它告诉了它所有的小伙伴，彩虹鱼立刻就被别的鱼团团围住了。大家都来找彩虹鱼要鳞片，彩虹鱼送了一片又一片，越送心里越快乐。身边的海水都变得银光闪闪了。说不出为什么，它就像到回家里，和大家在一起非常快乐。<br><br>旁白：终于，只剩下最后一片闪光鳞了。彩虹鱼把自己最宝贵的东西都分给了大家，可它却觉得非常幸福。<br><br>鱼儿们："来啊，彩虹鱼，来和我们一起吧！"<br><br>彩虹鱼："来啦。"<br><br>旁白：它欢快地朝着朋友们游去了，在水中快乐地跳起舞来。小黄鱼吐泡泡（人声模仿"咕嘟咕嘟"，碰铃轻轻地持续碰撞泡泡声） | 彩虹鱼送鳞片，海水变得银光闪闪快乐。（琴槌在高音铝板琴上来回轻轻地敲奏任意音）<br><br>彩虹鱼和鱼儿们在水中快乐地跳舞（琴槌在高音铝板琴、中音木琴、低音木琴上同时来回轻轻地敲奏任意音） | 乐曲<br>*Sunny Jim* |

### 设计意图

　　《我是彩虹鱼》是瑞士马克斯·菲斯特创作的绘本故事，故事告诉我们学会用欣赏的眼光发现每个小伙伴独特的优点懂得友谊的珍贵。本课的活动要求是让儿童参与绘本故事的二次创作表演。黑光剧通过关上窗帘让教室变成黑夜，所有小朋友身穿黑色服饰，手拿各种鱼的道具在黑光灯的照射下进行自由的表演和配乐。黑光剧的最大优点是看不见黑影，只能看见各种艳丽的鱼和五彩斑斓的彩带（模仿海浪），孩子们不用担心自己表演得不好，可以尽情地发挥儿童的想象力和创造力。黑光剧通过让儿童参与各种鱼的手工制作、角色表演、为故事配乐等一环扣一环的活动，让儿童身临其境地感受鱼儿们在大海中尽情游动的梦幻绚丽的画面，满足儿童的想象和创造的欲望，这也是奥尔夫所追求的综合性的整体艺术。本课为第三课时，完成《我是彩虹鱼》的黑光剧表演。黑光剧的课时安排可根据儿童的年龄或能力特点设计，增减表演和配乐难度。

### 活动目标

1. 知识目标：理解绘本故事内容，如何操作道具进行角色表演，为故事配乐。
2. 情感目标：通过团队合作的黑光剧，让儿童身临其境感受真实而梦幻意境带来艺术享受。
3. 能力目标：培养专注力、想象力、创造力、表演能力、分工合作能力。

### 活动重难点

1. 重点：黑光剧表演
2. 难点：操作道具表演、角色对话、配乐

### 活动准备

1. 物质准备：音乐、多媒体、彩虹鱼、小黄鱼、小青鱼、海星、章鱼、碰铃一对、高音铝板琴一台、中音木琴一台
2. 经验准备：学习了绘本故事《我是彩虹鱼》

### 活动过程

1. 回忆故事剧情。

师：美丽的彩虹鱼（出示彩虹鱼）在大海上孤独地游来游去，哪位小朋友知道彩虹鱼和它的小伙伴们发生了怎样不愉快的事情？彩虹鱼最后通过什么方式让小伙伴们和她成为好朋友？

生：……

2. 分配任务排练。

（1）安排彩虹鱼、小黄鱼、小海星、章鱼、旁白等五个配音角色。

（2）安排五个学生操作彩虹鱼、小黄鱼、小青鱼、小海星、章鱼等道具的表演；安排 8 ~ 12 个学生负责挥动荧光带模仿大海的海浪。

（3）安排配乐组：碰铃和人声模仿一人，高音铝板琴一人，中音木琴一人、低音木琴一人、背景音乐播放一人。

活动提示

挑选语言表达能力强和表演能力强的学生安排在角色表演组，挑选节奏感比较好的学生演奏高音铝板琴、中音木琴、低音木琴，安排比较调皮的学生播放音乐（让学生感受到老师对他们的重视），剩余学生负责挥动荧光带。

3. 分成两组排练，老师巡回指导。

（1）配音组与道具表演组合作，选出组长指挥。

（2）配乐组训练：碰铃模拟睁大眼睛、惊吓、生气、吹泡泡的音响；人声模仿"咕嘟咕嘟"的音响；高音铝板琴来回随意敲奏模拟闪闪发光的彩虹鱼游来游去，刮奏模仿彩虹鱼"嗖"的游走声，滑奏模仿游动的音响；中音木琴滑奏模拟小黄鱼的游动，刮奏模仿章鱼的游动和快速消失的音响；两台音条乐器来回随意敲奏，模拟快乐跳舞的音响；背景音乐合剧情切换播放。

活动提示

表演组，六对负责荧光带挥动的学生上下无规律地挥动荧光带模仿海浪，五个配音的学生在观众席上配音，五个负责表演的学生拿着鱼、海星等道具听着配音自由穿梭在海浪中；配乐组，安排在观众席上听着配音演奏。

4. 老师指挥，带领表演组和配乐组合成。

活动提示

　　表演组和配乐组合成时，老师需要把绘本故事分成两个剧情，分别是彩虹鱼遇上小黄鱼、海星、章鱼的剧情，彩虹鱼赠送同伴们鳞片的剧情，需要训练配音角色和操作道具表演的学生的默契度，需要训练配乐组的学生熟悉哪句旁白或哪句特殊句子配什么乐器，并指挥学生配乐。每一部分磨合至少三遍，再完整表演。

5. 黑光剧表演汇报：《我是彩虹鱼》

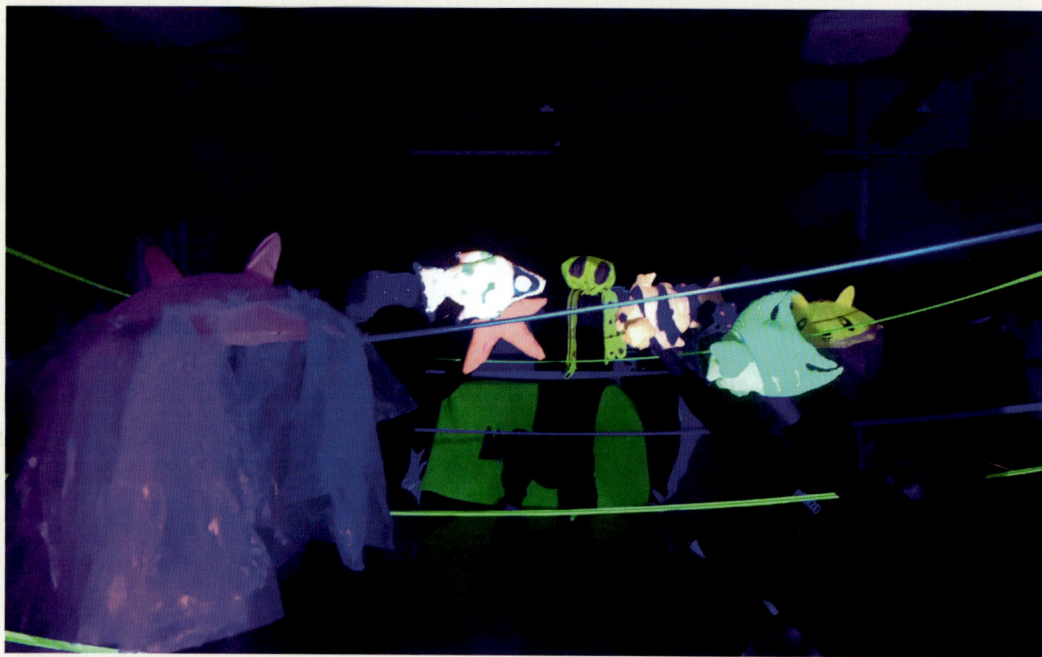

黑光剧《我是彩虹鱼》

## 4 音乐剧

　　音乐剧是一种舞台戏剧表演，通过歌唱、对白、舞蹈、表演等综合的表演艺术来表达人物的情感、故事的发展和戏剧的冲突。音乐剧分为大型音乐剧和小型音乐剧，小型音乐剧适合课堂表演。课堂音乐剧的故事素材主要以童话故事和生活题材的故事为主，故事简短，角色表演人数不限，表演时长约10分钟，运用角色语言、人体动作（含舞蹈）、美术、音乐、表演与演奏作为综合类活动的音乐媒介，把故事与语言、动作、舞蹈、美术、音乐、戏剧紧密结合，形成整体的表演艺术。配乐可以是奥尔夫打击乐配乐、音响配乐等。课堂音乐剧对演员的表演要求比较高，每位演员都应学会说、唱、跳、演的本领，需要课后较长时间的排练和彩排，这种综合性的课堂戏剧表演形式不仅可以培养儿童的耐心、合作能力和创造力，还可以提高儿童的综合素质和艺术修养。

## 小型音乐剧体验课例：《蔬菜歌》（5 ~ 9 岁）

黄倩芳改编创作

| 角色对白 | 表演与歌舞 | 配乐与音乐 |
|---|---|---|
| | 舞蹈：四位小朋友端着椅子跟着音乐进场排成一排，踩在椅子上表演 | 舞蹈歌曲《我爱吃蔬菜》 |
| 小朋友们："锄禾日当午，汗滴禾下土。谁知盘中餐，粒粒皆辛苦。"<br>老师："孩子们，吃饭咯。"（台下说） | 小朋友排排坐朗诵 | 午饭铃声（摇动按钟） |
| | 舞蹈：小朋友们退场，八位蔬菜扮演者分两边踏步进场变成两横排<br>舞蹈动作：双手挥动跑跳走圈，小跑加双手绕圈，双手打开转圈，左拍左跳和右拍右跳 | 歌曲《蔬菜进行曲》第一段 |
| 小朋友们："我要吃肉，我要吃肉，我要吃肉。"<br>小朋友们："哼……"<br>老师："小朋友们怎么了，为什么不吃啊？"（老师台下说）<br>小朋友们："不吃，不吃，我们不吃，我们不喜欢吃蔬菜。" | 边喊"吃肉"边进场，跑跳着穿梭在蔬菜中<br>小朋友站在不喜欢的蔬菜边上用手指着自己不喜欢的蔬菜："哼。"<br>小朋友们做出不喜欢吃的动作 | 低音木琴、小钟琴随意敲奏 |
| 1 号小朋友拉着西红柿走出来。<br>1 号小朋友："我不喜欢吃西红柿，因为西红柿酸酸的，我不爱吃！"<br>西红柿："西红柿，西红柿，酸酸甜甜营养多，红色裙子甩一甩，哼，看我们维 C 多丰富。"<br>2 号小朋友拉着茄子走出来。<br>2 号小朋友："茄子吃起来软绵绵的，我不喜欢吃！"<br>茄子："紫茄子，紫颜色，维生素 B 营养多。紫色裙子甩一甩，清热解毒抗衰老，没眼光。"<br>3 号小朋友拉着胡萝卜走出来。<br>3 号小朋友："胡萝卜味道涩涩的，我不喜欢吃！"<br>萝卜："胡萝卜，白萝卜，富含叶酸维生素，红白裙子甩一甩，吃了我，眼睛明亮皮肤白，可惜他们不爱吃，真伤心。"<br>4 号小朋友拉着菠菜走出来。（小钟琴随意敲奏）<br>4 号小朋友："菠菜绿味道怪，我一点也不喜欢！"<br>菠菜："绿菠菜，绿菠菜，小小红帽头上戴，绿色裙子甩一甩。嘿！看我的铁质多丰富，脸蛋红润不贫血。" | 小朋友们和蔬菜带表演地进行对白，小朋友们做出嫌弃的动作和表情，蔬菜们做出难过、失望的动作和表情 | 1 号小朋友和西红柿出场（摇铃响起）<br><br>2 号小朋友和茄子出场（大鼓响起）<br><br>3 号小朋友和胡萝卜出场（低音木琴随意敲奏）<br><br>4 号小朋友和菠菜出场（小钟琴响起） |

续表

| 角色对白 | 表演与歌舞 | 配乐与音乐 |
|---|---|---|
| | 小钟琴、低音木琴、非洲鼓、沙蛋为歌曲《蔬菜咔嚓嚓》伴奏 | |
| 老师说："来来来，小朋友们，听老师说，每种蔬菜都有自己的营养，这些营养能让我们变得健康、强壮，现在让我们一起来听听小蔬菜们说一说它们的营养。"（老师走上台，牵着小朋友们的小手） | 歌舞：老师说完，和小朋友们一起退场，蔬菜们在台上边唱边跳《蔬菜进行曲》 | 歌曲《蔬菜进行曲》第二段 |
| 1号小朋友："小伙伴们，快来，快来，你们刚才都听到蔬菜讲了什么吗？"<br>2号小朋友："听到了，蔬菜们说它们有丰富的营养。"<br>3号小朋友："他们说，吃了它们对身体有帮助。"<br>4号小朋友："我们挑食，不爱吃蔬菜，就会身体弱、爱生病。"<br>1号、2号、3号小朋友们呼应："对。" | 蔬菜歌舞表演后，排成两排。1号小朋友召唤其他三位小朋友进场，四位小朋友带动作表演对话<br>三位小朋友竖起大拇指 | |
| 老师："米饭白白馒头香，窝头尖尖面条长，萝卜白菜营养好，吃得多来长得壮，我们吃饭不挑食。"<br>小朋友们呼应："不挑食！"<br>老师："爸爸妈妈都夸奖。"<br>小朋友们呼应："都夸奖！" | 老师和小朋友们排成一排，做出米饭香的动作，双手放头上比一个尖尖角，做出强壮和不挑食的动作<br>小朋友们和老师一唱一和，摇手表示"不挑食"，竖起大拇指表示"都夸奖" | 非洲鼓和沙蛋伴奏 |
| 小朋友们和蔬菜表演唱《蔬菜咔嚓嚓》<br>小钟琴、低音木琴、非洲鼓、沙蛋为歌曲《蔬菜咔嚓嚓》伴奏<br>1号小朋友："西红柿姐姐，对不起，我错了，我以后会好好吃饭，不再把你挑出来了。" | 小朋友们跟蔬菜们道歉，他们成为好朋友<br>1号小朋友拉着西红柿的手说，说完拥抱 | 摇铃响起 |
| 2号小朋友："茄子姐姐，我以后不会再挑食了，我要跟你做好朋友。" | 2号小朋友拉着茄子的手说，说完拥抱 | 大鼓响起 |
| 3号小朋友："胡萝卜姐姐，对不起，我不应该这样说你，多亏你，我的眼睛才能亮亮的。" | 3号小朋友拉着胡萝卜的手说，说完拥抱 | 低音木琴随意敲奏 |
| 4号小朋友："菠菜姐姐，你是我最好的朋友了，有你在我的脸蛋才能每天都红红润润的。" | 4号小朋友拉着菠菜的手说，说完拥抱 | 小钟琴随意敲奏 |
| 老师："小朋友们都说了自己的想法，蔬菜在我们生活中扮演了很重要的角色，所以我们要多吃蔬菜，不挑食，这样我们才能长高哦。"小朋友们呼应："长高哦！" | | 摇动按钟 |
| | 歌舞：老师、小朋友们、蔬菜一起随着《蔬菜歌》共同歌唱和舞蹈 | 歌曲《蔬菜歌》 |

### 蔬菜咔嚓嚓

1=C  2/4

欢快地

黄倩芳 词曲

| 1 | 1 2 | 3 | 3 | | 2 | 1 | 2 | | 2 | 2 3 | 4 | 4 | | 3 | 2 | 3 | |
| 丰 | 富 的 | 蔬 | 菜 | | 甜 | 又 | 香, | | 丰 | 富 的 | 蔬 | 菜 | | 咔 | 嚓 | 嚓, | |
| 小 | 朋 | 友 | 们 | | 快 | 快 | 来, | | 多 | 吃 | 蔬 | 菜 | | 身 | 体 | 棒, | |

| 5 | 5 6 | 5 | 3 | | 4 | 4 | 6 | | 5 | 5 | 4 | 3 | | 2 | 3 | 1 | |
| 颜 | 色 | 丰 | 富 | | 营 | 养 | 多, | | 红 | 橙 | 黄 | 绿 | | 青 | 白 | 紫。 | |
| 多 | 吃 | 蔬 | 菜 | | 不 | 挑 | 食, | | 快 | 快 | 长 | 大 | | 变 | 强 | 大。 | |

| X | X | X | X | | X | | X | | X | X | X | X | | X | | X | |
| 苹 | 果 | 苹 | 果 | | 梨 | | 梨 | | Ti | Ti | Ti | Ti | | Ta | | Ta。 | |

**拓展练习**

　　1. 体验和排练课堂戏剧《三只小猪》，第一幕哑剧"三只小猪盖房子"，第二幕光影剧"三只小猪遇上大灰狼"。

　　2. 体验和排练黑光剧《我是彩虹鱼》。

　　3. 体验和排练音乐剧《蔬菜歌》。

　　4. 从哑剧、光影剧、黑光剧、音乐剧中挑选一个剧种，为童话故事《小红帽》设计一份课堂戏剧的"角色表演和配乐"的表格。

# 参考文献

[1] 李妲娜，修海林，尹爱青 . 奥尔夫音乐教育思想与实践 [M]. 上海：上海教育出版社，2002.

[2] 尹爱青 . 学校音乐教育导论与教材教法 [M]. 北京：人民音乐出版社，2007.

[3] 崔旭 . 奥尔夫音乐教学法 [M]. 北京：北京出版社，2014.

[4] 张前高 . 奥尔夫音乐教育 [M]. 镇江：江苏大学出版社，2015.

[5] 李桂英，许晓春 . 学前儿童艺术教育（音乐分册）[M].2 版 . 北京：高等教育出版社，2014.

[6] 陈向丽 . 音乐游乐场 [M]. 成都：电子科技大学出版社，2016.

[7] 黄倩芳 . 奥尔夫音乐教育的 "原本性" 在幼儿教学中的应用 [J]. 闽西职业技术学院学报，2018，20
（2）：109-113.